網路崛起的社會運動對臺灣的影響

The Impact of Digitally Mobilized Social Movements on Taiwan

主編：廖達琪

導讀：何明修

作者：廖達琪、陳月卿、林祐聖、陳東升、葉欣怡、康世昊、沈有忠

序 言

　　2014年春臺灣發生了太陽花社會運動，青年學生領頭占據立法院達二十四天（3月18日至4月10日），並在院中架設網路平臺，自行向世界發布新聞；同時也透過社群媒體，成功動員各地學子輪流到立法院外靜坐抗議，以及集體集結大規模遊行示威（3月30日）。運動平和落幕，當時成功擋下了《海峽兩岸服務貿易協議》，也深刻的影響了臺灣2014地方選舉及2016的總統及立法院選舉！

　　不過，太陽花社運最突出的地方，也是與過往社運最大的不同之處，應是資訊工具的嫻熟使用，及社群媒介的動員效應，這也是本書最主要的緣起。基於太陽花社運與網路的密切關係，編者於2016年向科技部人文司提出「網路崛起的社會運動對臺灣的影響」之整合計畫，欲從政府、政黨及市民社會的視角，來探索其影響。

　　除了網羅有長期合作關係的政治學者沈有忠教授，負責政治人物及政黨部分，也很難得的邀請到社會學領域的林祐聖及康世昊教授，分別從市民社會的角度，探討社區及工會所受太陽花之衝擊。祐聖教授特別另邀請了社會學界的老幹及新枝——陳東升及葉欣怡教授，分別合作撰寫成社區營造的參與式預算，及中高齡就業議題的公民審議之實務操作情形等兩篇文章；世昊教授則聚焦分析臺鐵及國道收費員這樣的傳統工會，對社媒的接受及運用情形。編者與陳月卿博士則負責我們自己的專業——立法院受到的影響！畢竟，太陽花占領了它二十四天，批評它是黑箱、指責它不中立、追

究它脫離民意，作為長期的國會研究者，很是好奇太陽花對立法院能造就的改變！

很感謝科技部，這一跨政治及社會領域的整合計畫獲得通過，並於 2017 年開始執行，於 2018 年底執行結束；其間四人團隊常碰面交換意見，並一起參加國內及國際政治學會（International Political Science Association）年會，發表論文，培養深厚的友誼。編者個人更是發現跨領域對話，真是能對照出每一學門的集體盲點，而似增添一點換位思考的能力！比如，政治學門較多從政府及治理的觀點分析問題，社會學門可能多從市民及民間團體的視角，解析政府政策的問題，而社會運動就是政府政策與某些能集結的市民團體之觀點的衝撞！學政治與社會的，怎能不對話！

很高興，本書做了這樣對話的初步努力！同時為了讓學政治及社會或其他關心這些議題的學子，能快速掌握本書各章重點，編者特別敦請國內研究社會運動的翹楚──臺大社會學系的何明修教授，幫忙撰寫「導讀」，承他允諾，在 Harvard 忙於研究的空檔，深入淺出的勾勒社運意涵及各章重點！

編者很同意何教授的一項觀點：社運的影響很難在短時期內評估！尤其我們還要運用經驗資料來證明什麼，很可能就會見樹不見林！而一場波瀾壯闊、牽動無數的運動，如法國大革命，可能要在歷史中定調，部分還得看誰在寫歷史！

本書《網路崛起的社會運動對臺灣的影響》，很謙卑的獻上一點初步的探討、分析，及評估，也許經不起歷史長河的考驗，但在眼前當下，我們跨領域的合作及努力，希望開啟更多的對話及思考的交錯！更燦爛的智慧火花，就留待未來吧！

　　本書的編成要感謝許多人，除了各章作者，以及跨刀相助的何明修教授；陳月卿博士的全程聯繫及書稿的編排整理，王英獎小姐的行政協助，中山大學研發處廖彗君小姐的耐心回應，還有中山大學提供的圖書出版補助等，均為成就此書不可或缺的一部分，在此致上十二萬分的感謝。但書中任何的問題，仍是我們的責任，懇請各方的指正及鞭策。

廖達琪　謹識

108 年 4 月 10 日

導　讀

何明修

國立臺灣大學社會學系教授

　　社會運動即是以一種體制外的方式來促成社會變遷之策略，通常是需要集結許多人的共同參與，其訴求也往往與另一個群體的利益及世界觀是相違背的。社會運動不一定是針對某些政府的政策或作為，但是其即使表面上不直接涉及國家的衝突，例如，勞資關係、性別關係、生產者與被汙染者等，也經常要求政府官員的介入。學術研究者關切社會運動，並且將其視為解答重大知識謎團的關鍵，因為這是一種非常特別的促成社會變遷方式；因為他們通常是由弱勢群體所發起，面對資源更為強大的對手。就算是最成功的社會運動，其後果也往往與原先參與者的設想不完全吻合，也會引發種種非意圖的後果。事實上，越是在民主與平等的社會中，社會運動越有可能成為一種高度制度化的參與方式，成為各種意識形態的載體，無論其訴求是追求進步與解放，亦或是試圖扭轉時代潮流的保守反動。

　　臺灣的社會運動研究始於 1980 年代末期，當時本土社會經歷了重大的政治與社會變革。1987 年解除戒嚴令，新生的社會運動猛烈爆發，街頭抗爭成了常見的場景。從威權統治到民主的轉型，帶來了 2000 年的政黨輪替，也促使社會運動制度化為一個當代社會中的恆常特徵，越來越多的社會團體或利益團體借用這個管道來

爭取他們的權利。2008 年，國民黨重新取得政權，其保守的政策取向危及了先前的改革成果，使社會運動風潮再起；從野草莓運動到太陽花運動，興起了一波青年抗爭與學生運動的高潮。2016 年，臺灣經歷了第三次政治輪替，在蔡英文政府下，各種反撲勢力紛紛動員，包括反年金改革、反同性婚姻、擁核運動等。在 2018 年的九合一地方選舉和公投中，這些保守運動更大獲全勝。

在臺灣的社會科學界中，社會運動已經成為一門相當建制化、而且是跨學科的研究領域。筆者曾分析 1980-2014 年間十二份包括社會學、政治學、人類學、傳播學、綜合類的國內學術刊物，結果發現：在 1980-1986 年間，社會運動研究論文占全部已出版的論文的比例是 0.2%，1987-1999 年間的比例是 1.6%，而 2000-2014 年間的比例是 2.5%（Ho et al., 2018: 131）。換言之，從這個世紀以來，每四十篇臺灣社會科學的期刊論文，就會有一篇是涉及社會運動的議題。很顯然，探討社會運動的起源與其後果，已經成為臺灣學者的重要課題。

社會運動的概念雖然有其核心的定義，但是其與非社會運動之間的邊界卻是模糊，與其他相似的現象有所重疊。舉例而言，「獨行俠的抗議」往往不會被視為社會運動，但是從水門案的深喉嚨到揭發美國全球電子監控的 Edward Snowden，這種「揭露不法雇主行為」（whistle-blower）所帶來的衝擊，有可能是更為重大。透過法律體制所容許的註冊、訴願、調處、仲裁、訴訟、釋憲等管道，也能製造社會變遷的效果。這種所謂的「法律動員」（legal mobilization），與高度依賴抗議等體制外行動的社會運動，並不見得可以劃上等號。社會運動也與政黨之間有相互的交流；有些社會運動會轉化成為政黨與選舉活動，而政治人物也有可能動員其群眾，採取體制外的抗爭。

　　很早以來，研究者便發現這一點，各種用來描述與分析社會運動不同面向的概念，其實有更廣大的運用範圍。舉例而言，各種集體行動都需要匯集資源（動員，mobilization）、表述其主要訴求（構框，framing）、運用政治局勢（機會，opportunity）、採取特定的展演方式（劇碼，repertoire），這些基本的過程，都可以在社會運動與非社會運動發現。因此，晚近以來的理論發展，傾向於打破社會運動與非社會運動的界限。

　　Doug McAdam, Sidney Tarrow, Charles Tilly 三位重量級學者試圖建構一道新的研究方向，他們試圖打破所謂「古典研究議程」，將社會運動與相關的現象，例如，民族主義、民主化、族群衝突、勞資衝突、革命等，整合成為單一的「抗爭政治」（contentious politics）典範，採用同一套分析術語（McAdam et al., 2001; McAdam & Tarrow, 2011; Tilly & Tarrow, 2007）。另一種理論策略，則打破社會運動研究與組織社會學的界限，重新思考組織在不同情境下，所採取的各種創新與突破之可能。這樣的思路特別強調「策略行動（strategic action）」與「場域（fields）」之重要性（Davis et al., 2012; Fligstein & McAdam, 2012)。換言之，社會運動的研究所帶來的啟發其實並不僅限於此，也能幫助我們解釋其他相似或相關的現象。

　　這一本專書收錄了八篇與社會運動以及與其相關研究的作品。首先，社會運動的後果為何，向來是研究者相當關注的問題。不過，由於重大的社會運動之影響層面甚廣，不同性質的運動也很難找到一致的評斷標準。此外，短期與長期的觀察結果也會有不同。在 1972 年周恩來就對來訪的尼克森指出，要評價法國大革命的歷史地位仍嫌太早。廖達琪與陳月卿比較 2006 年的紅衫軍運動與 2014 年的太陽花運動，著重於探討兩場重大社會抗爭對於立法

過程的影響，是否能夠適切的修補「代議赤字」，亦即是民意代表是否能更適切地反應民意。透過大量的議事公報之資料整理與解讀，廖達琪與陳月卿指出，紅衫軍帶來了《貪污治罪條例》修正，而太陽花則是沒有促成《兩岸協議監督條例》之訂定，因此兩場運動有明確的後果差異。這當然是一種檢視運動效應的視角，但是如果我們不只是觀察立法過程，而回歸到兩場運動最原初與最重要的訴求，亦即是倒扁與反服貿，或許會有不同的看法。

2014 年的太陽花學運攻占了立法院，除了要求退回服貿協議之外，亦批評立法院院長主導黨團協商、形成議事黑箱，因此要求國會的議事資訊應該要透明、議長應退出政黨以示中立。〈半總統制下國會議長中立是不可能的任務——以太陽花社運後的立法院院長為實證案例〉一文，便是在探討太陽花社運後，立法院院長的角色定位是否有所轉變，能否實踐議長中立？目前看來，雖然太陽花社運再度帶動臺灣對議長中立的需求，但在臺灣這種「總統—國會制」的半總統制運作下，並綜合對第九屆立法委員進行問卷調查的結果，整體看來，要實踐「議長中立」應是頗有難度。

其次，關於社運的影響，從社區營造、公民審議、再到參與式預算，臺灣這二十年來陸續實驗了各種鼓勵基層參與、落實草根民主的方案。其背後的動力是來自於社區組織者與知識分子的共同倡議，分別從日本、丹麥、巴西引進這些新穎的民主機制，並獲得政府官員之支持，才得在民主化的臺灣四處萌芽。在林祐聖與陳東升合著的〈當社區營造遇到參與式預算〉一文中，他們發現有趣的現象：有經驗的社區團隊，往往將爭取新的經費視為最重要的目標，反而不重視由下而上的參與。某些「社區英雄」熟悉公部門的運作方式，他們知道如何以案養案，選擇了成本最小的投入方式。相對地，新參與的社區願意從零開始，一開始就納入較為多元廣泛

的社區成員，也會注意參與討論的平等。是否民主參與和決策效率是必然的二擇一之對立？事實上，這個兩難不只存在於社區層級，在社會運動過程中的各種大大小小決策，都會面臨同樣的問題。

在另一篇關於「中高齡與高齡人口就業議題公民審議論壇」的文章中，林祐聖與葉欣怡也是處理另一種兩難，亦即是公民審議中的參與寬度與討論深度之對立。他借用基因編輯技術之比喻，來說明程序性的安排與設計可以打破兩難困境，「魚與熊掌可以兼得」。在這個新北市的公民審議案例中，他指出兩階段性的設計，亦即是第一階段的區域會議與第二階段的代表會議，可以同時滿足開放性與廣泛性的意見收集，又能促成聚焦而深入的結論獲致。

此外，晚近臺灣已經出現幾起重大的勞資糾紛，包括華航空服員罷工（2016 年 6 月）、臺鐵駕駛員春假集體請假（2017 年 2 月）、長榮空服員集體請颱風假（2017 年 7 月）、華航機師罷工（2019 年 2 月）。是否晚近工潮的興起是與資訊科技的突破有密切相關，使得處於弱勢的勞工獲得了形塑團結、採取共同行動之新媒介？

康世昊的兩篇文章分別檢視四個鐵路運輸工會以及國道收費員自救會的抗爭，以理解新傳播科技所發揮的影響。在〈社群媒體上的勞工行動主義 I〉一文中，作者發現對於某些工會幹部而言，Facebook 與 LINE 這種網路社群媒體所發揮的作用，遠不如數位科技之前的公文，因為紙本傳遞的訊息有明確的簽收機制，這樣才能確保組織內部的成員都能獲取消息。儘管 Facebook 與 LINE 的訊息傳播較為便利、及時與低成本，但是對於網絡平臺上的討論品質不一，有時反而衍生出更多的衝突。尤其是對於涉及需要照顧整體公司成員、組織運作上比較傾向官僚化的工會（例如臺鐵企業工

會），這樣抗拒數位媒介的情況特別明顯。相對於此，對於新興的、而且是具有運動傾向的工會（例如臺鐵產業工會、高鐵企業工會），就比較樂於使用新科技。

在〈社群媒體上的勞工行動主義 II〉一文中，康世昊分析國道收費員自救會如何使用不同的數位科技。他發現 Facebook 與 LINE 所搭建出來的溝通平臺有完全不同的風貌。Facebook 的社團專頁是開放性，因此自救會的專頁管理者經常要面對外界的留言，尤其是當其激進抗爭引發若干民意反彈；相對地，LINE 群組的封閉性，則是有助於各地收費員的內部溝通，甚至可以處理若干法律授權文件的程序。因此，由於其設計型態之差異，兩種社群媒體建構了不同類型的互動情境與社會關係，對於勞工抗爭運動而言，是屬於性質不同的資源。康世昊也發現，LINE 群組雖然有助於內部凝聚力，但是線上發言有時仍會帶「各說各話」、「議而未決」的毛病，這就需要主事者以電話方式來幕後協調，以終結一長串的討論。這個例子也顯示，新興科技並見不得是解答問題的萬靈藥，有時反而需要依賴舊科技來處理其所引發的問題。

無論是對外宣傳訴求或是對內溝通，社會運動組織越來越依賴社群媒體，這個趨勢也可以在政黨或政治人物身上發現，他們同樣要利用這個新興工具以接觸更多的選民。沈有忠在〈政治人物臉書經營初探〉指出，在 2014 年的太陽花運動衝擊之下，臺灣的政治人物越來越常使用 Facebook。但是仔細來看，其使用方式頻率仍是有明顯不同。中央或地方層級的行政首長傾於報告工作項目，「宣傳活動、發布花絮」，而立法委員則是較多私領域分享，用「問候文」、「長輩文」來與選民拉近距離。這樣的差異自身是與政治人物的職位有關，民意代表沒有「政績」可以宣傳，需要與選民建立更具有「親密性」的連結。儘管如此，整體而言，臺灣政

治人物是越來越重視社群媒體，政治競爭也從線下的基層宮廟、社團、鄰里組織，拓展到線上的雲端世界。

在歐美各國，右翼民粹主義的興起已經帶來了民主體制的新威脅，這些以反移民、反伊斯蘭、反全球化為名的不滿，已經集結成為新興政治勢力，挑戰了既有的中間偏左與中間偏右的主流政黨。沈有忠分析「德國另類選擇黨」（AfD）之崛起，強調這股排外勢力如何巧妙地運用社群媒體，而形成不可忽視的政壇新勢力。社群媒體所強調的草根參與精神，有利於反建制浪潮的浮現，因為其本身就是公然訴說一些私領域所感受到的不滿，而且這些不滿很可能過往是被主流輿論所認為不適當或「政治不正確的」。在 Facebook 平臺上，AfD 成為德國六大政黨中的領導者，發文頻率與追蹤者人數都是居冠；理所當然，這樣的雲端優勢也有助於其快速躍升，在短短幾年內成為德國聯邦議會的第三大政黨。

上述八篇文章分別探討了社會運動與社會運動相關現象的不同面向，所獲致的結論具有高度的參考價值，非常值得學界參考。

參考文獻

Davis, G. F., D. McAdam, W. R. Scott, and M. N. Zald. 2012. *Social Movements and Organization Theory*. Cambridge: Cambridge University Press.

Fligstein, N. and D. McAdam. 2012. *A Theory of Fields*. Oxford: Oxford University Press.

Ho, Ming-sho, Chun-hao Huang, and Chun-ta Juan. 2018. "The Institutionalization of Social Movement Study in Taiwan." *International Journal of Taiwan Studies* 1(1): 115-140.

McAdam, D. and S. Tarrow. 2011. "Introduction: Dynamics of Contention Ten Years On." *Mobilization* 16 (1): 1-10.

McAdam, D., S. Tarrow, and C. Tilly. 2001. *Dynamics of Contention*. Cambridge: Cambridge University Press.

Tilly, C. and S. Tarrow. 2007. *Contentious Politics*. New York: Paradigm.

作者簡介

廖達琪 Da-chi Liao

中山大學政治學研究所特聘教授

Distinguished Professor, Institute of Political Science,
National Sun Yat-sen University, Taiwan

陳月卿 Yueh-ching Chen

中山大學政治學研究所獨立博士後研究員

Independent Postdoc Research Fellow, Institute of Political
Science, National Sun Yat-sen University, Taiwan

林祐聖 Yu-sheng Lin

清華大學社會學研究所助理教授

Assistant Professor, Institute of Sociology, National Tsing Hua
University, Taiwan

陳東升 Dung-sheng Chen

臺灣大學社會學系特聘教授

Distinguished Professor, Department of Sociology, National Taiwan University, Taiwan

葉欣怡 Hsin-yi Yeh

臺北大學社會學系助理教授

Assistant Professor, Department of Sociology, National Taipei University, Taiwan

康世昊 Shih-hao Kang

虎尾科技大學通識教育中心副教授

Associate Professor, Center for General Education, National Formosa University, Taiwan

沈有忠 Yu-chung Shen

東海大學政治學系教授

Professor, Department of Political Science, Tunghai University, Taiwan

目 次

04

魚與熊掌可以兼得？
——「中高齡與高齡人口就業議題公民審議」論壇中的審議模式
編輯

05

社群媒體上的勞工行動主義 I
——臺灣鐵路勞工的 Facebook 與 LINE 效益觀初探

08
德國右翼政黨社群媒體經營趨勢初探

圖　次

表　次

Chapter 01

社會運動能修補代議赤字？

以臺灣紅衫軍（2006）及太陽花（2014）社運對立法院運作的影響為例 *

廖達琪

中山大學政治學研究所

陳月卿

中山大學政治學研究所

┃ 摘　要 ┃

　　本文試著探討社會運動對代議赤字能修補的程度。依據有關社會運動對自由民主體制衝擊之既有文獻，本文歸納，對社會運動如何修補代議赤字的評估，可分成「程序」及「實質」兩個構面，每個構面下各有三個階段。A 階段皆是以立法機關對社運訴求的回

* 本文的英文版刊登於《臺灣民主季刊》第十三卷第二期（2017 年 12 月），頁 73-106。但本文中文版與英文版並不盡相同，有許多增修之處，特此敬告讀者。

應情形來衡酌；B 階段在程序面上以進一步檢視國會中對其他與社運訴求無關的法案審議，是不是也受到社運影響而有擴大參與的現象；實質面上則仍以與訴求有關的法案審議為對象，但聚焦於其參與者的意見交流情形；C 階段則是以擴大參與及深化意見交流是否修訂入法為指標。

本文依據理論推演，提出兩個預設：預設一，是與公共利益相關的社會運動，對代議赤字的修補，應可以達到理論架構中程序及實質構面的 A 階效果；預設二，是直接訴求要有更多的參與及深入審議的社會運動，對代議赤字的修補，比其他未直接如此訴求的，應能有超越 A 階的效果。

臺灣在 2006 年發生的紅衫軍社運及 2014 年發生的太陽花社運，是本文檢視的兩個個案。本文在評估社運影響的主要對象，則是以兩個個案發生前後，立法院內委員會及公聽會對訴求相關法案，及其他法案普遍性的資訊蒐求行為之變化、對訴求相關法案的實質回應與否，以及有關擴大參與及強化審議的立法院內規的修訂情形等為檢驗標的。相關資料的蒐集，則係本文作者與資訊專家利用電腦協助技術等共同完成。

經過對兩個個案的仔細檢視後發現，本文所提出的兩個預設並未完全符合實際：紅衫軍的修補均達程序及實質面 A 階之效果，但以修補代議赤字為訴求的太陽花卻未能完成 A 階的實質回應——訂定《兩岸協議監督條例》，僅在程序面達到 C 階入法的效果。

本文針對社會運動與代議赤字修補的理論期待及實際落差，在結論中做進一步整理及討論。

關鍵字：代議赤字、太陽花、紅衫軍、社會運動、立法院

壹、前　言

　　「代議民主」在本質上並不等於真正的民主。從來「人民直接做主」與「選出的代表來做主」之間就是有距離的，而這樣的差距也相當程度造成有些人群常覺得自己的想法或利益沒有被代表，要找其他管道來發抒怨氣，並表達需求。[1] 社會運動就是重要的管道之一。雖然社會運動的定義或有不同說法（Tilly, 2004），但他們對自由民主體制的衝擊應屬正面成分居多，這倒是目前社運研究方面的文獻頗有共識的看法（Buechler, 2012; della Porta, 2012, 2013; Fung, 2003, 2013; McAdam & Tarrow, 2013; Piven, 2006; Rosanvallon, 2008; Tarrow, 1994; Tilly, 2004; Tilly & Wood, 2013）。不過，政治學者則對社運的影響，多持保留態度（Fukuyama, 2004; Norris, 2011）。到底社運對自由民主的代議體制有沒有修補的功能呢？目前以經驗資料為基礎來探測社會運動對代議民主運作之影響的實證研究，在文獻上相當罕見；本文乃著眼於此，試圖探索社會運動實際上對當代民主體制的代議赤字現象，到底能修補的程度為何？

　　本文對社會運動的定義，主要依 Tilly 之方式，以三項關鍵特質來認定：（1）對目標，威權當局有集體訴求；（2）形成集體訴求的相關展演，如特殊目的的集結、大眾傳媒的申明，以及示威

1　如 Hirschman（1970）將這種表達需求的管道大體分為：用腳投票（exit）或抗議表達（voice）。社會運動就是屬於後者。

等；（3）公共呈現對訴求的重視，包括訴求的一致、訴求的支持人數，以及對訴求的堅持（Tilly & Wood, 2013: 8）。簡言之，社會運動牽涉一系列的集體行動，其目的在促銷某些訴求，而這些訴求通常被相關的威權當局所忽略，甚或違犯。

至於「代議赤字」這一詞彙，源自 Jonathan Bright（2015）等歐洲學者，它原指涉每一政黨的政策立場都不能完整代表其支持者的立場。[2] 本文借用此一概念，更直接的表達代議民主的一項事實，即選出的民意代表在立法過程中，從來無法完整代表選出她／他的每一位人民的利益或政策立場。

這一代議士與被代議者的觀點差距，現實上也許不可能完全修補填滿，卻是深化民主不能不面對，並尋求能縮短差距之解方的議題。

代議民主制是現代國家普遍實行的制度，但在實踐中，人民形式上擁有的權力與實際有限的權力不符，議員的承諾與實際表現也常常不相一致；因此，代議理論有不同的學說模式，但基本上可以分為「委任說」（trustee model of representation）與「託付說」（delegate model of representation）。前者主張代議士擁有較高的自主性，後者則認為擁有較低的自主性。在政黨概念出現以後，託付說伴隨著現代政黨政治的運作邏輯，成為一般印象中對代議政治的認知圖像。選民會投票給他／她所認同的，或認為與其立場相近的政黨，那些贏得選舉，為政策主張取得正當化基礎的政黨，便應實踐其競選時的承諾。然而，在資訊和時間皆有限的情況下，選民

---

2 這些學者還包括 Diego Garzia, Joseph Lacey 及 Alexander H. Trechsel 等。他們因建置歐盟投票諮詢應用平臺（Voting Advice Application, VAA），試圖幫選民媒合在政策立場上相近的政黨（EU Profiler），發現政黨和支持者的政策立場總有落差。

很難了解所有的問題，或並不清楚自己對政策、法案與問題的偏好排序。

　　理想上，代議士應先探詢民意，並依此行動；但在現實運作上，無論民意是否明朗，代議士在無形中似乎多依循著政黨的指揮來行動（Carey, 2009）。關於此一代議制度的問題，學者 Andeweg 與 Thomassen 曾經評論：「代議士的行為，如果遵循由下而上的邏輯，一切以民眾意見為主，會被批評淪為民粹主義（populist）；而代議士如果遵循由上而下的邏輯，以政治人物的智慧判斷為主，又會被說是菁英主義者（elitist）（2005：511）。」但相較之下，代議士聽從政黨的機率還是遠高於不容易凝聚的選區人民之意見（Carey, 2009）。

　　以上的政治學文獻，尤其是代議相關研究，可以說已注意到「代議赤字」的問題。誠如前文所述，選舉產出的代議士跟選民的意志之間，永遠有所落差，只是文獻上未直接命名為「代議赤字」；而這樣的落差，不僅指程序上的多數人民不能參與決策，尤指實質上多數人民的聲音很難被聽見，姑不論是否被接納。

　　至於政治學文獻目前已有的「民主赤字」，涵蓋面更廣些，[3]以 Norris（2011）為代表，她是從民意的視角，探討全世界民主國家普遍面對的現象——民眾對民主體制持續升高的不滿——來分析可能的原因及後果；她指出，不僅人民在需求端可能因對「民主」的參與要求提升及相關的負面資訊增加，而變得挑剔；供給面的

3　民主赤字（democracy deficit）這個詞彙，最早是由公共財政學家，也是諾貝爾獎經濟學得主 James Buchanan 率先提出，指民主投入與民主產出間的逆差，如民意期待和政府表現的落差（Buchanan & Wagner, 1977）。而後歐盟的組成及決策程序，也被認為展現「民主赤字」問題（盧倩儀，2007），但其所包含的面向是整個歐盟體制的設計，非指單一的歐洲議會（European Parliament）。

政府結構及表現也出了問題。而這樣對民主失望的情緒,及對民主政府表現不符期待的「民主赤字」問題,Norris 也指出社會運動難免成為政治積極分子發動來修補民主的手段之一,但她對社運所要求的民主化措施(如更多參與及審議)持較保留態度(2011:238)。另有些政治學者如 Huntington(1968) 及 Fukuyama(2004),甚且認為社會集體抗議或運動,會衝擊政治制度的權威性;尤其是 Fukuyama,認為強化主權國家的本質是全球政治的當務之急,越多的民主可能帶來更多的混亂;因此,其對社會運動對政治體制的影響,亦是抱持負面的看法。

相對而言,研究社會運動的學者或相關文獻,則對社會運動修補代議民主體制有高度期待,甚且鼓吹要制定符合直接民主及參與式民主的憲法,以汰換代議民主制度,例如學者 della Porta(2013)。正因為政治學者與社會學者對社會運動的果效,似乎有相當大的認知差距,而跨領域研究者如 Tilly,雖然指出要考量情境技術等條件,但他亦以歷史經驗事證闡釋了社運與代議民主會有關聯。所以本文也以 Tilly 之理論概念及歷史依據為出發點,搭配其他社運學者的相關研究,並以實證方式探討社會運動是否能夠修補代議赤字?或者能修補多少?希望來架構政治學與社會學間之橋梁,跨領域探討社會運動對代議赤字的影響,以為未來相關研究的基石。

為了要能實證檢驗社運對民主政體中代議機制的影響,本文主要歸納整理社會運動方面的相關討論,並進一步探討及提出一套社會運動可能可以如何修補代議赤字的概念框架。首先,本文將社會運動對代議赤字的修補分成「程序」及「實質」兩個構面;其次,兩個構面底下各有三個階段,以試圖整合社會運動學者的夢幻期待及政治社會學者的歷史歸納。其中,「程序」構面底下的三個階段

是：A 對訴求即時以擴大參與之立法方式來回應，B 普遍化此擴大參與之立法方式，C 將擴大立法參與訂入法規。「實質」構面底下的三個階段則是：A 對訴求以修訂立法內容來回應，B 深化參與修訂此法者之意見交流，C 將深化立法參與者之意見交流訂入法規。

這兩構面三階段的架構，主要依據社運相關文獻所顯示對參與及審議式民主的期待，以及政治學相關文獻對社運效果的保留所建構。有關此一社運影響之架構，本文會在第貳節「文獻回顧及理論架構」中再進一步說明。

在個案的經驗檢視上，本文以臺灣先後於 2006 年及 2014 年發生的兩起大型社會運動，來檢視他們對「代議赤字」的影響。第一個挑選的社運是紅衫軍（2006），其主要抗議的權威當局是當時的總統陳水扁（2000-2008）。它的主要訴求是：「反貪倒扁，因為陳當時被控訴收賄及貪腐情況嚴重」（盛杏湲、鄭夙芬，2009：131-182）。第二個則是太陽花（2014），它的主要訴求是反立法院黑箱審查《兩岸服務貿易協議》（晏山農等，2015：8-25），可以說直接表達對立法院代議程序的不滿，而要求立法過程中要有更多的參與及審議，所以也提出要先訂定《兩岸協議監督條例》，再進行兩岸相關協議的審查。至於這一社運集中抨擊的權威當局，則是當時的總統馬英九，因他自 2008 年上任以來，到 2014 年太陽花社運抗議活動發生時（3/18-4/10），與對岸簽了二十三項協議（廖達琪、陳柏宇，2014），被抗議者視為「傾中賣臺」，喊出「當獨裁成為事實，革命就是義務」的口號（晏山農等，2015：47）。

由上可知，雖然紅衫軍和太陽花的訴求不一，但都具公共性，[4]

4　公共性指超越個別性群體（如種族利益之訴求）之利益；Tilly（2004）及 Tilly & Wood（2013）強調有此公共性，才有促動民主深化之力道。本文下

且都符合 Tilly 對社會運動的定義：集中針對與訴求有關的權威當局、形成集體訴求前，有系列的集結活動來表達訴求，並能與媒體連結，占據主要版面。兩者都在臺北發動了超大型的示威抗議活動，據估計大約有五十萬到百萬人參與（盛杏湲、鄭夙芬，2009：131-182；Ho, 2015: 69-97）。不過，兩者也有顯而易見的差異：那就是紅衫軍只針對陳水扁，以及反對他和他家族成員的貪腐；而太陽花則不僅責難馬英九，同時還占領了立法院長達二十四天，表達對「代議」場域的不滿，更直接要求在立法過程中要有更多的參與及審議。換句話說，紅衫軍的訴求，較不涉及對「代議政治」的不滿；但太陽花則以「癱瘓」代議場域，來彰顯代議場域的「代議」功能不彰，其訴求就像對「代議赤字」直接尋求補方。

這兩個在訴求上有差距的社會運動，對修補代議赤字的功效有沒有影響呢？本文根據文獻歸納出兩個預設：第一、不論訴求為何，只要有公共利益考量的社運對「代議赤字」的修補，都應能及於前述理論架構中，程序及實質構面的 A 階改變，亦即：對訴求有即時程序上的擴大參與，來實質修訂相關法條。第二、直接訴求修補代議赤字的社運，所產生的影響力應較大，也就是太陽花對立法院運作的影響應大於紅衫軍，或說至少是超過程序及實質構面的 A 階，而有程序上擴大參與的普遍性（能擴及非訴求相關之法案），或實質上在訴求相關法案的審議中有深化意見交流的現象。

本文對兩個社運影響之檢視，主要集中在立法院的運作，因為立法院就是目前憲政中唯一的代議場域。針對立法院的運作，本文先聚焦在委員會及其召開的公聽會等審議法案的資訊蒐求面向；一般代議民主的程序中，國會的法案審議係主要由立委邀請官員接

一節的「文獻回顧」中會說明。

受答詢，以進行審查。外部的學者專家及利益團體代表，較少受邀參與，而形成由內部參與者（立委及官員）來通過法案，外部參與很少的所謂代議赤字問題。但如遇重大事件或爭議，如社運訴求的貪腐問題，或兩岸簽協議要審議的透明化問題，如果立法院立即針對相關法案召開公聽或委員會，並邀了較多的外部參與者（如學者專家及利益團體），本文就視為是對代議赤字的初步程序改善。因為「代議赤字」的改善一定先涉及更廣泛的資訊蒐求（Liao, 1990）；而在實質面上，社運的訴求也代表某些民意的聲音未被代議者納入，而形成「赤字」，所以針對訴求做明確的修法回應，亦是修補代議赤字的初階。

這兩構面的初步改善，行為面的觀察指標，是針對社運訴求的相關法案，比較社運前後在委員會（含公聽）審議、受邀出席的資訊提供者人數、身分背景及發言次數等的變化做整理分析。較多的受邀者，尤其是非政府官員的外部人員，代表資訊蒐求的廣度增加。但「代議赤字」的修補，不僅止於程序面的觀察，如本文所提出之架構所示，實質面上，對社運訴求議題亦應有立法修訂來回應；所以，本文會針對紅衫軍所訴求的反貪腐議題，選定《貪污治罪條例》，而太陽花則鎖定《兩岸協議監督條例》，來比較檢視此二項與社運訴求直接相關的法條，在社運後有沒有實質修訂的紀錄。

至於程序構面的進階修補項目 B——普遍化此擴大參與之立法方式，則是檢視社運大型抗議活動發生後的立法院會期，在所有的法案審議過程中，有無普遍性的擴大外部參與之趨勢；而 C 項則是檢視立法院相關法規在社運後，有無朝向更多參與方向修訂。雖然 B 與 C 可能同時發生，但 C 的入法修訂，應是程序上更穩固保障擴大參與的制度作為。

在實質構面的進階修補項目 B——深化參與修訂此法者之意見交流，則仍聚焦於因應社運訴求而修法之作為中，檢視其有無深化意見交流之現象，尤其是外部參與者是否有更多表意的空間列為觀察重點；因為擴大參與通常會影響意見表達之機會，除非在時間或機會的安排上，有因應做法；而這種因應做法，如能制定成立法院內規，就可算是進入實質修補的 C 境界。這方面的資料也一樣是檢視立法院的相關法規。

本文主要運用資料探勘及電腦輔助技術，來協助蒐集及整理相關資料；尤其是兩社運訴求之相關法案，在委員會審議過程（包含大型示威活動的前一屆），[5] 所邀資訊提供者的人數、身分、發言頻率等，均賴資訊技術完成；兩社運訴求之相關法規，及立法院相關內規修訂等文獻資料，亦係人工與電腦合力蒐集及登錄。至於評估立法院對兩社運回應程度之方法、資料蒐集的細節，及整體研究設計，在本文的第叁節中還會詳述。

經過實證資料的檢視，本文的兩個研究預設並沒有得到確認。第一個預設預期代議機關在程序及實質上會針對社運訴求有所回應，紅衫軍完全符合，因《貪污治罪條例》的修訂即是對紅衫軍的反貪腐訴求之實質回應；[6] 但反而是直接對「代議赤字」求解方的太陽花，只做到了程序上的擴大參與，實質上對社運要求制定《兩岸協議監督條例》之訴求，到目前為止，空有一時的樓梯響，卻無

---

5 本文只將社運發生的屆別與之前的屆別進行跨屆比較，主要基於：社運是系列的，之前會有相當長的醞釀期，如太陽花之前有 2013 年的洪仲丘白衫軍運動；故以社運大型抗議活動發生以前，及其發生的整個屆別進行比較，較能掌握國會的回應情形。

6 《貪污治罪條例》於紅衫軍事件發生的三年後（2009 年），成功增訂第 6 條之 1，內容主要針對公務人員及其親屬的不當來源財產之處理，後文還會說明。

真實身影出現。第二個預設所期待的，像太陽花這種針對代議赤字的社運，在擴大參與及深化意見交流兩方面，能有些進階的表現；目前看來，太陽花在程序面上確實有達 C 階的表現，因目前已有黨團協商須公播，以及委員會會議可開放民眾旁聽之制度規範；[7]但在實質面上則尚無進展，因除了兩岸協議的相關法案至今在立法院無任何一項被通過；B 階的《兩岸協議監督條例》的深化意見交流，結果也接近落空，遑論 C 階入法了。這些與理論預期不一致的研究發現，本文在結論中提出對社運影響推估的理論及實務落差之檢討，另說明本文的研究限制。

本文計分五節：壹是此「前言」，貳是「文獻回顧及理論架構」，參是「研究設計及方法」，肆是「兩社運對代議赤字修補之檢視」，伍為「結論及討論」。

貳、文獻回顧及理論架構

一、文獻回顧

如前所述，文獻上針對社會運動對民主運作的影響進行經驗檢證的研究很少；比較多的是，社會運動研究者對其影響的評估或

---

7 2016 年年底，立法院陸續三讀通過《立法院組織法》第 5 條及《立法院議事規則》第 61 條條文修正案，前者規定立法院黨團協商全程同步實況轉播；後者則允許未來立法院各種委員會開會時，除了會議相關人員及領證媒體外，經會議主席同意的民眾，亦得以進入各委員會旁聽。本文後面還會說明。

推論，基本上都持較正面看法。但政治學者多半對社會運動抱持較負面的觀點，最近的如 Norris（2011），她直接以「民主赤字」含括當下各民主國家人民對民主體制持續升高的不滿現象；她一方面分析造成這一普遍現象的原因，可能同時來自人民需求端及政府輸出端的問題；前者如人民對民主參與的要求提高，或對體制批評的負面訊息經過網路而散布更廣等，後者則指政府的決策結構可能太過封閉，而實際政策表現也確實不佳等。

另一方面，Norris 也點出這普遍對民主不滿的現象，後果之一即是政治積極分子難免藉機發動各式社會運動來訴求改變；其中，要求更多參與及審議以深化民主，或許正契合了各國民眾在以政黨競逐的選舉為主要表意的代議體制下，對民主不滿卻仍難以宣洩的情緒。但 Norris 卻對社運所要求深化民主的各式措施，如：參與式預算、設計更開放的決策過程，或進一步修憲改革選舉過程、制度、競選募資方式、增加立法機關代議士的社會多元性等等，持一些保留意見。她認為這些做法，長期而言，是否真能成就社運者所宣稱的深化民主之目標，其實並不清楚；她甚且質疑針對目前所指陳的「民主赤字」，現有的診斷是否正確？所開出的這些療方，又是否能對症下藥？其實應沒有明確答案。雖然，她同意就「民主」這一理念而言，這些推向讓民主更落實的做法，本身是有其正當性的（Norris, 2011: 236-238）。

另一位主張「強政府」（strong state）的 Fukuyama（2004）則認為，民主會加劇、而不是修正現存的問題，因為民主使政府面臨太多相互衝突的要求，從而侵蝕政府施展權威的能力。他雖亦未直接觸及社運對民主修補的可能，但從他反對要有更多民主的觀點，可推知他對以社運來修補代議赤字之理念，應是不贊同的。

　　相較於政治學者對社會運動效果較悲觀或不確定之看法，社會學者對社運的影響則多半較正面樂觀。相關的探討中，Tilly & Wood（2013）的《社會運動：1768-2012》所抱持的看法可以算是最謹慎的樂觀；della Porta（2013）則是對社會運動對於民主自由體制的變革影響充滿信心，她在著作中對於「民主是否可被社會運動所保全？」這個問題的回答非常肯定。其他相關研究如：Buechler（2012）、Fung（2003, 2013）、McAdam & Tarrow（2013）、Rosanvallon（2008），與 Tarrow（1994）等等，也都對社會運動與現行民主體制的關係，抱持正面看法，但他們的看法基本上都介於 Tilly 跟 della Porta 之間。因此，本文先簡單回顧這些研究，並聚焦於他們所指出或確信的社會運動之影響。

　　Tilly 從歷史與社會學的觀點對社會運動進行研究，他從自己對社會運動所進行的歷史回顧，以及對制度裡的統治者與競爭者之間的動態關係進行長期的關注後，首先觀察到，民主與社會運動之間具有互惠關係（Tilly, 2004, 2008）。對他來說，只有較民主的政府才能提供機會給社會積極分子來發起各種運動。因此，社會運動對民主的影響來自於民主政府體認到，社運分子有動員民眾、擴大參與、促進平等，以及在某種程度上平衡弱勢團體在社會上所受到的不公平待遇的效果；而以上這些，對於當代代議民主中那無可避免的代議赤字之存在，多少發揮減輕的作用。

　　然而，Tilly 也注意到，在某些背景條件下，民主深化與社會運動可能會同時發生。這些條件包括了人口上的、技術上的、或者其他面向上的社會改變，進而增加了社會的連結網絡、較平等獲取資源的管道、在公共政治上超越現存的不平等狀態，或者進一步擴增信任網絡等等；但如果這些背景條件不是朝上述的方向發展，那社會運動帶來的可能就是民主的倒退（Tilly & Wood, 2013: 143-144）。

此外，Tilly 也對全球化的浪潮提出警示，因為全球化可能在社會裡創造極化，並引發種族運動，而這種類型的運動可能讓國家政體變得較不民主（Tilly & Wood, 2013: 143-145）。換句話說，Tilly 在處理社會運動與民主進程之間的關係上，是非常謹慎的，因為歷史的教訓告訴他，社會運動與民主，這兩者間的關係，從來都不是線性的，那些無法被民主政府所全然控制的社會經濟與技術等條件，都可能扮演影響兩者關係的關鍵角色。

總結來說，Tilly 仍然對社會運動的影響抱持著正面的觀點，只要社會運動的訴求不是狹隘的（例如種族性的），而是關注公眾利益的，那麼，社會運動對當代民主政體的代議赤字，可以有正面影響。由於 Tilly 特別指出與強調的「其他條件」，是無法由國家層級所全然控制的，因此，本文先不特別討論這些條件或是它們所帶來的影響，而是著重在國家層級，也就是民主制度在面對社會運動的挑戰後，能否有更好的民主品質上。對於社會運動對代議赤字所帶來的影響，本文將之歸納在「參與及審議」的概念下，前者是程序上的擴大，後者則是實質上的深化。這兩種概念也是 Tilly 的研究所提供的方向。

至於 Tilly 期待社運能修補代議赤字到何種程度？則需更進一步地對 Tilly 所論述的社運所帶來的不同形式的影響進行深究，包括對這些影響背後所隱含的意義，以及其所帶來的民主深化等核心概念進行探討後，才能下定論。但綜合而言，我們或可說，短暫的行為反應其實並不符合 Tilly 對民主改善的期望；而是社運發生後，引發了法規制度等實質規範面的調整，並在決策過程中帶來了更多的參與及審議，才較符合 Tilly 所期望的民主深化之理想（Tilly & Wood, 2013: 143-144）。

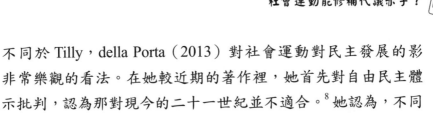

不同於 Tilly，della Porta（2013）對社會運動對民主發展的影響有非常樂觀的看法。在她較近期的著作裡，她首先對自由民主體制表示批判，認為那對現今的二十一世紀並不適合。[8]她認為，不同形式的民主治理在歷史中其實從未缺席，但它們一直都被當代民主國家所忽視。對她來說，這種更民主的形式是一種「參與式的審議民主」，也就是用「審議」及「參與」來取代一般民主國家在決策時，常用的「多數決」與「比例代表制」（della Porta, 2013: 8）。

她這種「全面民主觀」的看法，出自於她對歐洲二百五十個左右的社運組織所做的調查研究，但若將這個研究結果向上推論到國家層級的政府，恐怕仍需存疑。然而，她所提出的轉型公式，關鍵之處在於社運的衝擊效果；因為她堅信，會讓公僕有學習意願，並且願意採用新的決策方式的最主要原因，就是因為社運對公僕們帶來了巨大的震撼及影響。

整體而言，我們還是可以說，della Porta 對社運給自由民主所帶來的轉型效果，抱持了非常樂觀的看法。如順著她的邏輯推論，本文作者也願意相信，社運的效果應該不僅僅只有引發公僕的立即反應，或者促使公僕去修補制度上所不足的參與或審議問題而已；而是也有潛能動員他們去嘗試解決目前民主國家對於採用所謂的「參與式民主」，仍有相當地保留的問題。但在現實經驗裡，尤其

8　della Porta 在研究中提出，有三種條件讓自由民主體制在二十世紀成為可能與可欲的，但在二十一世紀卻不再適用。這三個條件分別是：將政黨視作一個集體的行為者、將民族國家的領土疆界視為多數統治的場域，以及將政治手段與政治平等的效果用於控制經濟與社會的不平等上。於今，這些條件的每一項都已有不同的事實，例如：現今在政治上所體現的是個人的聯結政治，過去則是國家在行政上有著充滿集權的樣貌、現今討論較多的是區域的與全球的能動性、是市場的力量在反抗著國家的規範等等（詳見 della Porta, 2013: 1-30）。

在國家這一層級，della Porta 的「全面民主觀」似尚未實現，而未來是否能出現？恐不是人為之理念可一意孤行的，因當代實證學者如 Norris 已表示不確定，歷史社會及政治學者 Tilly 則指出，其他社會經濟及技術條件更為關鍵。

其他學者的研究，例如：Buechler（2012）、Fung（2003, 2013）、McAdam & Tarrow（2013），以及 Piven（2006）等等，通常也有相當接近的看法，他們多半認同，由於民主國家裡民選的代議士無法完全代表民意，因此，社會運動有減少因無法被代表而產生的「代議赤字」之功能。

Buechler（2012）及 McAdam & Tarrow（2013）更進一步提出「選舉加上社會運動等於民主」的看法。他們希望能將民主制度裡的社會運動制度化，如同 Tarrow（1994）很早即認為，全世界都將充滿著社會運動。這種看法似乎認為，社運帶來的政黨輪替與公共政策上的改變，就是對民主的貢獻，因其一方面維護既有的自由民主體制，另一方面帶來了人事的更新，而滿足擴大參與的需求。Piven 與 Fung 則注意到，社會運動組織確實可能有較佳的民主實踐，例如，組織裡的成員會有較多的參與及較深入的審議；但他們也指出，這種組織在運作時，內部所可能發生的問題。[9] 即便如此，他們仍都未曾放棄一個希望，那就是：一旦他們成功實施內部參與式的民主，那社會運動組織就可以透過社會運動，要求政府進行相同類型的民主改革。

對於 Piven 及 Fung 的看法，我們可說他們對社運能修補代議赤字是有所期待的。進一步言，要修補目前的代議困境，他們的觀

9　例如 Piven（2006）就曾經指出，為了在某些議題的討論上有更多的參與及深入的審議，社會運動組織裡通常有著無止境的會議。

點應是：只在表面的行為層級有所改變是不夠的，也要在制度規範面上有所改變才行，因為法規才能較實質地將擴大參與及深化審議埋入決策機制中。只是，我們仍無法估量，透過社會運動迫使政府進行改革，並進而採用這種參與式的民主，需要耗時多久？

本文所進行的最後一個文獻回顧是 Rosanvallon（2008）的《對立民主》（Counter-Democracy）這本書，他用這個詞彙來描述人民試圖限制「在非選舉期間的政治過程裡，主政者為所欲為的情形」（2008：xi），其中一種方式就是透過社會運動。[10] Rosanvallon 相信這種「對立民主」的做法，不僅有著植根於規範民主理論的元素，也會有益於民主的康健。換句話說，Rosanvallon 認為，社會運動可以透過合法權力的行使，彌補選舉所產生的代議赤字，進而預防政治過程中主政者為所欲為的情形。

此外，他也建議，如將「對立民主的現象」納入考量，一方面可以提供對「民主的合法性」這個概念更全面地了解，另一方面也可幫助我們設想一些方法，來克服這個現象所指出的代議赤字問題，以避免一些不利後果的出現（2008：317）。

總結來說，Rosanvallon 試圖提出的對立民主理論，是要讓當代的代議民主制，即便處於非選舉期間，也能反映人民的問題；因為基於民主的本質，人民應該擁有制止政府在非選舉期間，採取某些不受人民歡迎的作為之主動權。他同時也指出，這個包含了社會運動的「對立民主現象」之概念，其實是民主不可分割的一部分。他也期待大眾對所謂「對立民主現象」有所認知及理解後，可以用更寬廣的角度、更巧妙的民主機制設計，來修補代議

---

10 還有其他方式像是透過媒體、社會監督，以及公民各種形式的警示等等（Rosanvallon, 2008: 57-75）。

赤字的問題。[11] 因此，Rosanvallon 雖未明言社會運動是代議赤字的解方之一，但依他鋪陳的邏輯，應是可得出這項連結關係。亦即，社會運動可推動實質法規的改變，以讓更多的人參與及審議，由 Rosanvallon 的「對立民主」理論應可推導出來。

二、理論架構

依據上述的文獻回顧，本文認為 Tilly 的觀點最穩健，因他以歷史真實案例為素材，歸納得出以公益為訴求的社運在自由民主體制下，應有助於深化民主，且主要展現在程序上的擴大參與及實質上的深化審議兩構面上，而這兩構面受社運衝擊所發生的改變，應不僅是即時的行為回應，還涉及法規制度面的調整。Tilly 也指出，歷史上社運也曾帶來民主倒退（dedemocratization），如果一些社會經濟技術條件等的不平等擴大，或造成人際網絡中更多的不信任，社運或只是加劇對弱勢參與的排除。[12] 總結 Tilly 以歷史為經驗資料，對社運修補代議赤字的正面看待，及憂心提醒，相當接近政治學者 Norris 的謹慎觀點，因此本文在建構理論架構的思考中，Tilly 是基石。

至於 della Porta，她雖是當前最重要的社運理論家之一，但她的全面民主觀似乎有些夢幻，在國家情境中亦未見實現，所以她的修憲甚至制憲以建構出「參與式的審議民主」之主張，本文先不列

11　例如，公民可以透過設置監察員、陪審團制度（jury），以及社會輿論等機制，來補足選舉代議制的不足。

12　Tilly 甚且對今日全球化可能造成的貧富差距表示憂心，認為在這樣情境下，種族性的社運或會興起，以排除其他族群參政為標的，這自會造成民主的倒退（2013：143-145）。

入社運修補代議赤字可能企及的境界。

其他的社運學者，如 Buechler（2012）、Fung（2003, 2013）、McAdam & Tarrow（2013），以及 Piven（2006）等，對社運修補代議赤字的看法，都較接近 Tilly，而均未支持 della Porta 為全面民主而制憲的主張；如將政治學者 Norris 對社運推動民主深化各項措施的正當性予以肯定，但對其長遠效果持保留之態度納入，della Porta 以制憲為目標的長遠社運影響論就更不需列入考量。綜整以上，本文提出的社運修補代議赤字的理論架構如下：

表 1-1　社會運動修補代議赤字的理論架構

	程序構面	實質構面
A	對訴求即時以擴大參與之立法方式來回應	對訴求以修訂立法內容來回應
B	普遍化此擴大參與之立法方式	深化參與修訂此法者之意見交流
C	將擴大立法參與訂入法規	將深化立法參與者之意見交流訂入法規

資料來源：作者自製。

表 1-1 中顯示，本文主要依 Tilly 的觀點，將社運對代議赤字的修補以「程序」及「實質」兩構面來評估，修補的「A」階段，均是以立法機關對社運的訴求回應情形來衡酌；程序面是對與訴求相關之法規以擴大參與方式為初階修補，實質面則是以確實修或訂相關之法規為初階修補。這兩項指標的設定，較為理所當然，因社運發生，很難想像作為民主體制中最重要的代議機構──國會，對其訴求完全不回應；而代議機構最能回應，且能符合修補到「代議赤字」之作為，也就是程序上對相關訴求，以擴大參與方式來審

議，特別是外部對訴求有研究的專家學者或利益團體等能加入；在實質面向上，則是這一對訴求之擴大審議，應有確定的修或訂相關法條之結果，姑不論對該法條的修或訂之內容是否能完全契合社運訴求的主旨或內涵。[13]

表 1-1 中的 B 階段，在程序及實質的兩構面上，有較不同的方向。程序面上以進一步檢視國會中對其他與社運訴求無關的法案審議，是不是也受社運影響而有擴大參與的現象，尤其是社運後的階段。實質面上則仍以與訴求有關的法案審議為對象，但聚焦於其參與者的意見交流情形，有沒有深化跡象；因為代議的赤字不僅是參與者少的問題，尤其是不同意見的交流機會問題，也就是所謂的「參與」及「審議」的需求，這不僅 Tilly 強調，其他社運學者及 Norris 均同意朝此方向改進，基本上有其民主的正當性。

表 1-1 中的 C 階段，則是綜合 Tilly 及各社運學者的看法，社運能較穩固的填補一些代議赤字，或拉近一些代議士與被代議者之間觀點的差距，以制度性立法才能有長效，而不會落於僅是即時的應付。所以 C 階段所歸納程序及實質上的修補，是以擴大參與及深化意見交流「入法」與否為指標。

這一架構表有兩個限制，特別說明如後：

第一個限制是對社運影響的評估，設定以民主體制的代議機關——國會為對象，雖然在國會以外的政府機關、參與社運的民間團體，或人民等，都多少會受到影響（Bosi et al., 2016: 3-38），但

13　社運訴求通常較籠統，但訂定相關法規之內涵，就必須明確；如「反貪腐」是訴求，但修訂「反貪腐」之相關規範，就牽涉許多細節，很難評估其是否能完全契合社運的訴求內容。但本文在後面的檢證中，仍勉力確認實質法規內容修訂與社運訴求之契合情形。

本文作為文獻上初步嘗試，以實證方式檢證社運對政府組織機構之影響，乃主要依本文對社運能否修補代議赤字之問題意識及相關理論探討，先聚焦於國會這一代議機構。

第二個限制是並沒有提供時間框架，也就是表中列為 A 階的修補程度，程序面對社運訴求之擴大參與回應，邏輯上應是緊扣在大型抗議活動發生的屆期，但實質面的修訂法條，則因立法審議時間通常較長，所以評量的時間就不僅止於事件發生之屆期，可能要延續觀察，及跨屆評量等；只是架構上無法顯示 A 階段在程序面及實質面的時間落差。B 階段的程序面及實質面也包含不同的時間面向，前者的普遍性擴大參與，不限於對訴求相關法條的當下審議，也可及於其他法案在社運大型抗議活動發生時之會期，或後續會期的審議參與情形；實質面則主要限於社運訴求相關法案的深化審議情形，時間框架會以大型活動發生的當屆，與前屆比較，因考慮社運的長期系列性。至於 C 階段的程序面與實質面，均是以擴大參與及深化意見交流的法制化為指標，但何時發生才算，在框架中無法敘明。以上這些評量時間點問題，會在本文的「研究設計及方法」中有所討論及說明。

除了提供以上社運修補代議赤字的理論架構，本文從之前的文獻裡進一步歸納出以下兩個理論預設：

預設一：與公共利益相關的社會運動，對代議赤字的修補，應可以達到架構表中程序及實質構面的 A 階效果。

預設二：直接訴求要有更多的參與及深入審議的社會運動，對代議赤字的修補，比其他未直接如此訴求的，應能有超越 A 階的效果。

預設一主要源於 Tilly 的歷史觀察，正如同 Tilly（2004）及

Tilly & Wood（2013）的研究所指出，並非所有社運的目標都是為了促進民主，有為數不少的社運尋求的其實是族群的利益，或者私人的利得。同時，Tilly 也提醒我們，在一個既定的民主制度裡，只有關注公共利益的社會運動，才有動能去推進民主深化（Tilly & Wood, 2013: 144）；但由於 Tilly 未指明這種運動可以修補代議赤字到什麼程度，本文因而採取相對保守的觀點，與 Buechler（2012）及 McAdam & Tarrow（2013）一樣，只限於對社運訴求的即時擴大立法參與及修訂之回應。

預設二則是立論於 Fung 跟 della Porta，這兩位學者都非常鼓勵社會運動去擁抱促進民主的目標，以改革目前的代議制度，修補其運作上參與及深入審議嚴重受限的情況。他們都認為，社會運動有一個較強、較清楚的民主改革目標，會比那些沒有的，對代議赤字有較大的改革力道；雖然可以影響到何種程度仍很難說。

叁、研究設計及方法

一、個案選擇

為了要檢證社會運動對代議赤字的影響，本文選了兩個分別於 2006 年及 2014 年在臺灣發生的大型社會抗議活動，作為社會運動的代表事件：一個是紅衫軍，另一個是太陽花。選這兩個案例的理由是基於他們具備三個共同處，及一項對本研究而言，具關鍵性的差異。

他們的相同處是：第一，均符合 Tilly 對社會運動的界定，因他們鎖定臺灣最高權威當局（總統）為訴求或抨擊的對象；他們也發動了一系列吸引媒體關注及報導的活動，且表達的訴求關乎的是公眾利益，並能激發至少超過五十萬的群眾走上街頭抗議。第二，他們訴求公共財（反貪腐及反黑箱），且能結合一定數量的公民團體來參加相關活動。目前有關這兩個社運的研究，甚且傾向將他們視為是公民覺醒的象徵（張福建編，2009；Ho, 2015）。一如我們依 Tilly（2004），及 Tilly & Wood（2013）透過長程歷史探究所得假設一：以公共利益為主要關切的社運，對代議民主應會有正面效果；這兩個社運被選來檢證的重要門檻，就是「公共利益」的訴求。第三，這兩個社運不僅都引起了媒體廣泛的注意及討論，也吸引學界投入探討，特別是在有關臺灣研究的領域。[14] 不過，目前這些相關研究都尚未聚焦於兩社運對臺灣民主體制運作影響之探討。[15]

至於兩社運的主要差異乃是他們的訴求，且這點正符合我們理論期待的分歧。因紅衫軍的主訴求為「反貪倒扁」，起因為抗議執政者失德，但這並不涉及民主參與的擴大或審議程序的增進。「太陽花」則清楚直接地要求更多的參與及審議，來打開立法過程中常隱匿的黑箱（晏山農等，2015：26）。太陽花學運是一場由政策與法案所引起的抗爭，直接引爆點則是立法院的程序爭議。[16] 此

---

14 有關研究如：王鼎銘（2015）；盛杏湲及鄭凤芬（2009）；蔡佳泓及陳陸輝（2015）；劉義周及田芳華（2009）；劉嘉薇（2014）；Fell（2017）；Goldstone（2004）；Ho（2015）；Rawnsley（2014）等。

15 這些研究多集中在兩個社運的起源、因素，或訴求等，問題較集中於為何有社運，及其對市民社會的影響。

16 全案緣由立委張慶忠於 2014/3/17 下午宣布「服貿協議已逾三個月期限，視為已審查，送院會存查」，此舉引發各界批評抗議，被評為「半分鐘」通過係黑箱作為（參見晏山農等，2015：26）。

運動乃占領立法院達二十四天（2014/3/18-4/10）。晏山農等認為，它應是最有效能的社運之一，也認為它完整暴露出臺灣最高代議機關的功能失靈（2015：404-409）。本文的好奇則是：直接訴求改進民主程序的太陽花，比起沒有這樣訴求的紅衫軍，是否在修補立法院的代議赤字上，表現較佳？我們依據文獻歸納提出的預設二，是如此期待的。

本文目的係探測社會運動對代議赤字能修補的程度。為達此目的，本文主要先以臺灣立法院的資訊蒐求為觀察和測量修補程度的標的。進一步言，資訊蒐求涉及立法過程的三層次：行為、行為類型，及制度規範。前兩層次可以直接就立法院的相關作為來觀察，第三層次則主要包括立法院內有關資訊蒐求或聽證的法規，[17]選擇立法院的資訊蒐求，作為觀察代議赤字修補程度之對象的理由有以下兩個。

首先，臺灣自 2005 年以後，在最高代議機構的憲政設計上，主要採單院制（廖達琪等，2006），換言之，立法院是臺灣目前唯一且最高的代議機構。而探討臺灣社運對代議赤字的修補情形，立法院應是第一個該被檢視的代議組織。第二，如本文預設所歸結，前人研究建議社運對民主的正面效應，可顯現在政策制定過程中：參與及審議的促進。而這兩方面意味著，因有較多的參與，也愈有較廣泛擴大的資訊蒐求；又因有審議的要求，也會有較深入的資訊交換。而這些現象最適合觀察的地方，應就是在要審查討論及通過公共政策的當代民主體制中的代議機構，也就是本文選定的立法院。

17　雖然憲政層次規範也有影響，比如《中華民國憲法》第 67 條規範：立法院得設各種委員會，各種委員會得邀請政府人員及社會上有關係人員到會備詢；但因這一條迄今為止，從未被修過，所以不列入討論。

二、影響評估設計

如何來評估社運對立法院資訊蒐求的影響程度呢？本文聚焦於立法院的法案審查過程。這過程通常牽涉院會及委員會。法制上，立法院視法案需要，有權邀請外部資訊提供者出席審查會（通常是委員會），或公聽會；[18]而政府官員（政務官及事務官）則是內部視法案情況需要，出席提供資訊者。[19]因此，針對社運提出的訴求，立法院在審議相關法案時，受邀出席委員會或公聽會的外部資訊提供者，及內部出席官員的人數、背景等，可以作為初步了解資訊有無擴大蒐集之判準；而與訴求有關之法案，因考量社運的系列性及長期性，大型動員抗議事件只是其中的高點，故評量社運之整體影響，不能只看事件發生的會期，必須以整個屆期為單元，來比較之前對與訴求相關法案之審議情形，才能看出綜效。所以本文以社運大型抗議事件發生的前一屆（如可能再向前推），[20]及當屆對該法案的審查情形，有無明顯擴大資訊蒐求的現象（如更多外部出席者，或更多元背景等），作為具體檢證的指標。這是就 A 階段的程序面來審視。

A 階段的實質面則是以社運訴求的相關法規有沒有實質修訂來檢視。本文與資訊專家合作，利用立法院資料庫，針對兩個社運之訴求，分別篩選出《貪污治罪條例》及《兩岸協議監督條例》為

18　參見《中華民國憲法》第 67 條，及《立法院職權行使法》第 17 條及 56 條。

19　同上。

20　所謂「可能」是指該法案是否在過去幾屆均出現；如是較新的法案，就無法以資料探勘找出其更早以前的審查紀錄。

檢視的對象，[21]特別觀察兩社運大型抗議活動發生後，這兩條例有沒有實質的修法（《貪污治罪條例》）或訂定（《兩岸協議監督條例》）。而在修法的追蹤上，必須從大型抗議事件發生的屆期向後延伸，追到立法院的立法紀錄上能確認兩條例的修訂與否。以紅衫軍而言，是第六屆（2005-2008）及之後第七屆（2008-2012）等；太陽花則是第八屆（2012-2016），及之後第九屆（2016-2020）等。[22]

　　B階段在程序面上，係進一步檢視國會中對其他與社運訴求無關的法案審議，是不是也受到社運影響而有擴大參與的現象。針對此，本文擬觀察社運大型活動發生的屆別之各會期的整體資訊蒐求情形，並以其發生的會期切割出「事前」及「事後」；因為與社運訴求無關的法案審議，應較不受社運系列序曲活動的影響，但應會被大型抗議活動所震撼，所以可比較「事前」及「事後」。而不進行跨屆比較，主要基於立法院法案有屆別不連續原則，且每一屆立法院有獨立性，如擴大參與未立法，跨屆比較所有法案之審議，較不具意義。B階段的實質面則仍以與訴求有關的兩法條審議情形來評量，主要視外部出席者的發言頻率，[23]相對於內部政府官員的表意頻率，是否在社運發生的屆期也有較前提升的趨勢而定；因為外部出席者表意頻率較多，應是深化交流的指標之一。

　　C階段的程序及實質面，俱是以訂入法規為依據；本文仍以社運大型抗議活動發生時間點來區分，主要觀察之後的立法院內規修訂情形，有沒有朝擴大參與及深化交流方向努力；而針對太陽花部

21　本文下面「叁、三、資料蒐集及方法步驟」會說明篩選過程。

22　第九屆以本文撰寫時間（2018）而言，仍是進行式，或有修法還未完成，故尚無紀錄的問題；本文會嘗試補以其他可靠資訊。後文會再說明。

23　頻率計算是發言次數（F）除以發言人數（N），即F/N。

分，特別延續到下一屆（第九屆），因其訴求攸關國會改革。

三、資料蒐集及方法步驟

（一）資訊提供者資料蒐集

要完整蒐集各屆受邀出席立法院委員會或公聽會的資訊提供者之背景、數量，及發言頻率等資料，是一項浩大工程，單憑人力很難完成。本文乃與資訊專家合作，[24] 使用相關資訊技術，包括：文本探勘及電腦協助資料蒐集彙整、建置資料庫等。電腦協助及人機的合作過程，簡述如下：

1. 受邀出席委員會及公聽會的資訊提供者（含政府官員）之背景及人數等資料，由國會圖書館上抓取的十個不同資料庫來彙整，並做資料的清理。[25]

2. 為要標記參與者身分，先粗分為二種，一種是立法委員，另一為出席者，包含官員、利益團體、學者專業人士等。再依立法院系統提供資料之形式，分成有清楚列出席名單及未清楚列二部分處理，[26] 處理程序如圖 1-1。

---

24 資訊技術協助者為：中山大學資管系教授黃三益及博士生張善霖，後者並提供一份建置資料庫過程的簡要說明，內容請參見網址：https://goo.gl/We2Q36。

25 資料庫列表請參見網址：https://goo.gl/We2Q36。

26 所以有此「清楚」與否之區分，係因每一委員會會議的紀錄格式不太一致，有的清楚列出「出席」、「列席」欄位及人員名稱，有的則含混寫成一塊，直接從主席宣布開會開始記錄；但就電腦的辨識而言，必須分開處理。

圖1-1 擷取會議參與者及標記身分流程

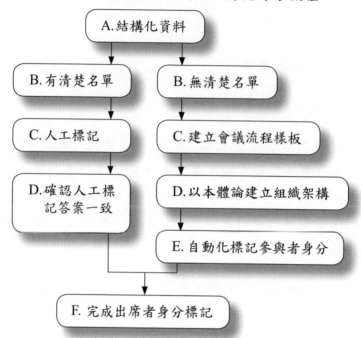

3. 圖 1-1 流程說明

(1) 結構化資料

前述 1 所抓取彙整並清理後建置的資料庫，在此階段進一步結構化，如將會議文章結構化為會議名稱、開會日期、主席、會議內容等等。會議紀錄各屆期書寫不一，並有各種小錯存在，因此，除自動化判讀外，需人力校對，同一會議由多平臺進行重複校正。

(2) 有清楚名單／無清楚名單

a. 有清楚列出席名單之會議資料：例如第三屆及第四屆的會議紀錄，這兩屆的檔案格式為 PDF 檔，出席名單的內

容是以表格的方式呈現，乃以人工判讀，繕打成文字檔整理出來。其他屆別的議事錄（第五至第八屆），如有明確列出出席人員名單的，由電腦先全部讀取，再由人工先對有名單的資料進行編碼，使之產生答案冊與學習範本，讓電腦學習。因本研究僅針對委員會與公聽會的資料進行編碼；相較於委員會，公聽會受邀出席者的身分背景較為多元，有助於編碼手冊的建立與修正。因此，在決定有哪些資料要優先由人工編碼時，公聽會最為優先，且全部由人工編碼；委員會則對第四屆到第八屆的資料分屆進行隨機抽樣，再就抽出的部分進行人工編碼。

b. 無清楚列出席名單之會議資料：由於無出席名單，因此需先設法整理出會議參與者的名單，爾後才能進行身分標記。此部分由資訊技術從會議進行的流程規則，及質詢發言規定等先建立樣板，如遇程式無法判讀的部分，則進行人工標記，以整理出會議參與者的名單。

(3) 人工標記／建立會議流程樣板

a. 人工標記：針對有會議出席名單的資料，本研究建立了一個人工標記的網站，用以標記立法院委員會（公聽會）會議參與者身分背景及發言次數。[27] 參與編碼人數共有十一人，[28] 但主要先由八位同學，兩人一組，共分四組，進行參與者資料標記。標記項目的內容主要為：受邀出席者的背景類別判定（政府官員、學者專家、利益團體三種類型

27　編碼網址請參見網址：https://goo.gl/We2Q36。

28　參與編碼的人員名單為：陳瑀軒、駱巧姍、林駿棋、林顯明、鄭子儀、黃裕晟、程紹華、彭柏鈞、陳月卿、李承訓、張善霖。前八人為編碼小組成員，後三人為資訊處理人員。

之一），以及發言次數的計算。[29] 每位受邀者皆被兩位同學標記，標記的答案經由系統比對，如二人答案的一致，其內容就成為自動標記的答案冊與學習範本；如二人答案不一致，則交由公開討論，以取得團隊共識。

b. 建立會議流程樣板：由於法規上有規範會議進行的程序，會議紀錄通常依程序記載，因此，出席者的名單及發言次數的計算，是以會議進行的程序規範作為判定標準：由委員質詢、主席請出席者答覆，出席者回覆，三階段的流程來產生出席者的名單。同一主題下的委員質詢與出席者的答覆，依會議規則之精神，僅計為一次發言。由於會議紀錄會依實際狀況書寫，有各種例外情況發生，例如，代答、自主性或情緒性發言等等，系統依實際狀況發生的頻率另建樣板，將常態性的情況添增到規則中，協助判定擷取的資料內容。

(4) 確認人工標記答案一致／以本體論建立組織架構

a. 確認人工標記答案一致：每週小組對標記的內容進行討論，以及不一致資料的校正，以二位同學標記一致的答案為資料庫登錄統計的資料。

b. 以本體論建立組織架構：由人工標記的內容，經二人確認答案一致，其內容就成為自動標記的答案冊，即電腦自動

---

29 如受邀者的身分背景分為政府官員，則再判斷他的職等；如受邀者為學者專家或者利益團體代表，則依據他們的任職單位或者頭銜去編碼。
發言次數的計算方式：以會議規則的流程來判定，順序是：由委員提出質詢→主席請出席者答覆→出席者回覆，如此視為一個完整的流程。同一個主題從委員質詢到出席者答覆完畢，計為一次發言。無主席指定的插入性發言則不列入計算。如有代答情形，則另外建立代答者的背景資料，發言次數歸在代答者名下，原受邀者的發言次數計為0。

標記的學習範本。此外，亦由各機關的組織法及組織章程，建立機構的組織結構模型，供自動化標記系統標記參與者背景的資料（例如行政官員職級的判定及標記）。

(5) 自動化標記參與者身分

a. 立法委員：從立法院國會圖書館網頁裡立委問政的分頁中獲取所有委員會的立委名單，再整併進委員會與立法院會期的資料庫。

b. 出席者：從建立本體論結構模型的內容，找到符合出席者身分的資訊來標記。

(6) 完成出席者身分標記：整合人工標記及自動化標記後，即完成標記工作

總計，將資料結構化後的登錄程序，有 38% 的資料為全部人工編碼，62% 由電腦與人工相互配合，原因是資料處理過程中有許多程式無法判定的情形，因此中間需有多次的人工判定與補足。立法院從第四屆到第八屆，整體資訊提供者資料處理情形之統計請參見附錄一。

（二）與社運訴求相關法案的選取

本文前面已指出，檢驗社運對代議赤字的影響，理論邏輯上應從與社運訴求最有關的法案審查過程著手。這些法案的篩選也是人工加上電腦協助完成（參見附錄二），之後再由本文作者確認有五個法案與紅衫軍的訴求是直接有關，這五個法案分別是：《集會遊行法》、《貪污治罪條例》、《政治獻金法》、《警察職權行使法》，及《陽光法》。

而這五法案中，作者判斷以《貪污治罪條例》與紅衫軍訴求應最相關，因此一社運的集中訴求是「反貪腐」。因此在分析程序及實質面的修補上，本文聚焦於此一法案的審議情形做前後比較。

與太陽花社運相關法案的選取，程序上同前，只是關鍵詞鍵入的不同（輸入「太陽花」、「反黑箱」等），相關法案審查出現的時期則著重在第八屆（2012-2016）的第五會期（2014/2-6）。總計，也有五個法案出線，他們是：《兩岸協議監督條例》、《服務貿易協議》、《貨品貿易協議》、《自由經濟示範區特別條例》、《臺灣地區與大陸地區訂定協議處理及監督條例》。[30]

在這五法案中，本文的進一步判斷是《兩岸協議監督條例》更具核心性，[31] 因為這是太陽花社運凝聚出最重要的訴求，且其在社運大型抗議及占領發生的前一屆期裡（第七屆），已出現在立法院的審議過程中，所以下一節的分析，也會較聚焦此一法案做討論。

（三）有關擴大參與及深化意見交流的規則選取

有關朝向更多參與、更深審議方向修訂的法規，依本文的理論架構（表1-1），是社運改進代議赤字的C階。這樣的規則，本文主要選擇《立法院職權行使法》及《立法院議事規則》等作為檢驗對象，因為它們直接規範立法院整體、各委員會，及個別立委如何在憲法的框架下，行使其權力及履行職責；可說除了憲法之外，

---

30 有關《兩岸協議監督條例》的類似名稱，有好幾個（參見陳明通等，2015），但只有《臺灣地區與大陸地區訂定協議處理及監督條例草案》係2016年政黨輪替前行政院所提，第九屆（2016/2）後，又由黃昭順等立委再提出，後交由內政委員會審查。

31 經本文檢證，整個第八屆的立法院對這五個法案其實有不同程度的討論，但以法案內容來看，還是《兩岸協議監督條例》與太陽花的訴求最為相關。

這是最直接能反應出代議赤字是否得到修補的法條。另，因太陽花直接以修補代議赤字為訴求，理論上影響應較大，本文乃特聚焦於2014 年 4 月之後立法院相關內規提案及修訂情形，整理成資料庫，以為能進一步檢視太陽花效力之依據。[32]

肆、兩社運對代議赤字修補之檢視

一、是否都能達到「程序」及「實質」的 A 階改善？

本文預設一是認為，與公共利益相關的社會運動，對代議赤字的修補效果，多少可以達到 A 階段；也就是對社運訴求有即時立法行為的回應，並顯現在與訴求相關法案審議程序中，有資訊蒐求的擴大，以及實質上修訂了與訴求相關的法條。本文聚焦探討的公益社運：紅衫軍（2006/9），與太陽花（2014/3/18-4/10），對代議赤字的修補，是否至少及於此 A 階之影響呢？以下就程序面先後呈現紅衫軍及太陽花之檢視結果。

（一）程序面的擴大參與

如前所述，與紅衫軍訴求最有關聯的法案是《貪污治罪條例》，所以本文鎖定以此條例的審議情形做探測，並以紅衫軍發生

---

32 相關資料均採自「立法院智庫整合檢索系統（網址：http://lis.ly.gov.tw/lydbc/lydbkmout）」，並由作者建檔，為節省篇幅，不另列出，有興趣者，可向作者索取。

的第六屆為核心，但基於理論上社運是較長期系列性的，大型抗議只是其中高點，所以以整個屆期為單元，與前面屆別（第五及第四屆）對此法案審議的資訊蒐求情形，[33] 一併透過電腦處理分析，來做跨屆比較。表1-2呈現這些結果。

表1-2 貪污治罪條例審議的資訊蒐求（第六、第五及第四屆）

	政府官員			學者專家			利益團體			總數
	N	F	F/N	N	F	F/N	N	F	F/N	N
6th	271	278	1.03	8	8	1	17	17	1	296
5th	100	100	1.00	0	0	0	3	3	1	103
4th	5	6	1.20	0	0	0	0	0	0	5

N= 人數 F= 發言次數 F/N= 發言頻率
資料來源：作者自製。

表1-2中顯示，《貪污治罪條例》分別於第四、第五及第六屆的立法院中均有所審議，但第六屆對此紅衫軍關鍵訴求之條例的資訊蒐求態勢，與第五及第四屆相較，不僅出席人數明顯多（296：103：5），且出席者的背景，三種身分都具足（官、學、利），較第五屆的外部只有利益團體，第六屆展現了較多元的參與審議。

綜合看來，紅衫軍對修補代議赤字的效益，就與其訴求最直接有關的法案（《貪污治罪條例》）之審議情形而言，完全達到程序回應的A階——更多及多元資訊提供者，展現對訴求有即時以

---

33 納入第四屆，主要因《貪污治罪條例》是既有的法條，每一屆都多少有些修訂紀錄，故有跨多屆比較的可能；同時，立法院提供資料方面，第四屆已全部電子化，蒐集上亦較方便。

擴大參與的立法方式來回應。

至於太陽花社運對代議赤字修補的程度，是否也達到程序面A階段的影響？甚且超過？因它直接訴求擴大參與及深化審議。所以本文接著聚焦太陽花之主訴求——《兩岸協議監督條例》，來分析立法院審議此法案的資訊蒐求變化，以下表1-3呈現第八屆與第七屆相比之情況。[34]

表 1-3　兩岸協議監督條例審議的資訊蒐求（第八及第七屆）

	政府官員			學者專家			利益團體			總數		
	N	F	F/N	N	F	F/N	N	F	F/N	N	F	F/N
8th	1,179	1,041	0.88	49	59	1.20	71	56	0.79	1,299	1,156	0.89
7th	34	35	1.03	16	16	1.00	0	0	0.00	50	51	1.02

N= 人數　F= 發言次數　F/N= 發言頻率
資料來源：作者自製。

表1-3再次佐證，社運具有系列性的特質，大型抗議雖是所有活動的高點，但事前均已有所醞釀，而作為代議機關的立法院也應有所回應。故發生於第八屆的《兩岸協議監督條例》之審議相較於第七屆，有參與人數激增的現象（1,299 vs. 50），顯示立法院對太陽花社運的訴求，有積極回應，且有明確擴大參與的現象，展現在包括內部（官員）（1,179 vs. 34）、及外部（學專與利團）（120 vs. 16）參與者的數字上。

以表1-2及表1-3整體呈現的趨勢而言，這兩個以公益為出發

34　第六屆時，此一條例還未進入議程，故不列入比較。

點的社會運動，都有達到程序面上 A 階改善，亦即：對訴求即時以擴大參與之立法方式來回應，太陽花更是非常明顯。

（二）實質面的修訂訴求相關法條

紅衫軍的最主要訴求就是反貪腐，誠如本文一再提及，最相關的條例便是《貪污治罪條例》。紅衫軍運動的大型抗議在 2006 年 9 月發生，主要針對陳水扁總統及其家屬的財產來源不明問題。經本文查證，2006 年 10 月就有多位立法委員提出應於《貪污治罪條例》中增訂第 6 條之 1，明定關於公務人員財產來源不明的處理辦法。[35] 後來於 2009 年 4 月，總統公布《貪污治罪條例》增訂第 6 條之 1，雖然最後公布的條文內容與當時立委的提案內容有些差距，但主旨都是針對公務員及其家屬之財產如有不當來源之事實，該如何處理進行規範。

太陽花的大型抗議發生於 2014 年，當屆（第八屆）雖然有很多討論（見表 1-3），但最終立法院並未通過任何兩岸相關協議，第九屆（2016~）由於政黨輪替，截至目前為止，亦無任何進展。《貪污治罪條例》的修訂花了三年（2006-2009），而《兩岸協議監督條例》自太陽花發生的 2014 迄今，已有四年之久（2014-2018），目前全面執政的民進黨似尚無跡象要將此一法案排入立法院議程，未來會否付諸實現，似亦不樂觀。[36] 或可說這一實質面的

---

35 相關提案來源如下：
https://lis.ly.gov.tw/lylgmeetc/lgmeetkm?.9cf3002471090100000180000003100000^3-2409e79493a18f96a13c666e706361733d626272653e52343c2f6f643e7e66d53b36277637c624f688e06e5ea5^*160000008C0000010040dc84。
資料來源：立法院議事及發言系統。

36 本文作者之一曾受邀參與陳明通教授（現陸委會主委）於 2015 年主持的「兩岸協議處理及監督機制立法」之計畫座談；計畫結束後，作者所得訊息是：

A 階回應，太陽花反而落空了；也讓本文從理論出發的預設，受到挑戰，即實務上以修補代議赤字為訴求的社運可能在民主程序上有助益，但對實質面的訴求回應，卻不到位；反而不如非以深化民主為標的的社運，能同時達成程序及實質面的初階修補。

二、太陽花是否比紅衫軍有超越 A 階的效果？

本研究的預設二是，像太陽花這種直接訴諸修補代議赤字的社運，在程序及實質構面上，應能有更多的進展；即在程序上能有普遍化的擴大參與之效果，實質面則是至少在第八屆審議《兩岸協議監督條例》時，有較之前深化交流的跡象。但因紅衫軍反而先達兩構面的 A 階標準，值得先檢視看看除它訴求的《貪污治罪條例》外，其他第六屆審議的法案有沒有普遍擴大參與的現象，以及審查《貪污治罪條例》時，有沒有深化交流的跡象；雖然理論上並不預期紅衫軍能有 B 階之效果。以下表 1-4 先呈現第六屆紅衫軍大型抗議事件發生前後各會期法案審查的整體資訊蒐求情形。

民進黨如執政，應不會推動此法案之正式立法。

表1-4　第六屆立法院整體的資訊蒐求

單位：人數

時期	會期	政府官員	學者專家	利益團體	總數
事前	1	2,024	39	148	2,211
	2	1,296	28	131	1,455
	3	1,254	16	108	1,378
事件發生會期	4	987	6	22	1,015
事後	5	1,514	13	89	1,616
	6	622	16	10	648

說明：第六屆只有六個會期，任期三年。
資料來源：作者自製。

　　表1-4主要比較紅衫軍大型抗議活動發生（2006/9）的事前（一，二，三會期）的平均數，及事後第五會期的參與人數，[37] 而不做跨屆比較。[38] 一如理論推想，不以修補代議赤字為主要目標的紅衫軍，如表1-4所示，在大型活動發生的事前會期（1,681），[39] 及之後的會期（1,616），資訊擴大蒐求的情形並未普及化。

　　如果再看實質面，第六屆審議《貪污治罪條例》時，有沒有較深化的意見交流，尤其是外部參與的「學者專家」及「利益團體」代表？前面表1-2顯示第六屆意見交換的頻率（F/N），內部的政府官員還是高於外部的兩類參與者（1.03：1：1），雖然相去不遠，但並沒有深化的跡象。

37　第六會期是選舉期，通常會期比較短，不宜列入比較。

38　理由如叁、「二、影響評估設計」中針對 B 階之說明。

39　算法是：(2,211+1,455+1,378)/3=1,681.33。

　　紅衫軍對代議赤字的修補力道，可以說符合本文的理論預設
一：完全及於 A 階，但未進階至 B 階，C 階的法制化就更不需期
待了，實務上也沒發生。[40]

　　至於太陽花的進階修補效力呢？雖然它在實質面的 A 階都未
過，但很難想像一個強力訴求擴大參與審議的社運不能對代議赤
字，或至少程序面有明顯的修補功能？表 1-5 呈現第八屆立法院代
表會期的資訊蒐求情況，一樣分太陽花大型抗議發生的「事前」及
「事後」做比較。[41]

40　經查《立法院職權行使法》及《立法院議事規則》，自 2006 年之後到 2012
　　年的第七屆結束，都無相關法規修訂。

41　「事前」及「事後」會期，為了平衡及具代表性，有所選擇，詳見表 1-5 下
　　之說明。

表 1-5　第八屆立法院代表會期的資訊蒐求

	政府官員			學者專家			利益團體			總數		
	N	F	F/N	N	F	F/N	N	F	F/N	N	F	F/N
8th 事前	8,919	10,408	1.17	331	344	1.04	723	670	0.93	9,973	11,422	1.15
8th 事後	9,596	8,389	0.87	505	432	0.86	973	643	0.66	11,074	9,464	0.85

N= 人數　F= 發言次數　F/N= 發言頻率

說明：

1. 事前：合計第一會期（2012/2-2012/6）及第三會期（2013/2-2013/8）之總數。

原因：a. 第八屆第二會期（2012/9-2013/1）因立法院釋出的資料嚴重不齊全，故不列入計算。

b. 太陽花大型抗議發生於 2014/3/18-4/10，但第八屆第四會期（2013/9-2014/1）應具有社運前後均可之特質，因 2013 年 7 月發生洪仲丘事件，洪貞玲等（2015）多將其視為是太陽花社運序曲的一部分，這也符合 Tilly 對社運之定義，是系列性的抗議活動，為避免爭議，於此不將之列入。

c. 第五會期（2014/2-2014/8）則因正值太陽花學運，立法院遭占領二十四天無法議事，故不列入計算。

2. 事後：合計第六會期（2014/9-2015/1）及第七會期（2015/2-2015/6）之總數。

原因：第八屆第八會期（2015/9-2015/12）立委忙於選舉，立法表現較少，故亦不計入。[42]

資料來源：作者自製。

　　表 1-5 肯定了太陽花對第八屆立法院程序上普及化擴大參與的效果。在「政府官員」、「學者專家」及「利益團體」三類參與者

---

[42] 《公職人員選舉罷免法》第 40 條規定，立法委員競選活動期間為投票日起前十天。第九屆立委的選舉日為 2016 年 1 月 16 日，但第八屆第八會期自 2015 年 12 月 18 日即休會，等同提早近二十日投入選舉。公民監督國會聯盟（2011，2012）認為，立法院在最後一個會期因投入選舉而提早休會，是一種「違憲休會」，曾召開記者會抨擊。以及，最後一個會期的立法表現最少的實證研究，請見盛杏湲（2014a，2014b）。

方面，「事後」均高於「事前」，總數為 11,074，相對於 9,973。且學者專家及利益團體的出席增加率遠高於政府官員。[43] 但附帶一提，表 1-5 也提供了意見交流的資訊，即每一類受邀者表達意見的頻率（F/N），表 1-5 看來總體人數雖增加，但發言頻率不增反減（1.15 vs. 0.85），且各類別很一致的減少發言頻率，外部參與者（學者和利團）也沒有比官員取得更多發言機會；這顯示擴大參與及深化審議，如果沒有法制規範或其他情境條件配合，是很難齊頭並進的。所以，太陽花在實質面針對《兩岸協議監督條例》的審議，是否能進階至 B，而有深化交流的現象，就不免是問號，前面表 1-3 也多少透露這樣的訊息。

表 1-3 顯示第八屆對《兩岸協議監督條例》的審議，比起第七屆來，整體參與人數雖大幅增加，但發言頻率是降低的（0.89 vs. 1.02）；不過，正面一些的現象是學者專家的發言頻率較政府官員高（1.20 vs. 0.88），比起第七屆的情形也好一些（1 vs. 1.03），尤其還多了「利益團體」這一外部參與者的意見交流（0.79 vs. 0）。可以說，太陽花雖在 A 階有未竟之功，但在 B 階的程序及實質面，都有些修補效益，尤其在程序面；實質面的深化交流則有限而不明顯；可說這些即時擴大參與及稍微深化交流的現象，如沒有法制化的作為，恐怕也難長久。所以 C 階的法制化檢視，就更是社運是否能穩住修補代議赤字效果之重要參考指標。

根據本文查證，有關國會改革的內規修正案，第九屆立院確實推動了不少，[44] 大體可說皆與國會透明化的訴求有關，尤其著重

43　政府官員的出席增加率為 (9,596-8,919)/8,919×100%=7.6%；同樣計算式，學專為 52.57%，利團為 34.58%。

44　請參見註 32。

會議實況的公開透明，包含黨團協商過程，全程錄音、錄影，並同步公播會議經過，及決議應列書面紀錄、刊登公報等等。另，針對程序委員會的權責也有做些修訂，要求其少做議案刪除或緩列之決定等等。與「擴大參與」最直接有關的提案也有，例如：《立法院網路國民提案實施辦法草案》，以及要求委員會會議要有旁聽及採訪規則（原只有院會允許）；在深化審議方面，則有要求完備國會調查與聽證權方面之提案等。

因此，林林總總看來很豐盛的在回應太陽花對改革國會，修補代議赤字的訴求，迄今確實已有幾項完成三讀通過修法，這幾項提案主要牽涉的是《立法院組織法》的第 3 條及第 5 條，及《立法院議事規則》第 61 條之修正。《立法院組織法》第 3 條是針對立法院正、副院長不得擔任政黨職務做出規範；第 5 條則是關於立法院會議的議事過程，除了應公播之外，亦應全程錄音、錄影。《立法院議事規則》第 61 條之修正，則是確立委員會會議也已開放旁聽，可謂具體回應了太陽花社運要求議長中立及議事透明化的訴求；故本文認為，太陽花的影響可視為有達到程序構面擴大參與法制化的 C 階，但在實質面深化審議的法制化，如完備調查或聽證等，則仍未見落實。

總結本文預設二，太陽花應比紅衫軍有超越 A 階的修補效力，也不是完全準確；因紅衫軍的效力是實在的止於 A 階，而太陽花在 A 階的實質面卻未達成，但在程序面的 B 階及 C 階，可說超越紅衫軍而具體達標；至於實質面，紅衫軍如預期完全未進入 B 階，遑論 C 階；但太陽花在 B 階就幾近落空，C 階則更是紙上談兵。太陽花真有超越紅衫軍的修補代議赤字效力嗎？看程序面可說是，看實質面就很難說是了。

伍、結論及討論

　　本文試著探討社會運動對代議赤字能修補的程度。依據有關社會運動對自由民主體制衝擊之既有文獻，提出社會運動修補代議赤字的評估可先分成「程序」及「實質」兩個構面，每個構面底下各有三個階段。A階段是以立法機關對社運訴求程序上的擴大參與，及實質上的修訂相關法規情形來衡酌。B階段兩個構面的方向有些不同，在程序面上以進一步檢視國會中對其他與社運訴求無關的法案審議，是不是也受到社運影響而有擴大參與的現象；實質面上則仍以與訴求有關的法案審議為對象，但聚焦於其參與者的意見交流情形。C階段則是以擴大參與及深化意見交流，是否訂入法規為指標。

　　本文再依文獻歸納推論，提出兩個預設。預設一是訴求與公共利益相關的社會運動，對代議赤字的修補，應可以達到理論架構中程序及實質構面的A階效果；預設二是直接訴求要有更多的參與及深入審議的社會運動，對代議赤字的修補，比其他未直接如此訴求的，應能有超越A階的效果。

　　臺灣在2006年發生紅衫軍運動，2014年則發生太陽花社運，這兩個社運是本文檢視的兩個個案。兩個案發生前後，立法院內委員會及公聽會針對社運訴求、及其他法案普遍性的資訊蒐求行為的變化，訴求法案的實質審議修訂結果，以及有關擴大參與及強化審議的立法院內規的修訂情形等，是本文在評估社運影響的主要對象。相關資料的蒐集，則係本文作者與資訊專家利用電腦協助技術

等共同完成。

經過兩個個案的仔細檢視，本文所提出的兩個預設，並未完全得到認可。

第一，與公共利益相關的社會運動，對代議赤字的修補，應可以達到架構中的程序及實質構面的 A 階效果；紅衫軍算符合，但太陽花在實質構面上並未達到 A 階效果，也就是迄今未制定其訴求的《兩岸協議監督條例》。第二，直接訴求要有更多的參與及深入審議的社會運動，對代議赤字的修補，比其他未直接如此訴求的，應能有超越 A 階的效果，但太陽花只有在程序面上較紅衫軍有擴大參與的效果，且能臻於 C 階訂入法規之境地；但在實質面上甚至不如紅衫軍，其至少能完成修訂與訴求有關之《貪污治罪條例》。

除了以上研究發現的統整，本文對兩個預設與兩個案例檢視的結果並不完全相合，提出一些對理論及實際落差的反思。首先是社運對代議赤字的修補，由於直接訴求擴大參與及審議的太陽花，影響的效果雖在程序面可達到 C 階段，但在實質面上則幾近全無進展，這一結果一方面可說對 della Porta 等主張以修補代議赤字為職志的社運，可逐步建構參與式審議民主的論點，再添反證；另一方面，或是如 Tilly 所歸納，社運與民主化從來不是線性的，許多外在的社會經濟或技術條件影響這兩者的關係，如果這些外在條件不能帶來更多的社會信任或平等，社運效果反而是民主倒退。

而太陽花發生的外在情境，是資訊工具普及、社群媒介興起、經濟或社會平等卻惡化的大環境，難謂有更佳的社會信任；太陽花以打開《兩岸服務貿易協議》的立法黑箱，擴大參與及審議之名，發起占領立法院之運動，其產生的後續效果會不會落入 Tilly 來自歷史歸結的憂慮：民主反而倒退？尤其當程序上的擴大參與是入法

的，但實質上連當初運動之主訴求，其實更是攸關代表人民議事的立法院能多參與審議兩岸簽任何協定的《兩岸協議監督條例》，卻無著落；攸關深化審議的內規也無進展，只重視「程序」面擴大參與的代議修補，實難謂民主進步！太陽花後的臺灣政治，有沒有民主倒退呢？值得各方進一步檢視論辯。

其次，太陽花雖未成就「實質面」的代議修補，但相當程度造就了政黨輪替，並進一步帶來各項政策的轉變，而紅衫軍也有同樣的情況，這方面的效果，倒是頗能呼應 Buechler（2012），McAdam & Tarrow（2013）所提出：「選舉加上社會運動等於民主」之看法，也就是如不採納 della Porta 及 Piven 和 Fung 等對以社運促進參與式審議民主的樂觀論；以 Buechler 等之觀點，太陽花與紅衫軍對「代議赤字」的修補效果，就是政黨輪替及政策變更，倒也是異曲同工。

第三，社運理論多期待能實踐參與式審議民主，但擴大參與和深化審議會不會有矛盾扞格之處？如本文表 1-3 顯示，太陽花後，參與人員多了，但發言頻率會受影響而降低；另，Piven（2006）也指出，要參與及審議兼顧，即使在社運的組織中（相對規模較小），也是開不完的會，決議常困難。如何在國家層次落實參與式審議民主，以解決代議赤字的問題？目前文獻沒有提供執行面的答案，本文的檢證也再次突顯兩者可能的矛盾。但誠如 Norris 所言，所有深化民主的改革策略自有其正當性，而其長程效果是否能達標，就只能是留在穹蒼中的未知數。

本文最後要再提醒，社運的影響層面可能深且廣，也不是任何受到影響的面向都可被直接評量。因此，本文僅聚焦立法院可被直接評量的面向，也就是資訊蒐求的面向及相關法規的修訂，來對

社運的影響進行探討。其次，本文借助於電腦輔助建置資料庫及分析，但資料來源的立法院，提供資料的完整度，不是本文所能掌控。第三，本文依社運及立法研究文獻，所提出的預設源自理念型的理論架構，在案例檢證上，不是完全能契合實際；是否需進一步修正理論架構？或尋求更多案例來檢證，才能確認是理論援引推導問題，或是案例太少之影響，猶待未來本文作者或有興趣的各方共同努力。

參考文獻

公民監督國會聯盟，2011，〈『違憲休會』不開會就捐錢！第七屆立委 1-8 會期成績總體檢記者會〉，公民監督國會聯盟，http://www.ccw.org.tw/p/13834，2017/7/4。

公民監督國會聯盟，2012，〈第七屆第八會期成績及立委評鑑總成績事後新聞稿〉，公民監督國會聯盟，http://www.ccw.org.tw/p/14015，2017/7/4。

公民監督國會聯盟，2017，〈【新聞稿】國會改革週年，各黨立委將推動聽證及調查權〉，苦勞網，http://www.coolloud.org.tw/node/88028，2017/7/4。

王鼎銘，2015，〈抗爭行為的集體行動邏輯：「反貪倒扁運動」之理性選擇分析〉，《人文及社會科學集刊》，27(4): 605-640。

洪貞玲主編，2015，《我是公民也是媒體》，臺北：網路與書。

晏山農等編，2015，《這不是太陽花學運》，臺北：允晨文化。

張福建編，2009，《公民與政治行動》，臺北：中研院人社中心。

盛杏湲、鄭夙芬，2009，〈臺灣民眾的藍綠認同與紅衫軍運動的參與：一個框架結盟的解釋〉，張福建（編），《公民與政治行動：實證與規範之間的對話》，臺北：中研院人社中心，頁131-181。

盛杏湲，2014a，〈選舉變革前後立委提案的持續與變遷：一個探索性的研究〉，《臺灣民主季刊》，18(1): 73-127。

盛杏湲，2014b，〈再論選區服務與立法問政：選制改革前後的比較〉，《東吳政治學報》，32(2): 65-116。

陳明通主編，2015，《兩岸協議處理及監督機制立法學者專家座談會議紀錄》，臺北：國立臺灣大學社會科學院大陸研究中心，未出版。

蔡佳泓、陳陸輝，2015，〈「中國因素」或是「公民不服從」？從定群追蹤樣本探討太陽花學運之民意〉，《人文及社會科學集刊》，27(4): 573-603。

廖達琪、黃志呈、謝承璋，2006，〈修憲對立法院功能與角色之影響──從表演場到表演場〉，《臺灣民主季刊》，3(1): 27-57。

廖達琪、張其祿、楊芳玲，2012，《兩岸協議推動過程行政與立法機關權限及角色之研究》，計畫編號：RDEC-RES-100-004，臺北：行政院研考會委託研究報告（成果報告）。

廖達琪、簡赫琳、張慧芝，2008，〈臺灣剛性憲法的迷思：源起、賡續暨其對憲改的影響〉，《人文及社會科學集刊》，20(3): 357-395。

廖達琪、陳柏宇，2014，〈社群行動邏輯：太陽花學運個案研究〉，「第四屆山海論壇暨合作成果發表會」論文（10月23-24日），高雄：中山大學。

劉義周、田芳華，2009，〈教育與公民意識：以反貪腐倒扁運動與保衛本土挺扁運動為例〉，張福建（編），《公民與政治行動：實證與規範之間的對話》，臺北：中研院人社中心，頁95-130。

劉嘉薇，2014，〈民眾政黨認同、媒介選擇與紅衫軍政治運動參與〉，《政治學報》，58: 101-126。

盧倩儀，2007，〈從歐盟制憲經驗看歐盟之民主赤字問題〉，洪德欽（編），《歐盟憲法》，臺北，中研院歐美所，頁81-120。

Andeweg, R. B. and Jacques J. A. Thomassen. 2005. "Modes of Political Representation: Toward a New Typology." *Legislative Studies Quarterly* 30(4):507-528.

Bosi, L., M. Giugni, and K. Uba. eds. 2016. *The Consequences of Social Movements*. New York: Cambridge University Press.

Bright, J., D. Garzia, J. Lacey, and A. H. Trechsel. 2015. "The Representative Deficit in Different European Party Systems." Papper presented at the 2015 ECPR General Conference, August 26-29, Montreal, QC.

Buchanan, J. M. and R. E. Wagner. 1977. *Democracy in Deficit: The Political Legacy of Lord Keynes*. New York: Academic Press, Harcourt Brace Jovanovich.

Buechler, S. 2012. "Movements + Elections = Democracy." *The Society Pages*. in http://thesocietypages.org/papers/movements-elections-democracy/. Latest update 4 July 2017.

Carey, J. M. 2009. *Legislative Voting and Accountability*. New York: Cambridge University Press.

della Porta, D. 2012. "Critical Trust: Social Movements and Democracy in Times of Crisis." *Cambio* 2(4): 33-43.

della Porta, D. 2013. *Can Democracy Be Saved? Participation, Deliberation and Social Movements*. Malden: Polity Press.

Fell, D. ed. 2017. *Taiwan's Social Movements under Ma Ying-jeou: From the Wild Strawberries to Sunflowers*. London: Routledge.

Fung, A. 2003. "Can Social Movements Save Democracy?" *Boston Review*. in http://bostonreview.net/us-books-ideas/archon-fung-can-social-movements-save-democracy. Latest update 4 July 2017.

Fung, A. 2013. "Review: Can Democracy Be Saved? Participation, Deliberation and Social Movements." *Contemporary Sociology* 44(1): 50-52.

Fukuyama, F. 2004. *State-Building: Governance and World Order in the 21st Century*. New York: Cornell University Press.

Giugni, M. G. 1998. "Was It Worth the Effort? The Outcomes and Consequences of Social Movements." *Annual Review of Sociology* 24: 371-393.

Goldstone, J. A. 2004. "More Social Movements or Fewer? Beyond Political Opportunity Structures to Relational Fields." *Theory and Society* 33(3/4): 333-365.

Hall, P. A. and C. R. Taylor. 1996. "Political Science and the Three Institutionalisms." *Political Studies* 44: 936-957.

Hirschman, A. O. 1970. *Exit, Voice, and Loyalty*. Massachusetts: Harvard University Press.

Ho, Ming-sho. 2015. "Occupy Congress in Taiwan: Political Opportunity, Threat and the Sunflower Movement." *Journal of East Asian Studies* 15(1): 69-97.

Huntington, S. 1968. *Political Order in Changing Societies*. New Haven: Yale University.

Liao, Da-chi. 1990. *The Influence of Culture on Information Gathering in Organizations: An Authoritarian Paradigm*. Ann Arbor: University of Michigan Press.

McAdam, D. and S. Tarrow. 2013. "Social Movements and Elections: Toward a Broader Understanding of the Context of Contention." in *The Changing Dynamics of Contention*, eds. Jacquelien van Stekelenburg, Conny Roggeband and Bert Klandermans. Minnesota: University of Minnesota Press, 325-346.

Norris, P. 2011. *Democratic Deficit: Critical Citizens Revisited*. New York: Cambridge University Press.

Piven, F. F. 2006. *Challenging Authority: How Ordinary People Change America*. Maryland: Rowman & Littlefield.

Polsby, N. W. 1975. "Legislatures." in *Handbook of Political Science*, eds. Fred I. Greestein and Nelson W. Polsby. Boston: Addison-Wesley, 257-319.

Rawnsley, Ming-yeh. 2014. "New Civic Movements and Further Democratisation in Taiwan." *China Policy Institute: Analysis*. in http://blogs.nottingham.ac.uk/chinapolicyinstitute/2014/04/29/new-civic-movements-and-further-democratisation-in-taiwan/. Latest update 4 July 2017.

Rosanvallon, P. 2008. *Counter-Democracy*. Cambridge: Cambridge University Press.

Tarrow, S. 1994. *Power in Movement: Social Movements, Collective Action and Politics*. Cambridge: Cambridge University Press.

Tilly, C. and L. J. Wood. 2013. *Social Movements, 1768-2012*, 3rd ed. London: Paradigm Publishers.

Tilly, C. 2004. *Social Movements, 1768-2004*. London: Paradigm Publishers.

Tilly, C. 2008. *Contentious Performances*. Cambridge: Cambridge University Press.

附錄一：資料處理情形說明

整體資料處理情況

屆別	資料總筆數	已編碼資料筆數	判別率
4	2,228	2,115	94.9%
5	4,933	4,914	99.6%
6	8,346	8,323	99.7%
7	7,053	6,736	95.5%
8	20,356	18,174	89.3%
總計	42,916	40,262	93.8%

註：一筆資料為一場會議紀錄，裡面可能包含多位受邀人。
已編碼數為合計人工加上電腦標記的結果。

第八屆各會期所得資料檔如下

會期	資料檔案數	會期	資料檔案數
1	306	5	345
2	176*	6	465
3	311	7	469
4	457	8	286

註：* 第八屆第二會期的資料檔，不知何故，立法院釋出即這些，比歷會期都少，甚且比開會天數最少的第八會期（2015 年 12 月 18 日即截止）都少。這一部分無法解決，只能在使用資料做解釋分析時，盡量不納這一會期。

附錄二：與社運訴求相關法案的選取過程

1. 運用關鍵詞（「紅衫軍」及「倒扁」等），從立法院國會圖書館及新聞資料庫中尋找相關法案，得到八個法案。

2. 用這八個法案的名稱，到立法院的提案系統，去檢索有幾個進入了立法院的立法審議過程。結果在這八個法案中，有七個在立法院提案系統中有資料結果出現。

3. 進一步檢查這七個法案在立法院審理的時期，以確認他們在紅衫軍發動大型示威的第六屆（2005-2008）第四會期（2006/9-2007/1）中曾被審查。其中五個法案出現在此一時期。

Chapter 02

半總統制下國會議長中立是不可能的任務

以太陽花社運後的立法院院長為實證案例 *

陳月卿

中山大學政治學研究所

廖達琪

中山大學政治學研究所

┃ 摘　要 ┃

　　本文試圖探討半總統制下國會議長的中立角色，議長中立指議長除退出政黨外，在議事上能夠秉公處理，不偏頗任何政黨，扮演維持秩序、確保議事進行順利的角色。

　　從文獻中得知，國會議長能夠中立，是英國的內閣制本身，要求閣揆為決策推動的靈魂人物，議長負責議事的順利進行，這樣

*　　原文刊登於《國家發展研究》第十八卷第三期（2019 年 6 月），頁 45-97，本文略有修訂，例如「我國」，本文裡改用「臺灣」。

的分工原型，經過長久演化，國會才逐漸得以建構出讓議長可以中立的制度配套。半總統制國家的兩個次類型，除非是總理—總統制的制度設計，較有內閣制分工原型的制度條件；另一次類型的總統—國會制，則基本不具備這樣的制度條件；再加上半總統制國家制度運作的歷史通常較短，還無法醞釀出這樣明晰的配套；即使是半總統制的代表，總理—總統制的法國，也沒有建構出議長中立的制度設計。

臺灣半總統制運作的時間不長，且運作上較傾向總統—國會制，離內閣制更遠些。本研究的調查發現，立法委員對立法院院長的期待與認知，既複雜又混淆。在主觀認知混雜與客觀制度條件不具足下，立法院院長要中立，實在相當困難。但臺灣既已有要求議長不得擔任黨職之規範，可視為推動議長中立制度化的第一步，如能改革憲政，向總理—總統制滑動，建置較明確的總理—議長分工機制，或將有助於未來實踐議長中立的理想。

關鍵字：半總統制、國會議長、議長中立、立法院

壹、前　言

　　本文意圖探討在半總統制下，國會議長中立（impartial / neutral）的可能性，本文所指稱的議長中立，指議長在政治上與議事上皆能保持中立的地位。政治中立指對政黨政治的運作採取中立的立場；議事中立則是指議長在主持、引導與處理議事時，能超越黨派之外，秉公處理議事。因此，議長退不退出政黨，其實不是議事中立的必要條件。

　　然而，追溯議長中立的概念可知，該概念源自於英國內閣制運作中的一項傳統，最初指的是議長在議事上所扮演的中立角色。此傳統起自亞瑟・昂斯露（Arthur Onslow）議長，他自 1728 年以來，總共擔任了三十三年的下議院議長。他所開創的這項傳統具有強大的拘束力，自他之後所有擔任議長的人，皆依慣例宣布退出了政黨，也都被視為實際上已獨立於其原本的政黨之外（Silk & Walters, 1998: 20）。

　　在兩黨制、剛性政黨等要素的組合下，英國的內閣制運作後來發展出議長在政治上與議事上皆能保持中立、議長以主持會議、維持國會運作為主職的中立制度。同時，英國的議長通常由主要政黨皆不反對、且無政治野心的人出任，無論政府的組成如何改變，即使發生政黨輪替，都期許將來的議長，會與先前的相同（Silk & Walters, 1998: 20），除非議長於任期中死亡，或者自己不願再尋求連任，才會再開啟新一輪的議長選舉。[1]

1　英國的選舉制度預設現任議長會尋求連任，但由於他／她已經退出政黨，因

就議長選舉而言，由於在英國國會裡，後座議員占多數，因此，如要贏得議長選舉，獲得「後座議員」（backbencher）的支持最是關鍵。[2] 傳統上，議長都出身於後座議員，但這些議長候選人在就任議長職位之前，多數皆已有主持會議的經驗，因為這有助於下議員們就他們將來接任議長時，可能會有什麼表現，可以先有一些評估。[3]

然而，這個傳統也不是沒有例外，自第二次世界大戰後（1945年）迄今，也有議長曾任內閣閣員、副檢察長，或者政黨的黨鞭，且除了一位女性議長之外，歷任議長都是出自於當時的執政黨。[4] 由此顯示，不成文的規範與現實的運作之間，也是存在一些差距，但英國議長中立的傳統，至今已形成十分具有拘束力的慣例，且廣為所知。

議長中立意味著議長在國會的議事上保持中立、不再參與政治活動、也不發表政治意見，議長主要的責任在維持議場秩序、協調黨際衝突，以及公平地分配發言時間。同時，也基於議長的中立性，在議事過程中，如發生需要議長投決定票的情形，議長的那一票將會被視為是代表公共利益，而不被視為代表原先所屬政黨的立

此在下一次參選國會議員選舉時，現任議長是以「尋求連任的議長」之身分參選，主要政黨通常也不會在議長的選區提名候選人來與之競爭。自1935年以來，議長尋求連任時，都不會標明他所屬的政黨（Craig, 1989）。

2　不擔任政府職位及反對黨影子內閣之議員，一律稱為「後座議員」（backbenchers）（陳堯聖，1986：19）。

3　例如，自戰後（1945年）至今，十位下議院的議長中，就有五位曾任副議長。

4　這位唯一的女性議長是貝蒂·布斯洛伊德（Betty Boothroyd），她自1992年至2000年間擔任議長，但她的第一個任期是自1992年至1997年，當時的政府是保守黨政府，而她原本的黨籍是工黨。此紀錄至今無人打破，因而成為英國歷任議長中，唯一不是出自執政黨的例外。

場，原因是任何新法律的通過，都應以院內的多數為基礎。

因此，在實踐上，如果是發生在法案二讀時，依據慣例，議長的票將投在贊成這方，目的是為了讓法案有進一步討論的機會；但如果是發生在三讀階段，則議長的決定票將會投在反對方，理由是新的法律應以院內多數同意為基礎，而非僅僅是基於議長的一張票。[5] 這樣的原則與運作慣例，讓議長不會因為執政黨與反對黨不同政策立場所產生的爭議，而將議長捲入爭議中。

此外，國會議長亦象徵性地代表國會，他可以接見外國的各種代表團、主持並參加與國會事務相關的協會組織及會議，並綜理院務。對於國會議長的角色定位，不同的制度會有不同的期待，研究上多半會從內閣制及總統制的角度出發（Bach, 1999; Griffin, 1997）；例如，Bach（1999）分別以西敏寺模式（westminster）與華盛頓模式（washington）稱之，原因是這兩種制度是憲政光譜中的兩極，具有理論層面的意義。理論層次上對議長所應扮演的角色定位，是影響制度演化後議長行為模式發展的基礎。

「西敏寺模式」係指制度的運作倚靠的是行政權與立法權的融合，由於國會中已有首相及內閣在領導立法，因此會期望議長能夠盡量去除政黨色彩，切斷與過去所屬政黨的聯繫；議長被預期成為一位主持與協調議事的中立者、作為國會的象徵性代表，且以不具備代表立法權的意義尤佳。然而，在權力分立的「華盛頓模式」下，立法權必須要能夠制衡行政權，議長代表的是國會的立法權，與總統所代表的行政權之間具有制衡關係，而不是為了支持行政權；因此也會期望，議長不僅是象徵性地代表國會整體，也是國會

---

5   其他關於議長投票的規範及準則，請參見英國議會制憲慣例的丹尼森準則（Speaker Denison's rule）。

立法權的實質代表（以上說明請參見下表 2-1 ）。

表 2-1　制度面對議長角色的期待

內閣制下的國會議長	總統制下的國會議長
去除政黨色彩，成為主持與協調議事的中立者	具有政黨色彩，代表國會共識、能有效制衡行政權
是國會的象徵性代表	既是國會整體的象徵性代表，也是國會立法權的實質代表

資料來源：作者自製。

　　制度設計上對議長角色之期許已如前述，但在實際運作上，議長所真正扮演的角色，則會隨著制度運作的政治環境與歷史背景而有所演化。例如：內閣制的英國，基於兩黨制、剛性政黨等特定的歷史脈絡、國情與文化，最終演化出理想的「中立化」議長；總統制的美國，基於兩黨制、柔性政黨等特色，則演化出「強勢領導」風格的議長。

　　中立的議長在行為上，不再與他原本所屬的政黨有所聯繫、不參與議事的討論、不做政治上的發言，以協調黨際衝突，維持議事的運作為主職。因此，中立的議長在國會的立法過程中，代表的是所謂的「公共利益」，而無特定立場，此亦是前文提及「議長的關鍵票」會投往哪一方的基礎。而強勢領導型的議長，則以主導國會的議事結果為目標，因為他需要達成其所屬政黨的競選承諾；因此，在權力分立及經驗運作下的演化，國會議長不僅會是國會內部實質的立法領導者，也會力求展現個人的人格魅力及領導風格，並以能夠達成有效制衡行政權為理想。「領導人」一詞即代表議長會有政策立場、會主導議事、不是政治中立的。

因此，在立法過程中，依不同的情況，議長所扮演的角色會
有所差異。例如：當議長與總統屬於同一政黨時，他雖協助總統推
動政策，但也不無可能因國會整體與行政方的意見不同，而抱持反
對總統政策的立場；[6] 當議長與總統分屬不同政黨時，則他通常會
帶領非總統政黨的一方，在國會中進行政策攻防。長久演化下來，
議長的政黨色彩較為明確，且議長通常身兼數職，例如，同時身兼
政黨黨魁及國會中某一委員會的主席，因分權制度下，國會議長如
能是「位高而權重」的，普遍會更有助於達成制衡行政權的目標
（以上說明請參見下表 2-2）。

表 2-2　經驗演化後議長實質上所扮演的角色

英國經驗	美國經驗
議事程序中代表的是公共利益	議事程序中常代表的是所屬政黨的觀點，並主導國會的決議結果
盡力協調黨際衝突	大體不脫離政黨屬性，通常會協助總統方推動政策，或帶領非總統的一方進行政策攻防

資料來源：作者自製。

　　表 2-1 及表 2-2 分別從制度面及經驗演化面對國會議長的一些
行為特徵進行說明，而在實際運作上，國會議長的角色定位，會依
不同國家的國情所需，除了在制度規範面上有不同的設計及調整
外，在行為面上也會有一些差異。例如，與英國同樣採取內閣制

6　例如，與美國總統川普同黨的共和黨眾議院議長保羅‧萊恩（Paul Ryan），
　　近來公開譴責川普對進口鋼鋁課重稅的政策，並表示將在國會中持續敦促執
　　政團隊縮小這項政策範圍，僅聚焦在違反貿易法規的國家和行徑上（中央
　　社，2018）。

設計的日本及德國，他們的議長與英國的議長所扮演的角色，實際上並不完全相同（本文將於文獻回顧中詳述）。由於「憲政制度的設計安排會培養一國的政治文化（Griffin, 1997: 63）」，而政治文化會影響議長要發展成中立的還是具有政黨立場的；「西敏寺模式是影響內閣制國會議長行為模式的共同根源（Laban, 2014: 155）」；華盛頓模式則會成為總統制國會議長行為規範的準則。

此外，相對於內閣制與總統制，半總統制是一種較新的憲政制度，基本上又可分為「總理—總統制」及「總統—國會制」兩種運作的次類型，不同次類型在制度設計與運作的表現上，皆有一些差異。但文獻上，從理論層面對半總統制國家議長角色定位所進行的研究，幾乎沒有；而從實際運作面上對半總統制國家議長所進行的研究，則較少觸及理論層次的分析。因此，本文先從半總統制的制度框架出發，再依據不同的運作次類型，討論半總統制國家國會議長的中立化，是否是「可能」與「可欲」的。

如從制度運作的理論層面，探討英國議長之所以能夠中立的原因，首先就會發現，以權力融合為制度設計精神的內閣制，運作成敗的關鍵在於：「多數黨領袖是否能有效控制國會及領導政府？國會議場本身是政治人物合縱連橫的場合，政黨領袖必須發揮有效的領導，才能達成執政目標，故此一體制下的國會議長，自然不宜涉入過多的政治主張或者政黨活動，否則必然會與其他政黨及其政黨領袖產生扞格」（劉其昌，1994：82；羅傳賢，2015：19）。此為內閣制的制度本身所提供的議長中立誘因。

此外，由於英國的政黨體系是兩黨制，政黨類型屬於剛性政黨，在預設現任議長會尋求連任的前提下，由於他／她已經退出政

黨，在下一次參選國會議員時，現任議長將以「尋求連任的議長」之身分參選，主要政黨通常也不會在議長的選區提名候選人來與之競爭。長久演化下來，英國議長最終通常由無政治野心者出任，議長不但在議事上不參與國會內部的議事討論及決策過程（例如，法案的委員會審議、對政府的質詢等等），而只負責維持議場秩序，在政治上也會嚴守中立、退出政黨、不發表政治評論。

在主持議事時，中立的議長在立法過程中代表的是「公共利益」，原因是在內閣制的運作下，下院的多數一定是執政黨，當執政黨內部的反對意見，跟其他反對黨結合時，原本的多數就變成了少數；此時，由於多數人（包括執政黨內部的人）所想的，已與執政黨所想的不同，因此，如需要議長的決定票，則議長必定會投反對票，以避免該次決議是由議長的那張票所決定，而不是基於多數意見，形成「當行政權與下議院的利益有所衝突時，議長要站在下議院這邊」的運作慣例。

這個慣例深深影響了英國制度的運作，在長久的演化過程中，強化了議長中立的傳統。從實踐上觀之，英國自二戰後至今，只有一位議長不是出自於當時的執政黨，這些原本來自於執政黨的議長們，在當選為議長後，必須很快地適應自己的新角色。因此，對英國歷任議長而言，議長中立的傳統，未嘗不是一種考驗與磨練。即便如此，綜合而言，英國的憲政運作乃是內閣制、兩黨制、剛性政黨等要素的組合（亦即西敏寺模式），國會議長的中立性透過逐漸演化出的一系列配套措施之助，而得以逐步實踐。

這些配套包含：較優渥的薪資待遇（議長的薪資等同於部長，比一般議員高一些）、選區法案優先討論、有官邸、警衛、退休金、退休後封爵的榮耀、任期內原則上不改選，以及發展出讓議長

較容易於下一次普選及議長選舉中連任的配套制度，[7] 來協助議長實踐中立。透過上述配套措施，讓議事中立與政治中立，在期許議長應該要中立的制度脈絡中，不但是可能的，也是可欲的。

臺灣是半總統制國家裡，少數有明文規定議長不得擔任黨職的國家，[8] 目前除了立陶宛之外，尚無其他半總統制國家有類似的規範。但在制度上要求議長要退出黨職，是否代表議長真的可以做到議事中立、在主持議事時不去傾向他的政黨？在臺灣目前的運作上，一直受到許多質疑。過去，對立法院院長中立的研究，有研究認為，只要能做到議事中立，立法院院長不一定需要退出政黨（陳淑芳，2001；羅傳賢，2015）；但也有研究指出，半總統制國家其實並無議長需退出政黨的通例（胡祖慶，2016）。

由於文獻上很少討論半總統制國家議長的中立性究竟如何，故本文的文獻回顧將包含：議長中立制度的研究、議長角色的研究，以及議會運作模式歸納等三個部分，作為檢視半總統制國家議長角色定位理論歸納的文獻基礎。此外，本文對半總統制國家議長中立的可能性分析，將從半總統制不同次類型制度設計的理論邏輯，以及不同次類型制度運作的條件背景，這兩個層次著手，並以臺灣案例作為輔助的實證資料。最後，透過與英國制度進行比較，提供有助於臺灣未來建立議長中立制度的一些建議。

7　主要政黨在議長選區不會提名人選與之競爭，及只有「同意前任議長繼續擔任議長」的動議遭到否決，才會展開新競爭者的選舉程序。

8　自第九屆立法院之後，立法院院長將不再擔任黨職。原因是第九屆立法院院長蘇嘉全上任後，積極推動國會改革，立法院於 2016 年 12 月 7 日修正通過《立法院組織法》第 3 條與第 5 條。其中，第 3 條的內容明定，立法院院長、副院長不得擔任政黨職務。

貳、文獻回顧

　　本文的文獻回顧分為：議長中立制度的相關研究、議長角色的研究，以及議會運作模式歸納等三個部分，作為檢視半總統制國家議長角色定位歸納的文獻基礎，以下分述之。

一、議長中立制度的相關研究

　　議長中立指的是議長在政治上與議事上皆扮演了中立的角色。議長在政治上不代表任何政黨；在主持議事時，能夠超越黨派之外，秉公處理議事。議長中立制度源於十八世紀的英國，議員一旦當選為議長，他／她便會退出政黨，放棄與他原本政黨之間的所有聯繫（Austen, 2012: 50）。為了達成上述理想，作為議長中立制度創始國的英國，在配套制度上做了許多努力，力求最大程度地在各個層面上協助議長在履行職責、展現其領導力及權威性的同時，還能保持中立。

　　這些配套制度包含：較優渥的薪資（比一般議員高，與部長同等級）、安全人員與隨從、早期有但現已取消的特殊服儀（例如，假髮與禮服）、選舉連任時的禮讓（包含地方選區及國會議長選舉）、議長所提的地方選區法案將被優先討論、不錯的退休金及退休後封爵等；也透過國會內部的架構安排，例如設置國會糾儀長（serjeant at arms）與祕書處、舉行主席會議等，協助議長維持會

議秩序、履行平衡不同黨派議員的發言時間等任務。此外,英國議長中立的制度,相當程度上倚賴的是文化傳統;換句話說,既需要有以追求議長的嚴守中立為理想的制度脈絡,也需要時間來建構輔助議長實踐中立的配套措施。

探究英國議長中立的歷史淵源,可追溯至十四世紀。英國平民院議長係源自於 1376 年「善良國會」(good parliament),Sir Peter de la Mare 擔任國會發言人(spokesman)時成形。次年,發言人角色轉化為議長(speaker),Thomas Hungerford 成為首任議長。在過去的皇權時代,議長所扮演的主要角色便是訊息的傳遞者,他下達國王的命令,並反應百姓的要求給國王。他的薪資由國王支付,因此一開始是親皇權的一方。

議長也曾是國會的領導人,可以左右法案的結果,例如,1485 年的議長,每季的會議主持費是一百磅,如議長將議員的法案送到院會一讀(亦即排入議程),則每案可獲得五磅的報酬(Neale, 1949: 332-336)。到了十六世紀末,仍有三位國會官員的薪資是由國王支付,分別是:國會議長、國會書記官,以及國會的糾儀長。由此顯示,傳統上英國看待國會議長的角色,是較偏向「事務官」而非「政務官」性質。

根據 Neale(1949)的估計,十六世紀英國國會議長的官方薪資單,只是其總收入的 1/8 到 1/10(1949:348),但這樣的情形顯然暗示,議長可能有收賄的情況。到了十七世紀,議長通常就不再收取將法案排入議程的費用,議長中立的風氣開始出現。

專門研究英國議會的議會史學家 Notestein(1971)指出,早自十七世紀開始,英國就有議長中立的情形出現;十八世紀時,單是昂斯露議長,就擔任了三十三年的下議院議長,開啟了議長中立

的風氣；到了十九世紀中期，下議院議長已不再聽命於國王，議長也開始改由政黨競爭產生，但仍未動搖議長中立傳統的拘束力；[9]最後，1919 年的一份《樞密院令》（Order in Council），奠定了下議院議長在政治上的崇高地位，頒令中明言，下議院議長為英國最高級的官員之一，在所有非皇家成員中，地位僅次於首相、大法官，以及樞密院議長之下。由此開始，英國的議長中立逐步制度化，透過歷任議長在國會中所遇到的情況，逐漸累積成中立議長的行為準則，並沿用至今。

然而，英國實踐議長中立傳統的過程，也不是完全沒有插曲，例如，馬丁（Michael Martin）議長就曾在議會進行時，以議長的身分向一位政府部門首長致謝，理由是後者方才在議會做出的聲明內容，讓他覺得值得這麼做，因而引來國內對於其違反優良的「議長中立」傳統之批評。[10] 由此可知，即使在議長中立傳統的拘束力十分強大的英國，人民對於議長是否真正做到中立，標準不一；議長的行為，還是必須顧及社會觀感及社會期待。

綜合觀之，英國議長中立制度的運作與維持，與內閣制權力融合的運作精神、政黨體系為兩黨制與剛性政黨等要素的影響，基本上無法分割。因此，研究認為，「保持超然、獨立及中立，乃成為英國國會議長在地位上與角色上唯一的認知（楊泰順，2000：14）」。

追根究柢，英國議長之所以能夠扮演中立的角色，首先是因

9　1857-1872 年的 John Evelyn Denison 議長，成為最後一位在委員會中發言與投票的議長（Laundy, 1964: 310）。

10　Michael Martin 於 2000 年到 2009 年擔任英國下議院的議長。2009 年因對議員濫報公帳的事宜處理不當、遭到輿論撻伐，自行宣布辭職，成為英國三百多年來第一位在任內被迫辭職的議長，其繼任者為 John Simon Bercow，他自 2009 年連任至今。

為在制度運作上，執政黨在議會中有閣揆及內閣領導立法，所以無須議長協助（楊日青，2014：266）。其次，內閣制配合兩黨制的運作，國會自然會產生可以穩定執政的相對多數，加之以政黨紀律嚴明（剛性政黨），因此有利於首相的政務推動。第三，歷任議長實踐議長中立，並非只依據對傳統規範的沿襲，亦有其他配套措施的輔助。如沒有這些條件的配合，則議長的中立未必可以成就，例如，現今同樣採取內閣制設計的日本與德國；由於日本的政黨體系是一黨獨大（自民黨），德國則為多黨制，運作起來，他們的議長就很難脫離政黨的影響，成為所謂「政治及議事均中立的議長」，以下說明之。

日本受到內閣制運作慣例的影響，議長當選後會宣示退出政黨，但日本議長的當選與去職，皆與他所屬的政黨脫不了關係。研究指出，受到派閥政治的影響，日本議長當選後雖然會退出政黨，但議長經常因擔負起國會審議正常化的責任而下臺（余元傑，2007），因此議長的政黨色彩仍舊十分濃厚。[11] 此外，受到日本的政黨型態為一黨獨大的影響，日本議長在卸任後，通常還會再繼續投入政治場域，並代表政黨參選，因此會選擇再加入原來的政黨（比例將近八成），或者加入其他政黨，或者以無黨籍的身分參選。[12]

11　在日本國會史上，經常出現執政黨要求對法案進行強行表決，在野黨為了拖延法案審議時間，會對議長提出不信任案。在法案強行表決過後，為了讓議會運作順利、降低朝野衝突，執政黨經常用棄車保帥的手段，明示或暗示議長離職，讓議長擔負起國會審議正常化的責任而下臺（余元傑，2007）。

12　二戰後迄今（1945-2018），日本下議院共有 38 位議長，扣除現任，過去的 37 位議長中，有 29 位於卸任後又重新加入原本的政黨，並且代表政黨參選；1 位加入另一政黨並代表政黨參選；2 位以無黨籍身分參選；2 位引退；1 位卸任後不久便去世；2 位後來因病死亡。因此，日本議長卸任後再回到原政黨的比率將近八成（29/37）。資料來源：作者自行統計。

尤有甚者，日本眾議院議長的平均任期不到兩年，但英國下議院議長的平均任期則是超過七年。本文認為，由於日本議長的平均任期較短，議長的職位可能不是議員政治生涯的終點。[13] 因此，議長在任期結束後，如有從政的企圖，便會再度進入政治場域、重新入黨。如能獲得政黨提名，選舉勝算便會提高，因此很難在短期就任議長時，維持中立。

另一個同樣採取內閣制設計，但國會議長也具備明顯政黨色彩的是德國。德國聯邦議會（Bundestag）的議長，是依各政黨的政治實力決定，因此通常由執政黨的資深黨員出任，議長就是國會內最強黨團的代表（張安藍譯，1999：248），並持續在自身黨派事務上扮演活躍角色（谷意譯，2009：67；Silk & Walters, 1998: 17），沒有議長需退出政黨的制度設計。本文認為，可能的原因有二：一方面是議長中立需要長時間的演化，才能有適應各國國情需要的完善配套，另一方面可能與德國的政黨體系有所關聯。

在運作上，由於德國經常是由多個政黨組成聯合內閣，首相為了聯合政府的運作，需做許多的協調；在實務上，會需要議長在議事上的協助，故議長的職位相對重要，同時也就不會期許議長要政治中立。就歷史上來看，自 1949 年至今，聯邦議會共歷經十三位議長，其中，有三位因政治理由辭職，一位辭職轉任德國聯邦總統；[14] 顯示德國議長確實不若英國議長，政治上的糾葛比較多，無

13　此為本文所計算。自 1945 年至本文撰寫時的 2018 年，日本下議院共歷經 38 位議長（含現任），平均任期不到兩年（73/38=1.9）；英國下院共歷經 10 位議長（含現任），平均任期超過七年（73/10=7.3）。

14　三位因政治理由辭職的議長分別是：Eugen Gerstenmaier（任期：1954-1969），他因所領取的部分薪資福利金額過高，受到公眾的質疑後辭職；Rainer Barzel（任期：1983-1984），他因捲進收賄醜聞而辭職；Philipp Jenninger（任期：1984-1988），他因在議會發表為納粹辯護的演說，超過五十位議員離席抗

法避免政治紛擾,議長職位通常也非議員職業生涯的終點。

綜合來說,採取內閣制設計的國家由於受到英國制度典範的影響,對議長的行為規範,通常可能會有較多期許議長要中立的制度設計,但實際上議長所扮演的角色,會依據各國不同的歷史脈絡、政黨系統、國情及文化,而有不同的演化。然而,從制度上推演,內閣制的設計對議長中立會有較多的期許,已獲得文獻上的支持(楊泰順,2000;劉其昌,1994;Hitchner, 1959; Laban, 2014),但歷史上的實踐則要花費很久的時間,且建構議長中立制度的過程中,會受到國內政黨體系運作的影響。

因此,日本與德國雖皆採用內閣制的設計,但一來他們制度運作的歷史較短,自二次戰後迄今,採用內閣制運作的歷史不過七十多年,尚無法發展出完善的議長中立配套制度;二來這兩國的政黨體系,一者為一黨獨大(日本),一者為多黨制(德國),與英國兩黨制的運作並不相同。基於現實政治運作的需要,他們皆未能實踐理想的議長中立。

二、議長角色的研究

國會議長在實際的動態過程中,究竟應該扮演什麼角色?通常視制度的設計與實際運作的需要而定。用「角色」、「功能」等概念來分析或分類國會,主要盛行於 1960 年代到 1970 年代行為主義(behaviorism)仍當道時(Hedlund, 1985: 325-327)。其中,基本上又可分為兩大類,分別是制度是依據「權力融合」來運作的內

議,引發德國政治風暴而辭職。另一位辭職轉任聯邦總統的議長則是 Karl Carstens(任期:1976-1979)。

閣制，以及以「權力分立」為運作基礎的總統制。因此，議長的角色定位與功能，也會有所不同。

內閣制議長的角色，是中立的仲裁者（an impartial arbitrator），[15]因此會盡量去除政黨色彩，以不代表個別政黨為理想；在功能上，則以主持議事、協調衝突、管理院內運作為主職。總統制議長則無中立的義務，且通常身兼數職，因此除了主持會議之外，通常還是多數黨的黨魁、是總統與同黨議員在國會中的代言人等等。議長的權力會受到議長的個人魅力、政黨立場、國會結構，乃至當時政治局勢的影響而有所不同，故議長的角色相當多元；議長本身就是立法權的實質代表，能夠代表國會共識、制衡行政權。

研究上亦多認為，美國議長本身即權力的象徵、議長一職是展現個人強勢領導的機會（Follett, 1896: 64）。在美國歷史上多次的國會改革中，也都以擴張國會的權力為手段，來穩固三權分立制度的運作，議長的權力因此也跟著擴大，並且不認為國會及議長的擴權會損害到美國的民主（相關研究可見於：Alexander, 1916; Atkinson, 1911; Brown, 1922; Galloway, 1953, 1962; Jones, 1968, 1970, 1981; MacNeil, 1963; Peabody & Polsby, 1977 等）。Follett（1896）還認為，像亨利‧克萊（Henry Clay）（1811-1814，1815-1820，1823-1825 三度連任眾議院議長）以及湯瑪斯‧布雷克特‧里得（Thomas Brackett Reed）（1889-1891，1895-1899 任眾議院議長）這兩位議長，堪為美國議長的楷模。[16]

---

15 意指一旦當選為議長，通常會放棄與所屬政黨的聯繫，以及放棄他身為議員的一些職權，例如：不參加議事辯論、不行使提案權、不參加監督政府的程序、除非發生需要議長投關鍵票的情形否則也不投票等等。

16 Henry Clay 是美國參眾兩院歷史上最重要的政治家之一，是輝格黨的創立者和領導人，曾連任三次眾議院議長、三次擔任美國國務卿、四度擔任美國

學者 Chiu（1928）曾對自 1896 年以來美國歷任眾議院議長進行研究，他最推崇的也是位高權重且作風強勢型。此外，不少對美國國會的研究亦指出，議長在國會中，如能同時是政黨的領袖，將會最有利於美國民主政治的運作（Hasbrouck, 1927; Ripley, 1967, 1969, 1983; Schattschneider, 1942; Thompson, 1906）。也有其他研究指出，美國議長的權力，深受政黨政治的運作與選舉制度的影響（Clucas, 2001; Risjord, 1992），議長的領導力與國會的制度化之間也有一定程度的關聯（Polsby, 1968）。

其中，行為學派的 Polsby（1968）曾提出制度化理論，認為制度化對美國國會的權能有深遠影響，他於研究中提出測量制度化的標準，並認為，在議長的「領導力」這個面向上，「制度化」對議長職業生涯的軌跡，有一定程度的形塑功能。但也有研究認為，越是高度專業化的議員，就越沒有特定的軌跡來形塑他的領導力，尤其是當研究的對象是美國的議長時（Freeman, 1995）。

因此，制度化是否與美國國會議長的職業軌跡有所關連？可能還有一些討論空間，但對於國會議長所扮演的多重角色，例如，他是立法權的實質代表、具有明顯的政黨傾向，文獻上多是認為，這在美國政治的運作上是必要的，而且並不影響美國的民主，相關研究可見於 Ripley（1967）、Roland（1994）、Heitshusen（2017）等。我國的研究也有相同結論（楊泰順，2000；楊泰順等，2000；

參議員。在任眾議院議長時，主導 1812 年美英戰爭（美國獨立後的第一場戰爭）的開始與結束（Baldwin, 1897）。Thomas B. Reed 則是在擔任議長時，同時身兼程序委員會的主席（chairman of the rules committee），並透過程序委員會主席的身分，於 1890 年發布「在場但棄權，也要計入法定人數（稱為 disappearing quorum）」的議事規則，強勢作風聞名遐邇，因而有里德沙皇（"Czar Reed"）之稱。

羅傳賢，2015）。

綜合來說，總統制基於權力分立的原則，議員不能兼任官員，因此在立法過程中，會需要議長在國會內的積極主導、協助政黨達成施政目標，以利於在下一次的選舉中勝選。在這樣的制度結構下，總統制的典型——美國，其眾議院的議長最終演化成由國會多數黨黨團（majority party caucus）所選出的政黨領袖出任（Jewell & Patterson, 1976: 31）。資歷、順位等雖然只是要素之一，但在考慮個人聲望及政治經歷後，往往會由資深的議員出任（羅傳賢，2015：368）。雖然這與美國的政黨結構為柔性政黨可能不無關聯，但最重要的原因是，只要議長所屬政黨是國會的多數黨，可以贏得國會多數的支持，受到政黨因素的影響，他要取得議長職位，會相對容易許多。

綜上所述，美國議長與英國議長所各自扮演的角色與功能之差異，是本研究問卷設計的理論基礎：能夠代表議長中立特質的選項，理論基礎來自於英國議長所展現出的中立特色；能夠彰顯議長權力特質的選項，理論基礎則來自於美國議長的一些領導行為。本研究另依據我國的實際運作情況，加入我國現有的制度設計，作為問卷的選項之一（詳細問卷內容，請見附錄一）。

三、議會運作模式歸納

除了從憲政設計上的出發點不同（權力融合及權力分立），來探討對議長角色的期許，以及演化後議長所可能有的行為特色外，本研究亦從經驗研究對全球議會所進行的調查結果，試圖對議長角色的運作模式進行歸納。全球議會聯盟（Inter-Parliamentary Union,

IPU）曾於 1996 年，對全球一百七十九個國家的議會進行問卷調查，共收到一百一十七個國家的回覆問卷。隔年（1997 年）發布的研究報告中顯示，議會的結構基本上可被歸類為：英國模式、美國模式、（以法國為代表的）歐陸模式，以及社會主義模式四種類型（Bergougnous, 1997: 103-116）。

這樣的分類標準主要出於歷史制度主義的視角，全球議會聯盟的研究報告認為，具有被殖民歷史的國家，其獨立後的議會制度，將會優先參考殖民母國的制度設計。因此，英國模式是大英國協國家的傳統，議長在國會裡扮演的角色是中立的仲裁者；採用英國模式的議會，國會議程通常由政府決定，並且多半會有議長中立的期許，議長雖然他在國會內有著絕對的權威，但基本上只負責維持國會的運作，不參與國會的決策過程。

採用美國模式的議會，其國會議長實質上多半就是國會多數黨的領導人，且對國會的議程與法案的立法過程及結果，皆具有決定性的影響力；例如，美國眾議院的議長有國會議程的決策權，以及將草案退回委員會之權。

（以法國為代表的）歐陸式的國會，在運作的制度設計上，通常會強調議會是「合議制」，最經典的案例就是法國的主席團，[17]並特別強調議長在「保障反對黨發言權」上的責任。然而，雖然議長首先也最重要的是扮演仲裁者的角色，但議長並未放棄他的政黨

---

17 法國國會的主席團是由議長、（六名）副議長、各常設委員會主席、社會委員會及財經預算委員會的報告員、歐盟事務委員會主席，以及各黨團主席所組成，因此可反應國會內部的黨團結構。以上規範請見《國民議會議事規則》第 47 條。

傾向，甚至還有一些政治上的權責。[18] 因此，議長通常仍與他原本的政黨保持聯繫，基於其議員的身分與職權，在多數情況下，只要他暫時放下主席的身分，他可以參加立法辯論，也可以投票，雖然他並不常這麼做。

目前許多東歐的新興民主國家採用了法國的制度設計，但在這些新興民主國家中，例如，保加利亞、克羅埃西亞、羅馬尼亞、立陶宛等國，通常還有議長可被解職的設計，而這在西歐國家中很罕見。這些東歐國家的議長，通常具有政治立場，在國會中所扮演的角色並非僅是中立的仲裁者。

最後，社會主義模式的議會，則是在國會之外，通常還會有另一個權力更高的機構，擁有永久的立法權，但這類型國家的國會制度，通常也會有議長可以被解職的制度設計。然而，由於社會主義國家不存在「反對黨」這種概念，因此討論議長是出自於多數黨還是反對黨的意義不大。但社會主義國家裡的國會議長、總統，或總理等人，通常具有一定程度的政治實力，且不避諱參與國內政治權力分配與爭奪所帶來的衝突。

以上四種國會的運作模式，就制度的角度出發，只有英國模式下的國會議長，比較有可能扮演中立的角色。半總統制由於是較新的一種體制，肇始於一次大戰後的威瑪德國與芬蘭，於 1990 年代大幅擴張，但全球議會聯盟的研究並未將之另列一類。半總統制國家的制度設計本身，通常兼採內閣制與總統制的制度設計，既從內閣制擷取了總理對國會負責的特徵，又從總統制擷取了總統由全民直選產生的安排（吳玉山，2001：1）。因此，半總統制下國

---

18 法國議長在政治上的權責有：憲法委員會成員的任命權、特殊情況下的被諮詢權，以及一些其他的人事任命權等。

會議長中立的運作條件，已與內閣制有所不同，故本文從半總統制國家憲法條文的特徵所區分的兩個次類型——「總理—總統制」及「總統—國會制」（Shugart & Carey, 1992; Shugart, 2005），來對半總統制國家運作議長中立的制度條件進行檢視，並對兩種次類型下議長中立的可能性進行探討。

叁、理論歸納

誠如上述，全球議會聯盟基於 1996 年的調查結果，將全球的議會分成四種運作類型，分別是：英式、美式、（以法國為代表的）歐陸式，以及社會主義式，議長的行為特色可歸納成：中立型、強勢領導型、不中立也不領導立法型，以及社會主義國家型。[19] 相較於內閣制與總統制，半總統制是一種較新的憲政體制，肇始於一次戰後的威瑪德國與芬蘭（1920 年），1990 年代由於蘇聯的瓦解，許多新興的民主國家（後共國家）採用半總統制作為憲政體制，讓半總統制國家的數量大幅增加。

對於半總統制的定義，基本上有兩種方式，比較狹義的定義是由法國學者 Maurice Duverger 所提出，其認為，半總統制有三個條件，分別是：總統直選、總統有相當的實權，以及總理及其領導的政府對國會負責（Duverger, 1980）。然而，由於何謂「總統有相當的實權」難以界定，故 Robert Elgie 等學者便將這個條件刪

19　由於全球議會聯盟研究報告裡的社會主義國家，指的是採用共產主義的非民主國家，但非民主國家不在本文的討論範疇，故本文亦不討論社會主義型議長。

除，認為任何憲政體制只要滿足總統直選和總理對國會負責的條件，便可歸類為半總統制國家（Elgie, 1999a, 1999b, 2001; Elgie & Moestrup, 2007, 2008）。[20] 而 Elgie 的較廣泛定義現已被越來越多研究半總統制的學者所接受。

然而，半總統制的研究仍持續不斷地深化，Elgie（2018）於最新的研究中，又對半總統制的操作型定義做了更精緻的處理，其所提出的新操作型定義為：總統直選、總理及其領導的內閣集體對國會負責，但不信任案的通過無須國會任一院的絕對多數。

無論從哪一種定義的角度出發，半總統制國家都有「憲政兩軌制」的制度特徵（吳玉山，2011：1），換句話說，由於有責任內閣制的設計，既可以走總理領導內閣對國會負責的軌道，同時，又由於總統的統治具有合法性，總統容易居於總理和內閣的上位，因此又可以走總統制的軌道（吳玉山，2011：2）。這樣兩軌的設計是半總統制的制度核心，影響所有其他規定，其中也包含議長中立的運作條件。

然而，半總統制的研究中，探討議長中立的研究很少，本文依據全球議會聯盟的研究基礎，認為半總統制國家的議長，可能有以下三種行為模式：偏向英式的中立議長、偏向美式的強勢領導型議長，以及不強調政治中立及強勢領導的法式議長。

此外，本研究所關注的半總統制國家，為依據 Elgie（2018）最新的操作型定義，至 2016 年仍屬於半總統制的國家。依據 Elgie 的標準，目前全球共有四十七個半總統制國家，在這些國家中，臺灣、俄羅斯、奧地利等十六國被歸類為「總統—國會制」，其他

20　更多對半總統制定義的討論請參見吳玉山（2011）。

三十一國則被歸類為「總理—總統制」。這兩種次類型的分類標準是出自於 Shugart & Carey（1992）及 Shugart（2005）對半總統制國家的憲法條文內容所進行的判斷，他們以總統是否有直接免除總理職務的權力，將半總統制分為「總統—國會制」與「總理—總統制」。[21] 兩種次類型最大的憲政運作差異在於，「總統—國會制」中的總理及其領導的內閣，集體同時向總統與國會負責；而在「總理—總統制」下，總理及其領導的內閣只需向國會負責（Elgie, 2018; Shugart & Carey, 1992）。

半總統制國家議長可能的角色定位

（一）偏英式的中立型議長

議長中立包含在政治上中立與議事上中立，英國是實踐議長中立最為徹底的國家，英國議長一旦當選，通常會放棄與所屬政黨的聯繫，以及放棄他身為議員的一些職權，例如：不參加議事辯論、不行使提案權、不參加監督政府的程序、除非發生需要議長投關鍵票的情形否則也不投票等等。位於歐洲的民主國家中，只有立陶宛有明文規定，議長不得參加議會內的黨團活動，[22] 算是比較接近英國的中立模式。但本文認為，基於以下三點，議長的中立程度，可能非常有限。

第一是由於立陶宛民主發展的時間較短，自 1992 年才成為半總統制國家，缺乏建構議長中立制度化所需的時間；第二則是立陶

21　其他有關半總統制運作次類型的研究，請參閱 Tsai（2008）。

22　見立陶宛《議會章程》（Seimas of the Republic of Lithuania Statute）第24-5條。

宛的政府類型與憲政運作，是屬於半總統制中的多黨總理—總統制
（蔡榮祥，2013），政府的組成需要政黨間協商，政局的不穩定性
會較高，議長難以僅扮演國會裡中立仲裁者的角色；第三則是後共
國家的議會在運作上，並沒有議會政治的傳統，受到共黨統治經驗
的影響，有服從個人權威的習慣。因此，在政治上與議事上希望議
長皆能嚴守中立，應也有相當地難度。

　　學者 Trainauskiené（2016）的研究曾指出，立陶宛的憲政運
作，已與原來的制度設計有所差距，例如：依據立陶宛憲法，議
長是國家第二順位的領導人，當總統因故不能視事時，其職位由
議長代理；[23] 然而實際上，總理才是發生上述情況履行總統職權的
第一人選。至於立陶宛議長的角色定位，究竟是要像英國議長般，
扮演中立角色；還是要像美國議長般，可被視同是「政黨的資產」
（party asset）？在立陶宛其實也備受爭議。理論上，依據制度規
範，議長被預設為應該要是中立的，但立陶宛議長對國會的議程，
其實具有實質影響力。

　　雖然制度上規定議長不得參加國會內的黨團活動，多數議長因
此也會宣布退出政黨，但在歷史上，仍有一些議長，上任後並未宣
布退出政黨，甚至同時兼任其所屬政黨的領導人。Trainauskiené 因
此認為，立陶宛的議長實際上已可被視為是國會的「獨立領導人」
（independent leader）；至於議長的退黨與否，與他實際上所扮演
的角色及行為，已無重大關聯（Trainauskiené, 2016: 135-136）。
此外，立陶宛自 1992 年才成為半總統制國家，迄今短短的二十六
年間，已歷經十位議長，議長的平均任期較短，顯示議長一職可能
並非議員生涯的終點。

23　見《立陶宛憲法》第 89 條。

綜合上述，立陶宛雖有議長中立的期許，但由於制度的運作歷史短、多黨總理—總統制的憲政運作、習慣強人領政的政治文化，加之以文獻上對立陶宛議長實際所扮演的角色之研究與評論，種種跡象顯示，立陶宛的議長應該難以實踐理想的議長中立。

（二）偏美式的強勢領導型議長

美國議長則除了在主持議事時要盡量中立之外，「他實質上就是國會多數黨的領導人。基此，議長對國會的議程具有決定性的影響力，而且他可以將法案退回委員會，因而對立法程序有強大的控制力（Bergougnous, 1997: 105）」，故本文稱之為強勢領導型。

如以全球議會聯盟（IPU）對全球議會運作模式的分類來看，議會的運作特別容易受到地緣政治的影響。半總統制的研究中，在探討為何新興民主國家會選擇半總統制作為憲政體制的影響因素時，Kopstein & Reilly（2000）與吳玉山（2000：54-55）便認為，地緣因素與示範效應是主因。[24] 如從地緣政治分析，目前採行半總統制的國家中，位於美洲的只有「總理—總統制」的海地及「總統—國會制」的祕魯，但兩者的資訊皆相當少。海地自 1987 年成為半總統制國家，但自 2010 年的大地震後，政治運作至今難上軌道，故本文不討論。

祕魯自 1993 年成為半總統制國家以來，議會每年於七月改選議長，與美國眾院每兩年改選一次議長的規範較為接近，且議長對議程享有一定程度的決策權（例如，可以決定要將哪些修正案排進

---

24 其他影響因素還有：歷史遺緒（von Beyme, 2001）、經濟改革的影響（Bunce, 1997）、國際環境的壓力（Crawford & Lijphart, 1995, 1997）、國內政治力量的妥協（Horowtiz, 2002）、菁英的內部整合情況與議價能力（Geddes, 1995; Easter, 1997; Elster et al., 1998; Frye, 1997）等（吳玉山，2011：18）。

院會議程），並可依據憲法，在總統未能於特定期限內頒布國會所通過的法律時，由國會議長酌情頒布之。[25] 此外，由於祕魯的國會議長為第三順位的國家領導人，歷史上也曾出現議長代理總統職的情況。[26]

然而，每年都在改選議長的設計，與培養議長中立、鼓勵資深議長的議長中立制度，差距較大，反而較容易吸引有政治立場與企圖心的人去角逐議長一職。如綜合制度設計與實際運作上議長的職涯變遷來推測，祕魯的國會議長，應並非以行事中立為準則，而是較可能在短暫的議長任期中，積極展現其對議事結果的影響力，以累積其政治資本。

除了地緣因素之外，歷史因素不但影響新興民主國家的政體選擇（von Beyme, 2001），也會影響議會類型及議長可能扮演的角色。誠如前述，新興的半總統制國家中，有不少都是後共國家。這些目前採用半總統制的後共國家，大部分都被 Elgie（2018）歸類在「總理─總統制」的運作次類型中。

然而，這些後共國家，民主化後雖然採用半總統制作為憲政制度，但議會在運作上並沒有議會政治的傳統，而是沿襲過去黨國

25　見《祕魯憲法》第 108 條。

26　祕魯前總統 Alberto Fujimori 因貪汙醜聞纏身，於 2000 年 11 月 19 日向國會提交辭呈，但他的辭呈被國會拒絕，國會宣布他為「道德不合適」的總統，並在 2000 年 11 月 22 日對他提出彈劾。祕魯議長原為國家第三順位領導人，但在藤森（Fujimori）被彈劾後，兩位副總統也因政治因素辭職，最後由身為在野黨一員的國會議長 Valentin Paniagua 代理總統一職，直至 2011 年 7 月 28 日直選選出新總統為止。Paniagua 自 1963 年就曾當選國會議員，1965 年被任命為司法部長；1980 年祕魯自由化之後，又再度當選議員，1984 年被任命為教育部長；2000 年當選為國會議員，並當選為國會議長。政治生涯跌宕起伏，相當豐富。

體制的政治文化傳統，容易順服個人權威，因此議長難以在政治上中立。此外，這些國家的國會內規，對議長權力的制度安排，也呈現特別多元分歧的樣貌，從議長的選舉方式、候選人提名的相關規範、議長能否被解職，到議長選舉結果是否可以被挑戰等等，規範紛雜，以下列舉幾個規範進行說明。

波蘭的議長選舉，採取的是一般民主國家議長選舉較少見的記名投票制，且有議長可被解職的條款（雖然門檻很高，需要絕對多數的同意），但提名規範卻又十分寬鬆（只要十五位議員的聯名就可成為候選人，且不一定非要政黨才能推派）。[27] 羅馬尼亞的議長，也有可被解職的規範（且門檻相對寬鬆，只需國會議員相對多數的同意），但議長的候選人卻只能透過政黨來推派。斯洛維尼亞與立陶宛，皆設有議員可質疑議長選舉的結果，並再次舉行選舉的配套辦法（一般較常見的規範是議長選舉結果是不可被挑戰的）；此外，斯洛維尼亞還在議長的提名制度上特別寬鬆，只要截至選前為止，即使到了投票的前一刻，都可以不斷提名增加議長候選人，且候選人並不一定要由政黨推舉（門檻只需十分之一的議員聯名）。[28]

從以上列舉的幾個後共國家對國會議長選舉的相關規範可以看出，在這些國家裡，國會議長的職位本身，就是政治權力競逐的重要場域之一，議長通常會具備一定程度的政治色彩；但如此一來，在制度上便較難給予議長中立的空間。當然，這些後共國家裡，也不乏有明文規定要求議長當選後需退出政黨活動的，例如，立陶宛

27　波蘭的下議院共有460席，15位議員的提名門檻，約莫是3%左右，門檻非常低。

28　斯洛維尼亞下議院總議員人數是90名，1/10的議員聯名意味著只要9名議員，就可以提名議長候選人，條件相當寬鬆。

就有議長不得參與國會內政黨活動的規範。但誠如前述，立陶宛議長的中立性，並未在文獻上受到支持。那麼，要如何解釋這些後共的半總統制國家，為何對國會議長有這樣紛雜的制度安排呢？

有研究認為，「歷史遺緒」與「歐盟因素」或可解釋這種現象。由於歐盟的整體趨勢基本上是以「內閣制」為主流（例如，法國以外的英國、德國、義大利等歐盟大國），因此，位於歐洲的後共國家，對議長權力相關的制度設計，有機會融入較多的內閣制設計（周萬來，2014：111-112）。[29] 但即使制度有所規範，這些國家要真正做到議長中立，其實也相當困難，立陶宛的情況便是如此。

嚴格來說，「議長中立制度化」是十九世紀的產物，而比較能做到的英國，有其形成議長中立制度的歷史演化及其文化背景，以及政黨體系為穩定的兩黨制等條件。然而，這些後共國家，多少還是會受到共黨統治經驗的影響，國會缺乏議會政治的傳統、有強人領政的政治文化，且政黨體系多為多黨制。因此，議長一般都是由有一定政治實力及野心的人去角逐，與英國議長由無政治野心的人出任之慣例大不相同。

此外，這些國家雖然成為了半總統制國家，但國家發展的歷史大部分又偏短，在運作上缺乏發展議長中立制度所需要的時間，再加上半總統制的行政雙元性所帶來的運作不確定性，在實際操作上，可能產生對憲政體制的不同詮釋，進而引發競爭雙方的摩擦。

29　周萬來認為，歐盟整體趨勢向以「內閣制」為主流（如法國外之英、德、義等歐盟大國）的政治體制氛圍；加上這些中東歐國家於經歷（或鄰國經驗）採行「半總統制」之初，總統坐擁大權時期的總統／國會，或總統／總理磨合陣痛、甚至憲政危機後，復加上1990年代之民主化及新興政黨崛起浪潮，遂紛紛研議削減總統權力，提高總理政治實力，作為求取國內政治穩定之解決方案，以致漸次向「內閣制」接近（2014：111-112）。

因此，即使制度上有期許議長要中立的設計，實際上議長所扮演的角色與行為，可能還是難以實踐議長中立。換句話說，單憑制度上的規範，缺乏文化傳統及穩定兩黨制的運作環境，理想的「議長中立」還是難以達成。

（三）法式議長不強調政治中立也不強勢領導

法國的憲法及國會的運作模式，向來自成一格，全球議會聯盟（IPU）將之視為歐陸式的代表，同時，法國也是半總統制運作次類型中，「總理—總統制」的代表。全球議會聯盟在 1997 年的調查報告中認為，歐陸國家的議會模式及議長角色，與英國及美國有明顯的區隔。歐陸國家的議會有兩大共同特色：第一是採用合議制（最經典的案例就是法國議會的主席團），第二則是議長在議會內有相當大的權力，但在議事上應公正地行使其職能，並作為反對派行使權力的保證人。然而，雖然法國議長最優先也最重要扮演的角色是仲裁者，但他並未放棄他的政黨傾向，有時候可能還負有一些政治責任，因此他不是政治中立的。由於議長仍與他原本的政黨保持聯繫，基於其議員的身分與職權，在多數的立法辯論中，他也都可以參加。

由上述可知，法國並未要求議長要政治中立，但在議事上則有「中立」之期待及作為，但如與英國議長相比，自是「較不中立」的。最主要的原因是法國議長只是主席團的成員之一，「合議制」的運作特色稀釋了法國議長強勢領導的意涵，就比較的觀點而言，不如美國議長對議程具有決定性的影響力。同時，法國議長也無權將法案退回委員會，他也不是國會多數黨的主要立法領導人（總理才是），故與美國議長相比，法國議長自是「較不強勢領導」的。

綜觀歷史，法國的國會議長向來出自執政黨的重量級政治人

物，因此，擔任議長並不妨礙當事人更上層樓（胡祖慶，2016）；例如，左派的前外交部長 Laurent Fabius，自 1988 年到 2000 年兩度出任國會議長，並在主動辭職後改掌政黨要職；[30] 這樣的例子在右派也有，例如，Philippe Séguin，他在 1993 年時出任議長，但由於國會在 1997 年提前改選，其所屬的共和聯盟（RPR）選舉受挫，他被迫辭去議長，但之後接任該黨的黨魁。

此外，法國的國會議長卸任後，通常也還會繼續投入政治場域，例如，右派的前議長 Patrick Ollier，他在 2007 年於議長任期結束後，繼續連任議員，但於黨內議長初選時敗給同僚。[31] 多年後，他於 2016 年當選為法國大巴黎大都會（la métropole du Grand Paris）的議長。

以上所舉的例子顯示，法國議長一職，通常不是議員政治生涯的終點，而是一個累積政治資歷的跳板。由於議長中立應以制度化為理想，但自實行第五共和以來，法國並未要求議長當選後須退出政黨，也未如英國般，發展出鼓勵議長不斷連任、以及維持議長中立的傳統及制度配套。因此，法國議長的中立性，難以獲得普遍的肯認。以下列舉幾個法國國民議會的內規說明之。

首先，在國民議會的議事規則（Règlement de l'Assemblée Nationale）裡，並未明文規定議長需退出政黨，或者當選後不得參

30　第一次是在 1992 年，他主動辭職國會議長，轉任社會黨總書紀；第二次在 2000 年，他又再度辭去國會議長，轉任財經部長。

31　Patrick Ollier 僅擔任了一百〇四天的議長（2007/3/3-2007/6/19），是法國第五共和以來在職時間最短的議長。他於議長任期結束後的下一次國會議員選舉中連任，但他在所屬的政黨——人民行動聯盟（UMP）的議長黨內初選時（2007/06/20），敗給 Bernard Accoyer。Accoyer 成為第十三屆國民議會議長，並一直任職到該屆國民議會結束。

與國會內部的政黨活動。其次，議事章程中對於議長角色的相關規範，主要是針對議長在主持議事上的權力、以及行使的條件做列舉性的說明（例如，干擾議事時，議長所擁有的各種懲處權——將議員暫時逐出議場、禁止議員一段時間進入議場，或者扣薪減俸等等），但沒有可將議長解職、或者罷免的相關規定。[32]

第三，在國會運作上，議長的黨派色彩相當明顯，因為依據國會的組織運作規則，國會裡的運作單位，皆是按比例代表制組成，因此，正、副議長、委員會主席、委員會報告員、國會的財務總管（questeur）等重要職位，基本上都悉數掌握在多數黨手裡。第四，法國議長對國會的議程與決議結果，具有一定程度的影響力，因為他除了可將議員與政府不同意見的法案送請憲法委員會裁決之外，還可以透過其本身所屬的多數黨優勢，在主席會議安排國會的議程時，透過表決，影響議員的法案能否被排入議程（但保障少數黨議員提案的情形不在此限）。以及，他可以行使議長的權限，將某些法案和修正案，以「不符合財政可接受性」為由，將之排除在議程之外（Knapp & Wright, 2006: 153）。

雖然 2008 年時，法國已修憲，將國會的議程改為由政府與國會各掌握一半（原本全部議程皆由政府掌控），但在運作多年後，議長對議程的影響力仍舊強大，曾有資深社會黨議員 Jean-Jacques Urvoas 於受訪時表示，[33]議長儼然是國會議程一半的主人（Cesbron, 2012）。顯示法國議長的中立性，令人存疑。

32　見法國《國民議會議事規則》第 71 到第 73 條。

33　Jean-Jacques Urvoas 為社會黨資深議員，連任兩屆（第十三與第十四屆）國民議會議員（2007-2016 年），是第十四屆國民議會法律委員會的主席，並於任內轉任司法部長。

法國議長的政黨色彩，也令議長不時受到一些批評。例如，2008 年 7 月，當時國民議會的議長 Bernard Accoyer，就因其亦參與著名的「2008 年修憲案」的投票，讓此修憲以五分之三多一票的多數通過，而飽受批評。[34] 時隔不到半年，2009 年 1 月，他又因為一份國會改革法案，因其同意所屬政黨（UMP）黨主席 Jean-Luc Warsmann 之要求（當時亦為國民議會的法律委員會主席），無視在場還有已登記、但尚未發言的社會黨議員，提早結束了法案的辯論，造成所有在場的社會黨議員，一邊唱馬賽進行曲（法國國歌）、一邊退席以示抗議。

　　綜上所述，法國議長這種不中立卻也不強勢領導的風格，與其「總理—總統制」的運作次類型不無關聯。本文認為，最主要的原因有三：一是總理—總統制的設計架構下，國會裡已有總理及內閣在領導立法，故議長無須扮演強勢領導的角色；二是法國的政黨體系為多黨制，由多黨組成聯盟施政，並非穩定的兩黨制；[35] 三是法國沒有禮讓議長地方選區，或有利於現任議長於下一次議長選舉中再度連任的制度設計，議長於任內通常也會力求表現，以期在下一次的選舉中獲勝，議事上難以不考量自身政黨的立場。

　　因此，實務上，通常與總理同屬執政聯盟的議長，在立法過

34　法國修憲案要通過有兩種方式：一是需經由兩院就同一內容表決通過，並經公民複決同意後確定；二是經由兩院聯席大會 3/5 有效票通過。如為後者，則無需交付公民複決。2008 年的修憲案在當時的兩院聯席會中，共有 906 名議員出席，表決時共有 905 張票，扣除棄權與廢票後，有效票是 896 張，其中，贊成票有 539 張，反對票則是 357 張。由於 896 張有效票的 3/5 門檻是 538 票，故此次修憲案，正是因議長關鍵的一票而過關。

35　法國所採取的選舉制度為兩輪投票制，如同杜瓦傑法則（Duverger's Law）所論證，兩輪絕對多數決容易造就兩大黨相互聯盟的多黨制（Duverger, 1951），法國的政黨體系係朝向兩大聯盟的多黨體系發展。

程中，無需扮演強勢領導的角色；但由於政府是多黨聯盟組成，總理仍需議長議事上的協助，再加上選舉壓力考量，整體看來，法國議長要同時做到政治與議事中立，有相當的困難。

臺灣自 1997 年修憲後成為半總統制國家，當時的修憲在很大程度上參考了法國的制度（朱雲漢，1993；廖達琪等，2013）；但臺灣半總統制的設計，還是有不少總統制的期望，尤其是對權力分立與制衡精神的援引。因此，雖然憲法原先的制度設計是內閣制，基於運作現實的需要，後來的許多修正，背後都有著總統制的制衡邏輯。

依據憲法條文的特徵，臺灣的半總統制通常被歸類為「總統—國會制」的次類型，運作上不具備內閣制下總理為國會實權領袖、議長扮演維持議事秩序的角色分工；基於對權力分立原則的重視，會較期望立法院院長是能實質代表立法院，來有效監督制衡行政權。因此，在制度邏輯上，臺灣的半總統制有較多總統制的運作特質，議長不容易中立；在實際運作上，議長係由國會多數投票產生，故多會依多數黨的意志。以及，由於立法院院長自 1995 年起就由不分區立委擔任，因此形式上難以不考慮政黨立場。

現在會有議長應該要中立的需求，是因臺灣曾有內閣制的背景，因為學界多同意 1947 年所行之憲法，主要是內閣制的精神（廖達琪，1997）。但在實際上，中華民國憲法經過七次修訂，已是學界公認的半總統制，至於議長角色的定位如何，則在文獻上缺乏討論。經太陽花學運後，進一步帶動議長中立的需求，故第九屆的立法院積極推動議長中立，目前修訂了《立法院組織法》，要求議長不得兼任黨職，但實際上議長的行為恐怕很難獲得中立的評價。

從理論邏輯推論，半總統制如以法國為典型，臺灣所屬的「總

統—國會制」，與法國的「總理—總統制」還是有所差距。如從不同次類型制度設計的邏輯出發，臺灣的制度應該是希望立法院院長能夠強勢領導國會、代表國會來抗衡行政權，有類於總統制的期許；但實際運作上，長久以來，並未特別描繪立法院院長是否要扮演強勢領導的角色，反而多是期許議長要在議事上中立，透過議長的協調，來保障小黨權益、減少黨際衝突，增加國會運作的順暢。因此，自 1999 年制定《立法院職權行使法》時，便將黨團協商程序予以法制化。

現在再次提出議長中立的要求，是因太陽花學運攻占了立法院，批評立法院院長王導黨團協商、形成議事黑箱，因此要求國會的議事資訊要透明，才有議長應退出政黨、以示中立的呼籲。為了回應其對議長中立的期待，目前的法規修正為：要求議長不得兼任黨職（但不是要求要退出政黨），但尚無其他配套。因此，為了符合民主精神與民眾的期待，第九屆的立法院院長蘇嘉全，自 2016 年 2 月 1 日就職院長當天，就宣布辭去黨職，不再參與黨內事務。而蘇院長上任後，亦積極促成國會內規的修正，開啟臺灣議長走向中立制度化的可能性。[36]

然而，從制度的運作邏輯與歷史演化來看，半總統制下的國會議長是否能夠做到中立，其實是令人存疑的。換句話說，即使有要求議長要中立的制度設計（例如，要求議長退出黨職、或者不得參加國會內的政黨活動等），在實際運作上，議長仍舊可以藉由其他制度安排（例如，我國的政黨協商制度），或者對議事規則的使

---

36 於蘇院長當選的當年年底（2016 年），立法院即通過《立法院組織法》第 3 條與第 5 條的修正案。其中，第 3 條的內容明定，立法院院長、副院長不得擔任政黨職務，應本公平中立原則行使職權，維持立法院秩序，處理議事。

用及詮釋，而有影響議事結果的空間。

在此之前，臺灣自 1997 年成為半總統制國家以來，截至蘇嘉全上任為止，將近二十年的時間裡，絕大多數時期的立法院院長都是王金平，[37] 但他在未退出政黨的情況下，給人「議事中立」的觀感。因而過去有研究認為，只要能做到議事中立，立法院院長不一定需要退出政黨（陳淑芳，2001；羅傳賢，2015：21）。時過境遷，對議長角色定位已有不同的期待，但目前尚未具備促使議長能中立的其他制度條件。

推究其由，本文認為，英國議長中立的制度條件，是內閣制下經長久的歷史演化，搭配兩黨制的運作所建構出的不易得模式，在尊重現任議長的條件下，予以各種配套條件支持，才得以實踐讓議長中立化的慣例；臺灣目前雖有議長退出黨職的規範，在一定程度上也會對議長的中立性有所助益，但在其他配套機制尚未建立前，希望議長能做到理想中立，恐怕相當困難。

此外，除了制度上的配套目前仍舊缺乏外，在經驗上，臺灣立法委員對議長的期待與感受，是本研究另一個核心關懷。原因是立委與院長的互動最多、感受最直接，期待也最深，故本文對第九屆立法委員進行問卷調查，詢問他們在理想上與實際上，對議長角色的認知與感受；在太陽花學運後，是否覺得議長在問卷所列的各面向上有所轉變，以及轉變的程度與方向如何？以下呈現立法院個案的探討及分析結果。

---

37 1997 年到 1999 年的立法院院長是劉松藩。1999 年到 2016 年都是王金平。

肆、立法院個案的探討與分析

一、問卷的設計及實施

本研究依據內閣制與總統制對議長角色與功能的不同期待，作為問卷設計的理論基礎，並將立法院運作的實際情況納入考量，設計詢問立法委員對於我國「議長中立情形」看法之問卷，並請他們以排序的方式填答（例如：您認為理想中的議長角色，最重要的為哪三者？請在五個選項中排序），目的是希望能對結果進行進一步的分析。此外，問卷內容亦包含立委對太陽花前後議長角色轉變的方向及程度調查（實際問卷內容與編排，請參見附錄一）。

本研究問卷發放的對象為第九屆全體立法委員，但除卻第九屆與第八屆的立法院正、副院長，以及兩大黨團的總召，[38] 因這幾人與議長的密切性太高，答案可能不夠客觀。

本研究發放問卷的方式有：當面至立委辦公室拜訪並發放，以及透過電話傳真兩種。當面發放共分成兩波進行，第一波於106年7月13至15日發放，第二波則是於106年11月29日及12月1日。除了當日發放及回收外，之後亦以電話聯繫的方式，持續追

---

38 排除在外的名單為：王金平（前立法院院長）、蘇嘉全（現任立法院院長）、蔡其昌（現任立法院副院長）、柯建銘（現任民進黨黨團總召）、林德福（現任國民黨黨團總召）。

蹤問卷的回收進度。

　　總計，本研究回收了七十五份有效問卷，依政黨統計，國民黨有二十四份、民進黨有四十三份，其他政黨（包含時代力量、親民黨，以及無黨籍與無黨團結聯盟）有八份。以下為這些已蒐集的七十五份立委問卷之統計結果及分析，並說明如下。[39]

二、問卷結果分析

　　本研究總共收到的七十五份有效問卷，依政黨類別呈現如下表 2-3。

---

[39] 七十五位立委雖接近第九屆全體立委（一百一十三位），但並非隨機抽樣取得，所以本文的分析並無推論至前後屆或第九屆整體之企圖。

表 2-3　不同政黨立委對目前議長角色之看法

	國民黨	民進黨	其他政黨	所有政黨
理想上議長所應扮演的角色				
主持與協調議事的中立者	2.25	2.16	2.50	2.23
公共利益代表	0.50	0.60	1.75	0.69
國會整體代表	1.79	1.60	0.88	1.59
所屬政黨代表	0.13	0.12	0.00	0.11
主持黨團協商及主導決議者	0.67	1.23	0.88	1.01
實際上議長所扮演的角色				
主持與協調議事的中立者	0.50	2.30	1.38	1.63
公共利益代表	0.13	0.51	0.25	0.36
國會整體代表	0.46	1.63	1.00	1.19
所屬政黨代表	2.67	0.19	1.13	1.08
主持黨團協商及主導決議者	1.25	1.26	1.00	1.23
人數	24	43	8	75

說明：政黨重視程度計算方式：（排序第一數量×3＋排序第二數量×2＋排序第
　　　三數量×1）／該政黨回答人數；數值最低為 0，最高為 3。

資料來源：作者自行統計。

　　從上表 2-3 可知，整體而言，依據「所有政黨」欄位在「理想
議長角色」所顯示的資料，「主持與協調議事的中立者」與「公共
利益代表」這兩項的總和（2.92），高於「所屬政黨代表」及「主
持黨團協商及主導決議者」的總和（1.12）。因此，對立法院院長
的角色定位，偏內閣制的期待較深。此外，「國會整體代表」的得
分，在五個選項中排名居次。然而，「國會整體代表」在內閣制及

總統制的制度脈絡上，所傳達的意義，相差甚遠。前者指的是國會的象徵性代表；後者則是立法權的實權代表。

故本研究亦詢問立委對議長功能的看法，作為協助判定的資料（詳細資料請見附錄二）。結果顯示，立委們認為，理想的議長最應「維持議事中立」、「協調黨際衝突」，但又該「協助立法院有效制衡行政權」；實際上議長則是既「維持議事中立」、「協調黨際衝突」，但也在「協助執政黨推動政策」。結果同樣呈現內閣制的期待較多，但期待中亦有所矛盾（因議長很難既維持議事中立，又能有效制衡行政權），而有法式議長那種在政治上不太中立，卻也不強勢領導的意味。

綜合看來，立委期望議長在「國會整體代表」的角色上，應是較偏向內閣制下的象徵性代表，但也希望議長能某種程度地代表國會，以制衡行政權。在這樣矛盾的期許下，實際運作起來，立法院院長就容易成為執政黨推動政策的協助者，而給人行事不中立的觀感。

其次，在目前議長「實際」所扮演的角色上，同樣從「所有政黨」欄位前兩項的總和（1.99），小於最後兩項的總和（2.31）的結果可觀察到，立法院院長有偏總統制的行為特色，且不同政黨的看法有明顯的差異，例如，國民黨與民進黨的看法便完全相反，但這應屬政黨政治的正常邏輯。[40]

40　本研究亦對文中量化部分進行 oneway ANOVA 檢定，發現在「理想中」議長所應扮演的角色（表 2-3 上半部），五個選項的 p 值皆 > .10，故無顯著性，只有在「公共利益代表」這項，p 值為 .074，仍未達 .05 的顯著水準。此結果於表 2-3 中「其他政黨」之得分已可觀察到（1.75）。而這是在國、民兩黨間未出現的情況（國民黨給此項的平均分數為 0.50；民進黨給此項平均分數為 0.60）。
現在國際政治科學界針對 p 值標準在 .10 的程度不應採用，已漸漸有了共識，主要是為了避免過高的型一錯誤機率，故本文亦以此為標準，將 p > .10 視

第三，就理論上來說，對於議長的角色定位，如前面的兩個選項（「主持與協調議事的中立者」及「公共利益的代表」）被選到的機率較高，則顯示議長的行為可能越趨向中立；如後面兩個選項（「所屬政黨代表」、「主持黨團協商及主導決議」）被選到的機率較高，則反之。

調查的結果顯示，各黨立委在五選三的統計結果中，無論在理想上還是在實際上，代表議長中立，與議長不中立的選項，幾乎都同時上榜（例如「主持與協調議事的中立者」與「所屬政黨代表」分居第一及第二名），就連民進黨議員本身，也認為議長「實際上」比「理想上」，更加代表了自身的政黨（實際：0.19 vs. 理想：0.12）。

這樣的統計結果隱含三種意涵：第一是顯示出實際運作與理想期望間的落差；第二則是立委對所謂「中立的議長」，有相互矛盾的期望與混淆的認知，原因是如依據理論，中立的議長無法同時既是「主持與協調議事的中立者」，又是「主持黨團協商及主導決議者」；第三則是臺灣有法式議長不強調政治中立及強勢領導的特色，因長久以來，並未特別描繪立法院院長是否要扮演強勢領導的角色，現在再次提出議長中立的期許，是因太陽花學運攻占立法

為無差異，特此說明。

在「實際上」議長所扮演的角色上（表2-3下半部），「所屬政黨代表」的p值為 .007；「公共利益代表」的p值是 .042、「國會整體代表」的p值是 .043；其他兩個項目的p值皆 > .05，故無顯著性。

本研究另對三個有顯著性的項目再進行t檢定，發現看法的差異主要發生在國民黨與民進黨上，「所屬政黨代表」的t值為 .000；「公共利益代表」的t值為 .002；「國會整體代表」的t值為 .019。民進黨及其他政黨，各項目的t值皆 > .10，故無顯著性，顯示看法的差異不大。但以上三者從表2-3中所列各政黨的平均分數，亦已可明顯看出相同趨勢。

院，批評立法院院長主導黨團協商、形成議事黑箱。為了回應其對議長中立的期待，目前的法規已修正為：要求議長不得兼任黨職（但不是要求退出政黨），但尚無其他配套。

第四，本文認為，太陽花學運是啟動臺灣議長中立制度化的契機，因是太陽花之後，為了解決議事黑箱，才有議長應該要中立的呼籲。故本研究也調查太陽花前後，議長的角色是否有所轉變？以及轉變的方向為何（結果請參見下表 2-4）？然而，由於問卷回收的數量是以民進黨的立委最多、國民黨居次，因此，整體問卷所呈現的趨勢，會受到政黨立場的影響。過去，由於國民黨長期執政，現在突然失去執政權，自然會認為現任議長在各項面上都不如之前的議長；民進黨為執政黨，對同黨議長總是會有較多的認可，自然也看好未來的發展與轉變；未有執政經驗的其他政黨的看法，相較之下，會較客觀中立。因此，雖然問卷的數量很少，但仍相當具有參考性。

表 2-4 立委對太陽花前後議長角色轉變之看法

	國民黨	民進黨	其他政黨	所有政黨
太陽花後議長角色定位轉變的方向與程度				
主持與協調議事的中立者	-1.17	0.51	0.13	-0.07
公共利益代表	-0.67	0.30	0.38	0.00
國會整體代表	-0.71	0.30	0.00	-0.05
所屬政黨代表	0.96	-0.21	0.38	0.23
主持黨團協商及主導決議者	-0.29	0.30	-0.63	0.01
人數	24	43	8	75

說明：1. 表中數值為政黨回答結果平均數。計算方式：$\bar{x} = \dfrac{\sum_{i=1}^{n} xi}{n}$（該黨回答結果加總／該政黨總人數）。

　　　2. 量表尺度：大幅減弱為 -2、有些減弱為 -1、沒有增減為 0、有些增強為 1、大幅增強為 2。

資料來源：作者自行統計。

　　由上表 2-4 可知，對於太陽花前後議長的角色轉變，整體而言，議長在「所屬政黨代表」及「主持黨團協商及主導決議者」這兩項上都有增強，顯示議長的強勢依舊，但「其他政黨」的立委則肯定議長在「公共利益代表」及「主持與協調議事」上的表現（在「公共利益代表」上有明顯進步，甚至得分最高）。[41] 顯示制度上

41　在立委對太陽花前後議長角色轉變之看法上（表2-4），「主持與協調議事的中立者」的p值為 .000；「公共利益代表」的p值為 .000；「國會整體代表」的p值為 .000；「所屬政黨代表」的p值為 .016；「主持黨團協商及主導決議者」的p值為 .004。每一項都有顯著性，顯示各黨之間的看法相當分歧。民進黨與國民黨的t檢定在每個項目都有顯著性（< .10）；民進黨與其他政黨t檢定的結果，則只在「主持黨團協商及主導決議者」上的t值為 .023，其餘項目的t值皆 > .10（無顯著性），但這項差異從表2-4民進黨「主持黨

要求議長不得擔任政黨職務，對議長中立的效果不彰，然而，雖然
沒有減少政黨色彩，卻也增加了議長較為中立的行為表現。因此，
本文認為，太陽花後引入議長不得擔任黨職的制度，應確實有助於
推動議長的中立化；議長確實也有朝向中立的方向邁進，雖然目前
仍未能去除他的政黨色彩。

三、小　結

　　依據本研究的調查，臺灣現任立委對議長角色的期待與認知，
以及太陽花後引入議長不得擔任政黨職務、以示中立的制度後，
對議長角色所帶來的轉變，並未完全符合理論上中立議長的行為。
從歷史演化上來看，立法院的制度設計，原是以內閣制為理想，至
今仍存有內閣制運作之期許，但在演化過程中，不斷受到總統制權
力分立思維的影響。長期下來，立法委員對立法院在「總統—國會
制」的運作次類型下，究竟應該要像內閣制的國會，以支持行政權
為主；還是要像總統制的國會，以監督制衡行政權為主？有著複雜
的期許及混淆的認知。因此，臺灣立法院院長在半總統制的運作框
架，以及立委的複雜期望下，要做到理想中立，應是有相當難度。
但由於臺灣對議長的中立有深切的期許，本研究進一步整理英國議
長中立的制度條件，並將臺灣現行制度與之相較，期望能提供未來
邁向議長中立制度化的一些建議（請參見下表 2-5）。

團協商及主導決議者」的得分為 0.3，其他政黨的得分則是 -0.63，就已經可
以清楚看出。

表 2-5　議長中立化的條件比較

條件	英國	說明	臺灣	說明
制度脈絡				
內閣制的權力融合觀點，期許議長要中立	✓	議長議事中立	✗	以內閣制中立的議長為理想，但亦呈現總統制議長的期待
議長行為規範				
議長退出政黨	✓	英國議長當選後會宣布退出政黨	✗	自第九屆立委起，臺灣已要求立法院正、副院長不得擔任黨職
議長不參加議事辯論	✓	英國議長不參加議事辯論	✓	立法院院長通常不參加議事辯論
議長不主持黨團協商	✓	英國無黨團協商制度	✗	立法院院長可請求並主持黨團協商，因而對議事結果有一定的影響力
議長關鍵票之限制	✓	法案表決時，如票數相同，二讀時議長必投贊成票；三讀時則必投反對票	✗	依《立法院職權行使法》，在正反意見同數時，由主席做成決議
議長從不主持「全院委員會」（Committee of the Whole House）	✓	英國的全院委員會是為了審查預算案而召開，院長不主持	✗	立法院的全院委員會是為了行使同意權、彈劾案、不信任案、覆議案，以及罷免案之審議而召開，由院長主持

條件	英國	說明	臺灣	說明
對議長的禮遇及有助於議長中立的配套措施				
地方選區禮讓	✓	不提名人選與之競爭	✗	臺灣目前尚無此制度
較優渥的待遇及退休金	✓	議長支領部長級薪水及有優渥的退休金	✗	立法院院長的薪資確實較立法委員高，但並未有退休金的制度安排
任期內原則上不改選	✓	議長一旦當選，便可任職至該屆議員任期結束，除非國會被解散，或者院長自行請辭	✓	議長一旦當選，便可任職至該屆議員任期結束，除非國會被解散，或者院長自行請辭
有利於在議長選舉中連任的制度配套	✓	只有同意前任議長繼續擔任議長的動議遭到否決，才會展開新競爭者的選舉程序	✗	臺灣目前尚無此配套
地方法案優先討論	✓	國會通常會優先討論議長所提的地方選區法案	✗	臺灣無此規範或慣例
退休後封爵	✓	英國議長退休後會成為終身貴族，並成為上議院的一員	✗	臺灣無此制度，僅供參考

資料來源：作者自行整理。

　　自第九屆立委起，立法院院長已不再擔任政黨職務，但在實際運作上，要實踐議長中立，確實有相當的困難。從第九屆立法委員的認知反應顯示，制度脈絡上，臺灣仍較期待議長能如同內閣制下的議長般，在議事上保持中立、在立法過程中成為公共利益的代表

者,因而目前已初步要求議長不得擔任黨職;但如以英國為理想,與上表 2-5 中所列的議長中立制度的運作配套條件相較,臺灣還相差甚遠。如未來臺灣的憲政能朝向「總理—總統制」發展,且對議長中立的共識更深,則相當程度上必須建置上述的制度配套;但如果憲政體制仍是以目前的「總統—國會制」為運作基礎,則「議長中立」成就的困難度甚高。

伍、結　論

　　本文試圖探討半總統制下國會議長中立的可能性,議長中立指的是議長除退出政黨外,在議事上能秉公處理、不偏頗任何政黨,主要扮演維持秩序、確保議事進行順利的角色,亦即,議長同時在政治上與議事上保持中立。從文獻中得知,國會議長能夠中立,主要是基於英國內閣制的制度設計本身,要求閣揆在國會中為決策推動的靈魂人物,議長則主司議事的順利進行,總統制則基本上無議長中立之期許。其次則是國內的政黨體系為穩定的兩黨制,經過長久的歷史演化,國會才得以逐漸建構出讓議長可以中立的制度。經檢視其他制度,包含總統制、半總統制,及半總統制所包含的兩個次類型(「總理—總統制」及「總統—國會制」)的新興民主國家,幾乎都很難達到這個境界。因此,憲政設計的分工機制、制度運作的時間以及穩定的兩黨制,應是演化議長中立制度的關鍵因素。

　　半總統制的國家能否做到議長中立?就制度設計上來看,半總統制國家的兩個次類型,除非是「總理—總統制」的設計,較有

內閣制分工原型的制度條件；另一次類型的「總統—國會制」，則基本不具備這樣的條件。就制度運作的時間來看，半總統制國家制度運作的歷史多半較短，即使是半總統制的代表國家——「總理—總統制」的法國，也只有將近六十年；而法國係多黨組盟，並非穩定的兩黨制，因此目前也沒有建構出議長中立的制度設計。另一個有明文規定議長不得參與議會內黨團活動的立陶宛，運作半總統制的歷史不到三十年，其國內的政治結構亦為多黨總理總統制，從歷史、政黨體系，以及政治文化等層面觀之，其議長的中立性，並未在文獻上受到支持，讓半總統制國家實踐議長中立的可能性，更添疑義。

臺灣半總統制運作的時間亦不長，且制度設計上較傾向「總統—國會制」，相較於「總理—總統制」，離內閣制更遠些。本研究對我國現任的第九屆立委進行調查，結果發現，立委對議長中立的期待與認知，呈現複雜與混淆的情況，難以與理論上的中立議長相互連結。

因此，假如臺灣視議長中立為「可欲」的目標，在相關政策推動上，除了目前已有的議長不得兼任黨職的規範外，還要參考英國議長中立制度的其他配套，尤其在整體的憲政制度設計上，要從目前的「總統—國會制」朝向「總理—總統制」的方向滑動。因為英國演化議長中立制度的穩定兩黨制、剛性政黨等條件，臺灣目前也算是具備這些特質，所以關鍵仍是憲政制度的調整。至於議長中立未來是否是「可能」的，則有待後來的研究繼續深化討論。

參考文獻

中央社，2018，〈川普准鋼鐵高關稅 共和黨議長帶頭罵〉，中央社，http://www.cna.com.tw/news/aopl/201803090036.aspx，2018/3/13。

朱雲漢，1993，〈法國憲政體制對我國憲改的啟示〉，《國家政策雙週刊》，73: 3-9。

余元傑，2007，〈日本國會議長的選任〉，財團法人國家政策研究基金會網站，https://www.npf.org.tw/2/622，2017/9/23。

余元傑、游憲廷，2000，〈立法院長在立法院外的中立問題——制度面的觀察研究〉，《三民主義學報》，21: 113-130。

吳玉山，2000，《俄羅斯轉型 1992-1999：一個政治經濟學的分析》，臺北：五南。

吳玉山，2011，〈半總統制：全球發展的研究議程〉，《政治科學論叢》，47: 1-32。

谷意譯，2009，《英國國會》，臺北：五南。譯自 Rogers Robert and Rhodri Walters. *How Parliament Works*, 6th ed. London and New York: Routledge. 2006.

周萬來，2014，〈102 年度立法院職員赴匈牙利、波蘭、斯洛伐克國會考察報告（二）〉，《國會月刊》，42(1): 83-130。

胡祖慶，2016，〈議長中立有那麼重要？〉，東森新聞雲，https://www.ettoday.net/news/20160201/641564.htm，2017/9/11。

張安藍譯，1999，《德國政府與政治》，臺北：五南。譯自 Kurt Sontheimer and Wilhelm Bleek. *Grundzüge des politischen Systems der Bundesrepublik Deutschland*. München: Piper Verlag. 1997.

陳淑芳，2001，〈從體制觀點看立法院院長的角色〉，蘇永欽
　　（編），《國會改革──台灣民主憲政的新境界？》，臺北：
　　新台灣人文教基金會，頁 187-205。

陳堯聖，1986，《英國國會》，臺北：商務印書館。

楊日青，2014，〈立法部門〉，陳義彥（編），《政治學》，臺
　　北：五南，頁 229-251。

楊泰順，2000，〈國會議長在權力分立制下的政黨角色〉，財團
　　法人國家政策研究基金會網站，https://www.npf.org.tw/2/379，
　　2017/9/11。

楊泰順、閻嘯平、余元傑、游憲廷，2000，《憲政體制下國會議長
　　角色與功能之研究》，臺北：立法院委託研究報告。

廖達琪，1997，《立法院衝突現象論衡》，高雄：復文。

廖達琪、陳月卿、李承訓，2013，〈半總統制下的國會監督──從
　　法制面比較臺灣與法國國會的監督能量〉，《問題與研究》，
　　52(2): 51-97。

劉其昌，1994，〈國會議長（副議長）議事中立及權威建立的國際
　　性比較〉，《立法院新聞》，22(8): 81-85。

蔡榮祥，2013，〈多黨總理總統制民主的政府類型與憲政運作的
　　衝突──以斯洛維尼亞、斯洛伐克、克羅埃西亞、立陶宛為
　　例〉，《東吳政治學報》，31(3): 65-116。

羅傳賢，2015，《國會與立法技術》，臺北：五南。

Alexander, De Alva S. 1916. *History and Procedure of the House of Representatives*. Boston: Houghton Mifflin.

Atkinson, C. R. 1911. *The Committee on Rules and the Overthrow of Speaker Cannon*. New York: Columbia University Press.

Austen, A. A. 2012. "The Impartiality of the Speaker of the House of Commons." *The Journal of the Rutgers University Library* 23(2): 48-52.

Bach, S. 1999. "The Office of Speaker in Comparative Perspective." *The Journal of Legislative Studies* 5(3-4): 209-254.

Baldwin, J. 1897. *Four Great Americans: Washington, Franklin, Webster, Lincoln*. Chicago, New York: Werner School Book Co.

Bergougnous, G. 1997. *Presiding Officers of National Parliamentary Assemblies: A World Comparative Study*. Geneva: Inter-Parliamentary Union.

Brown, G. R. 1922. *The Leadership of Congress*. Indianapolis: Bobbs-Merrill.

Bunce, V. 1997. "Presidents and the Transition in Eastern Europe." in *Presidential Institutions and Democratic Politics*, ed. Kurt von Mettenheim. Baltimore and London: The Johns Hopkins University Press, 161-176.

Cesbron, M. 2012. "Président de l'Assemblée Nationale, Un Rôle Prestigieux, Mais Sensible." *L'Express*. in https://www.lexpress.fr/actualite/politique/president-de-l-assemblee-nationale-un-role-prestigieux-maissensible_1129292.html. Latest update 11 September 2017.

Chiu, Chang-wei. 1928. *The Speakers of the House of Representatives Since 1896*. New York: Columbia University Press.

Clucas, R. A. 2001. "Principal-Agent Theory and the Power of State House Speakers." *Legislative Studies Quarterly* 26(2): 319-338.

Craig, F. W. S. 1989. *British Electoral Facts: 1832-1987*. Farnham: Ashgate.

Crawford, B. and A. Lijphart. 1995. "Explaining Political and Economic Change in Post-Communist Eastern Europe." *Comparative Political Studies* 28(2): 171-199.

Crawford, B. and A. Lijphart.1997. *Liberalization and Leninist Legacies: Comparative Perspectives on Democratic Transitions*. Berkeley: International and Area Studies.

Duverger, M. 1951. *Les Partis Politiques*. 2nd ed. Paris: Armand Colin.

Duverger, M.1980. "A New Political System Model: Semi-Presidential Government." *European Journal of Political Research* 8(2): 165-187.

Easter, G. M. 1997. "Preference for Presidentialism: Post-communist Regime Change in Russia and the NIS." *World Politics* 49(2): 184-211.

Elgie, R. 1999a. *Semi-Presidentialism in Europe*. Oxford: Oxford University Press.

Elgie, R. 1999b. "The Politics of Semi-Presidentialism." in *Semi-Presidentialism in Europe*, ed. Robert Elgie. Oxford: Oxford University Press, 1-21.

Elgie, R. 2001. *Divided Government in Comparative Perspective*. Oxford: Oxford University Press.

Elgie, R. 2018. "Semi-presidentialism, Premier-presidentialism and President-parliamentarism – A New Country-years dataset." The semi-presidential one. in http://www.semipresidentialism. com/?p=3347. Latest update 6 September 2018.

Elgie, R. and S. Moestrup. 2007. *Semi-presidentialism Outside Europe: A Comparative Study*. London: Routledge.

Elgie, R. and S. Moestrup. 2008. *Semi-Presidentialism in Central and Easter Europe*. Manchester: Manchester University Press.

Elster, J., C. Offe, and U. Preuss. 1998. *Institutional Design in the Post-Communist Societies: Building the Ship at Sea*. New York: Cambridge University Press.

Follett, M. P. 1896. *The Speaker of the House of Representatives*. New York: Longmans, Green.

Freeman, P. K. 1995. "A Comparative Analysis of Speaker Career Patterns in U.S. State Legislatures." *Legislative Studies Quarterly* 20(3): 365-376.

Frye, T. 1997. "A Politics of Institutional Choice: Post-Communist Presidencies." *Comparative Political Studies* 30(5): 523-552.

Galloway, G. 1953. *The Legislative Process in Congress*. New York: Crowell.

Galloway, G. 1962. *History of the House of Representatives*. New York:

Crowell.

Geddes, B. 1995. "A Comparative Perspective on the Leninist Legacy in Eastern Europe." *Comparative Political Studies* 28(2): 239-274.

Griffin, C. E. 1997. "The Speaker of the House: Partisan or Neutral? The Westminster Legacy in the Anglophone Caribbean." *Canadian Journal of Latin American and Caribbean Studies* 22(43): 47-67.

Hasbrouck, P. D. 1927. *Party Government in the House of Representatives*. New York: Macmillan.

Hedlund, R. 1985. "Organization Attributes of Legislative Institutions: Structure, Rules, Norms, Resources." in *Handbook of Legislative Research*, eds. Gerhard Loewenberg, Samuel C. Patterson, and Malcolm E. Jewell. Cambridge: Harvard University Press, 321-394.

Heitshusen, V. 2017. "The Speaker of the House: House Officer, Party Leader, and Representative." *Congressional Research Service Report*. in https://fas.org/sgp/crs/misc/97-780.pdf. Latest update 6 September 2018.

Hitchner, D. G. 1959. "The Speaker of the House of Representatives." *Parliament Affairs* 13: 185-197.

Horowtiz, D. L. 2002. "Constitutional Design: Proposals versus Processes." in *The Architecture of Democracy: Constitutional Design, Conflict Management, and Democracy*, ed. Andrew Reynolds. NewYork: Oxford University Press, 15-36.

Jewell, M. E. and S. C. Patterson.1976. *The Legislative Process in the United States*, 4th ed. New York: Random House.

Jones, C. O. 1968. "Joseph G. Cannon and Howard W. Smith: An Essay on the Limits of Leadership in the House of Representatives." *Journal of Politics* 30: 617-646.

Jones, C. O. 1970. *The Minority Party in Congress*. Boston: Little, Brown.

Jones, C. O. 1981. "House Leadership in an Age of Reform." in *Understanding Congressional Leadership*, ed. Frank H.

Mackaman. Washington, D. C.: Congressional Quarterly Press, 117-134.

Knapp, A. and V. Wright. 2006. *The Government and Politics of France*. 5th ed. London and New York: Routledge.

Kopstein, J. S. and D. A. Reilly. 2000. "Geographic Diffusion and the Transformation of the Post-Communist World." *World Politics* 53(1):1-37.

Laban, M. 2014. "More Westminster than Westminster? The Office of Speaker across the Commonwealth." *The Journal of Legislative Studies* 20(2): 143-155.

Laundy, P. 1964. *The Office of Speaker*. London: Cassel.

MacDonagh, M. 1905. "The Speaker." *Living Age* 246: 835-847.

MacDonagh, M. 1914. *The Speaker of the House*. London: Methuen.

MacNeil, N. 1963. *Forge of Democracy*. New York: McKay.

Neale, J. E. 1949. *The Elizabethan House of Commons*. London: Jonathan Cape.

Notestein, W. 1971. *The House of Commons, 1604-1610*. New Haven: Yale University Press.

Peabody, R. L. and N. W. Polsby. 1977. *New Perspectives on the House of Representatives*. 3rd ed. Chicago: Rand McaNally. (1st ed., 1963; 2nd ed., 1969.)

Polsby, N. W. 1968. "The Institutionalization of the U.S. House of Representatives." *American Political Science Review* 62: 144-168.

Ripley, R. B. 1967. *Party Leadership in the House of Representatives*. Washington, D.C.: Brookings Institution.

Ripley, R. B. 1969. *Majority Party Leadership in Congress*. Boston: Little, Brown.

Ripley, R. B. 1983. *Congress: Process and Policy*. 3rd ed. New York: Norton.

Risjord, N. K. 1992. "Partisanship and Power: House Committees and the Powers of the Speaker, 1789-1801." *The William and Mary Quarterly* 49(4): 628-651.

Roland, M. P. Jr. 1994. *The speaker: leadership in the U.S. House of Representatives*. Washington, D.C.: Congressional Quarterly.

Schattschneider, E. E. 1942. *Party Government*. New York: Farrar & Rinehart.

Shugart, M. S. 2005. "Semi-presidential System: Dual Executive and Mixed Authority Patterns." *French Politics* 3(3): 323-351.

Shugart, M. S. and J. M. Carey. 1992. *Presidents and Assemblies: Constitutional Design and Electoral Dynamics*. Cambridge: Cambridge University Press.

Silk, P. and R. Walters. 1998. *How Parliament Works*. 4th ed. London and New York: Longman.

Thompson, C. W. 1906. *Party Leaders of the Time*. New York: Dillingham.

Trainauskienė, S. 2016. "One of the Three: The Status and Role of a Seimas' Speaker." *Politologia* 3(83): 93-136.

Tsai, J. H. 2008. "Sub-types of Semi-Presidentialism and Political Deadlock." *French Politics* 6(1): 63-87.

von Beyme, K. 2001. "Institutional Engineering and Transition to Democracy." in *Democratic Consolidation in Eastern Europe. Volume 1: Institutional Engineering*, ed. Jan Zielonka. New York: Oxford University Press, 3-24.

附錄一：立委問卷題目

立法委員對議長角色定位的觀點

1. 議長的角色定位有許多種，請問您覺得<u>理想中</u>議長的角色，最重要的為下列哪三者？（可複選，請排序 1、2、3）

  ☐ 國會整體代表　☐ 所屬政黨代表　☐ 公共利益代表

  ☐ 主持與協調議事的中立者　☐ 主持黨團協商及主導決議者

  ☐ 其他（請說明）

2. 承上題，請問就您的觀察，您覺得目前<u>實際上</u>議長所扮演的角色，最符合下列哪三者？（可複選，請排序 1、2、3）

  ☐ 國會整體代表　☐ 所屬政黨代表　☐ 公共利益代表

  ☐ 主持與協調議事的中立者　☐ 主持黨團協商及主導決議者

  ☐ 其他（請說明）

3. 請問您覺得<u>理想中</u>議長的功能，最重要的為下列哪三者？（可複選，請排序 1、2、3）

  ☐ 協助執政黨推動政策　☐ 協調黨際衝突

  ☐ 維持議事中立　☐ 協助立法院有效制衡行政權

  ☐ 管理立法院內行政事務　☐ 其他（請說明）

4. 承上題，請問就您的觀察，您覺得目前實際上議長的功能，
   履行最成功的，最重要的為下列哪三者？（可複選，請排序
   1、2、3）

   ☐協助執政黨推動政策 ☐協調黨際衝突

   ☐維持議事中立 ☐協助立法院有效制衡行政權

   ☐管理立法院內行政事務 ☐其他（請說明）

5. 請問您認為在太陽花運動後，議長的角色定位，就下列面向
   有沒有增強或減弱？

	大幅減弱	有些減弱	沒有增減	有些增強	大幅增強
國會整體代表	☐	☐	☐	☐	☐
所屬政黨代表	☐	☐	☐	☐	☐
公共利益代表	☐	☐	☐	☐	☐
主持與協調議事的中立者	☐	☐	☐	☐	☐
主持黨團協商及主導決議者	☐	☐	☐	☐	☐

附錄二：第九屆立委對議長功能的看法

	國民黨	民進黨	其他政黨	所有政黨
理想上議長所應履行的功能				
維持議事中立	2.38	2.19	2.38	2.27
協調黨際衝突	1.54	2.00	1.63	1.81
管理立法院內行政事務	0.38	0.40	0.13	0.36
協助執政黨推動政策	0.04	0.44	0.13	0.28
協助立法院有效制衡行政權	1.63	1.28	1.63	1.43
實際上議長所履行的功能				
維持議事中立	1.08	1.74	1.00	1.45
協調黨際衝突	1.38	1.40	0.50	1.29
管理立法院內行政事務	1.17	0.58	1.38	0.85
協助執政黨推動政策	1.58	1.16	0.50	1.23
協助立法院有效制衡行政權	0.58	0.47	0.38	0.49
人數	24	43	8	75

說明：政黨重視程度計算方式：（排序第一數量×3＋排序第二數量×2＋排序第三數量×1）／該政黨回答人數；數值最低為0，最高為3。

資料來源：作者自行統計。

Chapter 03

當社區營造遇到參與式預算

兩個社區的比較研究 *

林祐聖

清華大學社會學研究所

陳東升

臺灣大學社會學系

* 本文收錄於《台灣社會學》第三十五期（2018 年 6 月），頁 109-149。

本文為科技部研究計畫「網路崛起的社會運動對臺灣的影響：行政——以文化部及臺北市政府的參與式預算為例」與文化部「深化公民參與暨輔導公所推動公民審議進階社造工作」計畫的部分研究成果。我們感謝社區的朋友提供寶貴的資料，讓本研究得以完成。我們也感謝葉欣怡對於本文的寶貴建議，以及李翊禾、余承瑋與賴瑩珊幾位助理在資料收集與整理上的協助。

本文初稿曾發表於 2017 中國政治學會年會，獲得許多極具建設性的意見。

最後，我們感謝《台灣社會學》的審查人與編委會對於本文的細心閱讀，並給予重要的建議，以及編輯對與本文的悉心校對，使得本文得以更上一層樓。

摘　要

　　公民社團對於民主的建立與運作相當重要，公民社團的活躍程度經常被視為評判民主運作的標準。本文以文化部在公所層級推動的參與式預算為例，檢視公民社團與民主實踐的關係。透過比較模範與起步兩個社區的參與式預算的運作，本文認為，社區的政治文化影響民眾對於民主的想像，進而造成兩個社區的民主實踐的差異。

　　在本文的研究案例中，社造「強」的社區，容易讓社區成員將參與式預算視為爭取資源的管道，注重參與式預算產出的方案是否能配合菁英對於社區的規劃，而在社造「弱」的社區中，社區成員在參與式預算有更多的發聲與決定的機會。本文指出，社區會形成何種政治文化與它們受到社造行政管理程序的影響程度、社區英雄的存在與否，以及社區資源的豐富程度而定。

　　本文建議，未來可以把研究對象由社區發展協會擴充到其他的公民社團，檢視其他類型的公民社團的文化與民主實作的關係，也可以對於社區做長時間的觀察，了解民主實作對於既有社團文化的改變。

關鍵詞：公民社團、進階社造、參與式預算、政治文化

壹、前　言

　　文化部自 2016 年到 2017 年開始在全臺推動進階社區營造（以下簡稱進階社造），進階社造的主要目的，是透過引入審議民主的理論與公民參與的精神，特別是引進參與式預算（participatory budgeting）的操作方式，藉由讓民眾參加預算的分配與執行，加強對於社區的擾動與捲動，進而擴大既有的社造成果。位於臺灣某市的泥鷗區是這次參與進階社造的公所之一，區內有數個社區採取參與式預算的方式，決定社區向文化局所提出的社造計畫。[1]

　　社區營造在臺灣已有悠久的歷史，地方上的社造人士習慣用「強」與「弱」來指涉社區的社造發展程度。若社區被歸類為社造強的社區，代表這個社區的社造經驗與成果豐富，社區發展協會的運作很活躍，定時向公所申請計畫，透過社造活動的舉辦，讓社區成員參與社區事務；相反地，被分類為社造弱的社區，意味這個社區沒有社區發展協會，即使有也形同虛設，不向公所申請經費，在缺乏社造活動的情況下，社區成員參與社區事務的程度比較低。

　　基於以上的分類，在進階社造的推動之初，泥鷗區的在地社造人士，包括公所承辦、社造輔導老師與地方菁英，一致認為社造強的社區在進階社造的表現上，應該比社造弱的社區有著更為優良的表現。相較於社造弱的社區，社造強的社區對於活動的辦理更有經

---

[1]　為保護當事人，受訪者、行政區與社區的名稱均為假名。

驗，社區成員的社區意識更為強烈，同時也具備較強的動員能力，對於強調民眾參與的參與式預算來說，應該具有更適合的發展基礎。

因此，他們對於泥鷗區的「模範社區」較有自信，模範社區是泥鷗區社區營造的楷模，有一個組織完整與歷史悠久的社區發展協會，在泥鷗區提到社區營造，立刻聯想到的就是模範社區。相反地，他們對於區內的「起步社區」則感到憂心，起步社區近年才成立社區發展協會，還在公所的輔導下學習如何作社造，過往甚至被稱為是社造的「空白里」，多年來並未申請任何的社造計畫。

然而，出乎意料之外的是，在幾個評價參與式預算的指標上，包括，參與的規模、討論的品質與民眾所選出的方案是否在實際上被採納等等，社造弱的起步社區都表現得比社造強的模範社區來得好。這樣的結果，不僅不符合在地社造人士的「常識」，也引起本文對於公民社團與民主運作之間的關係的興趣。

自 Alexis de Tocqueville（2003）對於民主在美國的討論以來，公民社團（civic association）經常被認為是民主的基石。首先，公民社團就像是民主的學校，透過參與公民社團，人們得以拓展了認識的視野，建立對於社會成員的信任感，養成公民所需的美德，培養參與民主運作的意願以及學習參與公共事務的能力，而這些道德與能力，都是民主良好運作所不可或缺的（Eliasoph, 2013; Putnam, 1994; Skocpol, 2003; Tocqueville, 2003）。此外，公民社團也是民主的捍衛者，如果權威想以多數暴力侵犯人們的權利，公民社團可以作為保護人民自主決定的自由空間（free space），或甚至是作為爭取權益與對抗權威的基地（Polletta, 1999; Tocqueville, 2003）。

因此，公民社團的數量、品質與活躍程度，經常被用來作為民主運作的指標與解釋不同區域的民主表現（Putnam, 1994）；而

公民社團的衰弱也被認為是民主社會的警訊，意味著民主的消逝（diminished democracy）（Putnam, 2001; Skocpol, 2003）。

　　如同 Tocqueville（2003）指出，由於民主對於人人平等的強調，本身就內建崩壞的可能性，例如，個人對於整體社會的疏離、多數暴力（tyranny of the majority）、社會成員的過度競爭與經濟利益為少數人所掌控；而公民社團的存在，正是作為社會與個人之間的緩衝（buffer），平衡民主的內在脆弱性（Eliasoph, 2013; Tocqueville, 2003）。依循 Tocqueville 的論點，被稱為托克維爾主義者（Tocquevillean）的學者與實作者，將公民社團看成是矯正民主或是深化民主的處方，讓民主制度得以良好運行所不可或缺的媒介。

　　然而，如同我們在泥鷗區看到的情況，公民社團並不如托克維爾主義者所預期的有利於民主的實作。公民團體發展狀況好而被認為社造成熟的社區，反而比正在起步的社區更無法帶動進一步的民主深化。對於進行超過二十年的社造來說，這樣的情況尤其值得重視，因為社造的核心價值在於社區的培力與民主理念的建立，但是社造經驗豐富的社區在這兩個面向上的表現，卻顯得不如剛起步的社區（江大樹、張力亞，2008；李丁讚，2014；柯于璋，2005；陳其南，2014）。

　　參與式預算在模範與起步社區的運作結果，引發兩個本文關切的問題。首先，在社造的層次上，為何社造經驗深厚的社區反而比缺乏社造經驗的社區在參與式預算的表現來得差？如果社區的培力與民主理念的建立是社造的主要目標，模範社區的參與式預算應當表現得更像一個理想的公共領域，讓更多的社區民眾，在擺脫地方菁英宰制的情況下，充分的溝通並選出讓社區更好的方案；但是在

實際上，卻是社造剛開始的起步社區表現得比較好，這個社造的非預期結果是本文所關心的。第二，本文把參與式預算在進階社造的導入，視為公民社團與民主實踐之間的關係的縮影，重新檢視兩者的關係，相較於將公民社團與民主發展畫上等號；本文認為公民社團與民主實踐有著更為複雜的關係，公民社團固然有其利於民主參與的一面，但是也可能出現不利於民主實踐的黑暗面（dark side）（Eliasoph, 2013）。

本文將以泥鷗區參與式預算為案例，比較模範社區與起步社區的運作與結果，回應以上兩個問題。相較於既有研究多關注環境因素如何影響參與式預算的運作（Baiocchi et al., 2011; Lerner, 2014; Wampler, 2009），本文則把參與式預算視為社會建構的結果，行動者賦予參與式預算什麼樣的意義，形塑行動者對於參與式預算的態度與表現，也因此建構出參與式預算的過程與結果（Berger & Luckmann, 1967）。

身為特定社區的成員，社區的組織文化，影響他們對於參與式預算的想像，包括，參與式預算的意義、參與式預算與社區的關係，以及社區成員在參與式預算中應該有什麼樣的表現等等（Perrin, 2009）。學者指出，由政府委託學術單位或公民團體辦理，或由政府自辦，是臺灣推動參與式預算的兩種主要的模式。[2]學者擔心，政府的主導可能在操作上產生提案內容的受限、官僚的

2　目前臺灣參與式預算的執行模式，請見蘇彩足（2017）的整理。進階社造為台灣少數由政府主辦的參與式預算，以泥鷗區為例，一位評審提到進階社造是透過標案外包的參與式預算，是「臺灣特產」的參與式預算，我們在此澄清。進階社造的基本立場是由公所操作，藉此培力公所的民主能力與觀念；換言之，在進階社造中，文化部的預算是直接撥到公所，由公所尋求社區團體的協助完成，並未以標案形式外包給社區。

推諉責任與民眾的參與流於形式等問題,而傷害參與式預算原本的美意(蘇彩足,2017)。

本文則透過對於進階社造案例的觀察,指出政府的主導與否和參與式預算是否能落實,兩者並沒有直接的作用關係,只有考量在中介層面的社區組織政治文化與社區權力結構等因素,才能充分解釋參與式預算的運作,並提出如何落實參與式預算的建議。從在泥鷗區的經驗來看,不同社區的組織文化說明了為何相同的參與式預算,卻在模範與起步兩個社區有著不同的運作過程與結果。

本文分成四個部分,首先是對於社造與參與式預算的說明,作為討論泥鷗區案例的背景知識。其次是在理論的層次上,說明組織文化為何與如何影響組織成員對於民主的想像與實作。接著則是以泥鷗區的兩個社區──模範社區與起步社區──為例子,說明成熟或草創的社區所具備的組織文化,如何影響參與式預算在這兩個社區的運作。最後,本文討論為何在地社造人士口中的「弱」社區反而比「強」社區,在民主的實踐上有更好的表現,並以此重新檢視公民社團與民主運作的關係;最後提出參與式預算,特別是社區型的參與式預算,未來在臺灣的發展戰略。

貳、社區營造與參與式預算的引入

「社區營造」一詞自行政院文化建設委員會(2012 年升格為現在的文化部)於 1994 年官方地推動社區營造政策後,開始變成臺灣社會耳熟能詳的語詞。簡單來說,社造的目標是建立社區的集

體連帶感,由於社會的變化,無論是在人口外移而老化的鄉村,或是人口湧入但是人際關係疏離的城市,人與人的連繫都變得薄弱,社造的目的便是在鄉村或城市恢復或新建這樣的連繫(臺灣社區營造協會祕書處,2014)。

然而,社造人士認為,對於「人」的營造必須以對「物」的營造為媒介,連帶感不會像魔術般的出現,必須先讓社區成員在參與對社區事務的討論中彼此熟稔,才能進一步認識到彼此的禍福與共。因此,社造經常透過共同解決社區危機或改善社區環境的活動,把原先不相往來的社區成員聚集起來(向家弘,2007;李丁讚,2014;曾旭正,2014)。對於社造來說,社區活動的成果固然重要,但是不應主要目標,更重要的是共同參與社區事務的過程。共同參與社區事務不僅能將社區民眾連繫在一起,也具有在地培力的作用,讓民眾感知到他們是社區的一員,將參與社區事務視為應然,學習如何參與社區事務的運作(江大樹、張力亞,2008;陳亮全,2000;曾華源,2004;盧思岳、黃敏婷,2017)。

除了建立社區連帶感與在地培力以外,社造也具有鞏固與深化民主的意圖。社造的概念與1980到1990年期間風起雲湧的社會運動年代有很大的承繼關係;許多當時關心臺灣民主發展的研究者與實作者認為,雖然社會運動在國家層次上挑戰了政治權威,並且帶來民主化的結果,但是在地方層次上,買票、賄選或是恩庇侍從主義(clientelism)的情況仍層出不窮。因此,他們認為應將社會運動向下到社區,透過社區運動改變既有的政治文化,重新賦予公與私的意義,並建立理想的公民社會,作為民主長遠發展的基礎(向家弘,2007;李丁讚,2014;曾旭正,2014;楊弘任,2014)。

對於民主價值的重視,讓社造強調由下往上的社區參與,社

區事務應該由社區成員決定，而非由權威，特別是由政府決定；政府要扮演的是協力的角色，相關政策應為「社區協力政策」的形式，「只是提示計畫鼓勵方向與重要價值，執行上完全開放給社區組織提案，進而視其提案的創造性與可行性來決定經費補助的規模」（曾旭正，2014：14）。陳其南（2014：213）就指出：「社造本身在地方就是一種民主政治能力的培養過程」。換句話說，社區組織正是 Tocqueville 意義下的民主學校，培養社區成員的民主能力與德行，讓社區成員學習作為公民社會的主體。

社造經過二十多年的發展，成果斐然，截至 2010 年為止，全國接近九成的村里都設立了社區發展協會（曾旭正，2014），其他相關的文史工作室更是不計其數，確實也在重建鄉村與新建城市的社區連帶感上，有所成就。儘管如此，在社造亮麗成就的背後，仍隱藏著許多問題，而讓社造人士有所警覺。

這些問題包括：當社造組織在專業化之後，變成申請計畫的重要性勝過社區感的經營，遠離了社區營造的核心價值；社造的參與程度低，不時出現菁英主宰的情況；社區發展協會與地方政治的糾結，變成是傳統政治勢力的必爭之地；原先在社造中扮演重要角色的公所，因為業務外包的結果，反而經常置身事外（曾旭正，2014；盧思岳，2014）。為了突破這樣的困境，審議民主的理念和參與式預算的公民參與模式，便被負責社區營造的文化部引入，以公所為推動中心，希望能讓社造繼續壯大。

審議民主（deliberative democracy）認為所有受決策影響的行動者，都應該有相同的權利，參與決策的制定過程；透過說理與溝通，培養關心彼此的社會關係，以追求共善與共識為目標進行討論（林祐聖，2012；林國明、陳東升，2003；Young, 2000）。參與

式預算則是具有審議民主精神的決定模式，參與式預算將預算的制定權下放，讓民眾透過公民審議的過程提出方案，並以公民投票的方式選出方案，最後獲得預算完成方案（葉欣怡、林祐聖，2017；Wampler, 2012）。　　　　　　　　　　.

　　參與式預算所具備的開放性精神，正符合政府只是協力者，而實質的決定應由社區居民完成的社造理念。參與式預算強調由下到上的決策過程，不僅能讓決策貼近民眾的需要，相較於其他的公民參與的方式，更能提升民眾參與公共事務的意願；因為，他們的參與不僅僅只是供政府參考之用，而是真的做到（real power over real money）（Wampler, 2009）。[3]

　　相較於其他的公民審議模式，參與式預算在目前可說是最盛行的公民參與模式，光是到 2012 年為止，全球就至少已有一千五百個案例（Ganuza & Baiocchi, 2012）。但是誠如學者指出，參與式預算應當視為一種促進民主參與的理念，而非定於一尊的操作程序，不同的地方經常有著不同的實作設計（Baiocchi et al., 2011）。然而，這並不代表著參與式預算的運作是無法被評估的，參與式預算的操作也可能出現徒具形式或是為政府或其他政治力量所控制的情況（Wampler, 2009）。

　　Brian Wampler（2012）指出四個評估參與式預算的原則，包括：讓民眾討論與發聲（voice）、讓民眾決定（vote）、追求社會正義的預算分配（social justice）與讓民眾監督預算的執行（oversight）。根據這四項標準，理想的參與式預算應當是讓民眾，特別是過去被排除在公共事務以外的居民，能夠實質地討論與

3　可參考 The Participatory Budgeting Project. in http://www.participatorybudgeting. org/what-we-do/where-we-work/nyc/. Latest update 2 January 2017.

決定公共預算的分配，而民眾的決定最後應該被充分的執行。

參與式預算在以上四項標準為何有不同的表現？參與式預算所面對的大環境與參與者的個人特質，是兩個經常被提起的原因：有利的政治與社會條件作為參與式預算運作的溫室，或是參與者的個人特質與能力，如性別、教育、年齡等，在在形塑參與者對於提案過程的影響力。本文則強調位於環境與個人中間層次的社區組織層面的影響。無論是環境或個人因素，都是透過組織文化影響參與式預算的發展。組織習以為常的政治文化，在認知面與行為面，形塑組織成員對於民主的看法，並且帶來不同的民主實踐。

叁、民主作為一種文化實踐：
社區的組織文化對於參與式預算的影響

雖然「民主」經常被視為某種政治制度與理念，本文則將民主定義為一種文化實踐（cultural practice），強調民主的社會建構性，在不同的社會脈絡中，民主有著不同的定義、實作與結果（Perrin, 2014）。例如，Tocqueville（2003：598-600）就指出文化根源（cultural roots）對於民主發展的影響，他指出，由於不同的歷史脈絡與社會基礎，讓不同的民主國家產生不同的民主文化，習慣以不同的方式解決集體的問題：法國人習慣依靠政府，英國人習慣依賴某些偉大的君主，美國人則習慣透過參與公民社團來解決。這樣的慣習，讓美國人養成在不同意見中，自願性地凝聚共同目標的能力，最終讓美國有著和其他兩個國家不同的民主運作。

依循著相同的觀點，社區組織成員對於民主的想像與實踐，並非只是個人性的思維或偏好，而是受到他們所屬組織的文化的影響。作為組織成員的文化工具箱（tool-kit），組織文化透過界定組織內的規範與慣習，提供組織成員詮釋與參與社會的架構，形成組織成員的品味（taste）與性格（disposition），使得組織成員在認知與行為層面有其規律可循，建立組織成員的慣習性思維與實作（Bourdieu, 1984; Gamson, 1992; Goffman, 1974; Jasper, 2006; Swidler, 1986, 2003）。以認知層面來說，組織文化形塑組織成員的世界觀，影響他們對於社會問題的歸因、診斷與處理方式的選擇（Perrin, 2005）；在行為層面上，組織文化建構了這個組織的運作風格，透過結構化組織成員的思考與表現，形成此組織的運作取向（Eliasoph & Lichterman, 2003）。

我們可以從兩個層面察覺組織文化對於成員的行為表現的影響。

首先是組織文化所具備的壓制性質，由於組織成員在大部分的情況下，是遵守規則而不自覺，因此只有在違反規則並且得到形式不一的處罰時，成員才能發現規則的存在（Durkheim, 2014[1895]; Heritage, 1984）。例如，Nina Eliasoph（1997）對於美國公民文化的研究發現，家長會的討論經常顯得自掃門前雪（close to home），將討論的議題限於與學校周遭有關的議題，並以平靜的情緒與淡定的口吻發表意見；若是參與者提出超過這個範圍的意見，或是採取其他的情緒或口吻表達看法，可能會受到主席的制止、被旁人忽略，或是察覺到旁人奇怪的目光，發言者也因此意識到他在討論中的展演，違反了家長會的討論禮儀。這樣的討論禮儀，奠基在家長會所形成的逃避政治（political avoidance）的組織文化，避免因為參與超越自己能力所及的公共事務，受到現實政治的傷害。

其次是組織文化的展演性質，從「做」的角度來說，組織文化為成員提供一套如何「做」（doing）出該組織成員的禮儀（etiquette），劃出成員與非成員之間的界線（Taylor & Whittier, 1992; Eliasoph, 1997）。如果行動者想成為特定團體的成員，他的自我呈現（presentation of self）必須符合組織的文化（Friedman & McAdam, 1992; Goffman, 1964）。例如，何明修（2006a）指出，臺灣工會組織展現一種戰鬥性的男子氣概，工會成員被要求表現出搏氣魄與拚膽識的氣質，因此，工會幹部為了維持其位置，必須減少與家庭相處時間，做出配偶不喜歡的惡習，以免被貼上像是閹雞或是軟腳蝦的標籤，讓自己的陽剛氣質遭到貶抑。

Yu-sheng Lin（2015）對於紅衫軍的研究則指出，某些政治人物想藉由參與紅衫軍獲得政治利益，但是紅衫軍強調本身是公民運動而非特定政治力量的打手；因此，為了參與紅衫軍，這些政治人物也只能遵守紅衫軍所設下的規則，在不帶入任何政黨或政治人物的符號的前提下，以一般民眾的姿態加入紅衫軍。

組織文化與組織的民主運作密不可分，組織文化為成員提供對於民主的想像，引導組織建立組織成員習以為常的決策模式（Perrin, 2009）。例如，女權團體為了對抗父權體制由上到下與菁英領導的自由民主模式（liberal democracy），經常將「民主」理解為參與式民主（participatory democracy），採取平等討論和尋找共識的方式，做出集體決定（Polletta, 2004）。作為品味或性格，組織文化也提供成員處理正式規則沒有規範到的情況的劇碼。

行動者對於組織的認同（identity），則是成員遵守組織文化的理由。身為某個組織的成員，不僅只是拿到一張會員證或志工證，而是代表行動者必須從遵守組織文化，以組織慣常的模式做決

定，否則成員可能會受到組織大大小小的處罰，最嚴重的可能是失去組織成員的資格。然而，即便是組織的領導者可以用權威要求成員接受特定的決策模式，若行動者不具此一組織的身分或是隨時可以拋棄這個組織的身分，領導者使用權威的效果就會大打折扣。

事實上，組織作為一個場域（field），組織文化讓權威的施展更為有效與細緻，雖然領導者可以用權威要求成員遵守特定的規範，但某些組織文化可能讓領導者無法赤裸裸的使用權威，例如，強調平等的組織。領導者也不可能監督成員的一舉一動，對於成員的不當表現，以權威要求修正。在這些領導者觸及不到，或是無法明目張膽地運用權威之處，組織習以為常的決策方式之所以能順利運行，依靠的是成員對於組織的認同，讓他們選擇以符合組織文化的方式處理他們所面對的問題。

相較於組織的領導者，組織成員，尤其是新進或邊緣的成員，或許不是那麼清楚組織的思維與慣習，但是他們可以透過學習與協商，了解組織的文化，進而遵守組織的文化，使得組織習慣的決策模式得以運作。除此之外，即便是領導者，也有可能遇到過去沒有經驗的情況，此時，組織認同提供領導者即席創作（improvising）的根據，處理從他手邊的知識庫（stock of knowledge at hand）無法及時找出處方（recipe）的問題（Berger & Luckmann, 1967; Fligstein, 2001; Polletta, 2004）。

總結來說，組織文化影響組織成員如何賦予特定公民參與模式的意義，以及此一公民參與模式在組織內的實作。以參與式預算來說，它對於不同組織的成員而言可能具有不同的意義，它可以是擴大民眾參與政治過程的工具，但是也可以是公民社團用來爭取資源的方式（Baiocchi et al., 2011）。如同研究者指出，「參與式預

算」本身是個意義曖昧（ambiguous）的詞彙，特別是在臺灣將參與式預算引入社區實作，對於鄉鎮區公所、社區公民團體，以及社區居民來說，都是非常新穎且陌生的，也因此使得參與式預算具有高度的可塑性（蘇彩足，2017；Ganuza & Baiocchi, 2012）。

本文認為，正是組織文化發揮定錨的作用，為行動者確認參與式預算的意義，並在此影響參與式預算的過程與結果。關注組織文化與民主實踐的連結，有助於理解我們所看到的民主運作，是如何被行動者在參與式預算的實作中被建構出來。以下本文將根據此一論點，說明為何參與式預算的實作，在模範與起步這兩個社區有著不同的模樣。

肆、研究案例與資料說明

本文的研究案例是泥鷗區的模範與起步兩個社區，參與參與式預算的運作過程與結果。接下社造業務不到兩年，人稱「長工」的泥鷗區公所承辦人員指出，在縣市改制後，泥鷗區的社造可說是陷入困境，雖然大多數的里都有社區發展協會，但是很多是空有其名，已經很久沒有提出社造的計畫；因此，為了振興泥鷗區的社造，他在 2016 年引入參與式預算。

泥鷗區的參與式預算可分為兩個層次，第一個是社區層次，長工邀請了五個社區發展協會，請這些社區發展協會透過參與式預算的方式，選出社區成員想要的提案；接著由社區發展協會寫成社造的計畫，交由公所向文化局申請經費。第二個層次則是行政區層

次，長工另外從這五個社區的提案中，找出數個跨社區的方案，由泥鷗區的全體居民投票決定最後的獲選方案。

正如同學者所言（Baiocchi et al., 2011），參與式預算的實際操作經常是因地制宜，因此，在進階社造中，參與式預算的進行在某些程度上必須根據社造的精神與慣習做調整，其中一項調整就是誰來完成脫穎而出的方案。一般的參與式預算，像是參與式預算的起源地巴西，或是臺灣的幾個由市政府推動的參與式預算，都是由政府完成，而民眾僅扮演提供意見或監督的角色。但是社造傳統是希望讓民眾一同完成社區的工作，透過共同完成工作凝聚社區意識（陳亮全，2000）。

因此，在參與式預算的方案執行上，是以社區完成，再向公所分期核銷的方式進行，社區民眾是方案執行的主體，這也是長工多次向本文作者之一強調，他是「為了社造而做審議，不是為了審議而作社造」的道理。在這樣的精神下，社區是否可被公所信賴變成是重要的課題；公所承辦傾向選擇以社區發展協會為合作對象而非個人，因為個人有可能亂做或是做到一半就不管了，但是社區發展協會與公所有合作關係，會降低這種風險發生的可能性。

在眾多社區發展協會中，他們又偏好社造「強」的社區發展協會，因為這樣的對口能夠動員民眾、能夠自己辦理與參與式預算有關的活動、能夠自行完成方案以及了解核銷經費的眉角。而如此考量的副作用，就是進階社造的方案經費遠比以政府完成方案的參與式預算來得少，一個方案僅獲得幾萬塊的經費來執行是常見的事。一方面，要社區自行完成金額龐大的方案是不容易的事，另一方面金額龐大的方案容易讓社區居民只注意到物的建設，而忽略營造社會連帶的社造原意；因此進階社造所獲選的方案的複雜性，經

常遠低於以政府為執行核心的參與式預算。

在這五個社區中，最令人印象深刻的就是模範社區與起步社區。由於參與式預算是剛引進社造的公民參與模式，大多數的公所承辦人員多少都有不知所措的感覺，像是長工就擔心沒有民眾參與討論、沒有民眾參加票選，或是方案被票選出來之後無法順利完成。為了因應這樣的不確定性，不只是長工，大多數的公所承辦人員都選擇邀請在地方上社造很強的社區，作為參與式預算的操作地點，因為這樣的社區至少能展現一定的動員能力，也比較有和公所合作的經驗，比較不會出現長工口中「要是方案執行到一半，人跑掉了怎麼辦」的爛尾問題。

在這樣的考量下，長工首先就邀請模範社區加入參與式預算的操作。長工也想透過參與式預算重振泥鷗區的社造，他認為參與式預算正是一個良好的工具，能夠擾動社造經驗薄弱的社區，將這樣的社區引領到積極社造的軌道上。基於以上理由，除了模範社區之外，長工還費了一番唇舌，說服社造剛開始的起步社區參加進階社造。雖然社造很強的模範社區被長工認為較有能力辦好參與式預算，而起步社區的目標不需太高，只要能擾動社區即可。但是，當模範與起步兩個社區的參與式預算結束後，卻讓長工跌破眼鏡，反而是原先不被看好的起步社區達成前述 Wampler（2012）所提的四項參與式預算的原則。

長工表示，模範社區的參與式預算是由社區發展協會的總幹事主導，總幹事請成員提出他覺得好的方案，參與者僅限總幹事邀請的社區發展協會的會員；在行政區層次的投票上，總幹事也大規模的動員支持模範社區的提案，而總幹事所動員的民眾，並未思考其他的候選方案，而是單純的衝著總幹事的請求，總幹事甚至最後決

定不將民眾選出的方案寫成計畫書交由公所，向文化局申請經費。

　　起步社區的圖像則有很大的差異，雖然參加者表面上還是限制是社區發展協會的會員，但是參加提案的人數仍遠比模範社區來得多，參與者也較為多元；社區發展協會的理事長，同時也是起步社區的里長阿米，給予參與者自主的空間提案，自己只扮演協助的角色；在行政區層次的投票上，起步社區並未積極地動員社區民眾投自己社區的方案，而社區成員所通過的方案，均由社區發展協會寫成計畫，交由公所向文化局申請經費。

　　總結來說，比較模範與起步社區的參與式預算經驗，我們可以看到起步社區不僅參與的人數較多，參與的品質也較高，許多原先被排除在社區決策過程之外的民眾也參與了，一改過去通常由少數地方菁英掌握的情況；如此更具有包容性（inclusive）的參與，使得社區民眾更能表達自己的想法，對於預算制定更具有實質的影響力，也因此讓預算更可能分配到原先不被注意到的地方，讓預算分配具有社會公平的性質。

　　透過兩個社區的比較，我們可以看到「參與式預算」對於這兩個社區有著不同的意義。對於模範社區來說，參與式預算是社區發展協會取得資源，完成協會的目標的方式；參與式預算的結果是否能符合地方菁英的需要，遠比過程是否能擴大社區參與來得重要。對於起步社區來說，參與式預算則是公所建議，可以讓社區成員聚在一起的活動，至於產出的方案是否符合地方菁英的需要倒是其次。

　　這兩種不同的想像，也反映在長工在2017年再度邀請模範社區與起步社區參加參與式預算時，兩個社區領袖的不同反應。模範社區一直拿不定主意，最後才同意，這是因為去年的經驗讓總幹事覺得參與式預算的過程繁複，經費的取得很不容易；相反地，起步

社區則一口答應，因為去年能夠讓這麼多人出來參加，讓起步社區的成員感覺很好。

　　本文深度訪談十六位受訪者，包括長工、模範社區與起步社區的領導者，以及曾經參與過 2016 年的參與式預算的成員。訪談對象的選擇以立意抽樣為主，滾雪球抽樣為輔，本文先指定訪談與參與式預算有關的重點人物，如長工、總幹事與阿米，再由他們推薦其他的受訪者。本文作者也針對 2017 年兩個社區的參與式預算進行田野觀察，包括討論與投票的場合；儘管 2017 年與 2016 年的實質討論內容有所不同，社區的組織文化卻是短時間不會變動的；因此，透過觀察 2017 年的運作，仍能了解兩者對於參與式預算的影響，從而推敲前一年的情況。

　　模範社區與起步社區在人口條件、區位分布、政治環境與參與式預算的操方式等的相仿，讓這兩個社區的比較具有自然實驗的性質，了解不同類型的社區文化對於民主實踐的影響。在人口條件的部分，根據 2013 年的資料，兩個社區的規模相似，人口數均為兩千餘人。在社區人口的年齡分布上，雖然缺乏確切的統計資料，長工與兩個社區的領導者指出，兩個社區均面臨年輕人外移或不願參與社區的問題，使得社區內的活躍參與者也多半為年長與退休者居多。[4] 在區位因素上，兩者均位於泥鷗區的市區範圍，長工也提

4　從我們接觸到的進階社造的案例來看，投入社區的民眾以年長或退休人士居多，如同我們之後對於這兩個社區的描述，我們發現這兩類的人士大多是因為想有人陪伴或是單純地想為單調的生活找點事做，比較有意願參與社區活動。此外，在地方上，社造經常被等同於年長者才參加的活動，使得地方本來就為數不多的年輕人不願參加社區。例如，本文作者之一曾有機會到泥鷗區衛生局演講，在路途上與居住泥鷗區的衛生局員工談到進階社造，並且詢問這位二十多歲的女性對於社區的看法，她回應道：「社區不都是老人嗎？我連自己是哪個社區的都不知道」；她身為一個年輕人，就沒有多大的意願參與

到這兩個社區「是比較都市的，人口也都比較相近」。

在政治環境上，里長與社區發展協會理事長的關係經常被社造人士視為社造是否能順利推動的重要因素，如果兩邊不合，社造計畫往往無法順利執行。[5]不過就像長工說的，「模範是同一派，起步也都是同一派……要是不同派，有時真的不是很好做」，兩個社區都沒有受到不同派的影響。最後，兩個社區的參與式預算的細部流程是相同的，在人員的訓練上接受一樣的訓練。除此之外，兩者所面對的社造行政程序，包括計畫的提出、審核與核銷也並無二致。

雖然本文無法控制所有與參與式預算有關的變項，但是模範與起步社區在人口組成、社區區位、政治環境、操作程序等幾個有重大影響的因素，均處於相當類似的狀態，因此本文有信心透過兩者的比較，了解這兩個社區的組織文化，如何影響參與式預算在這兩個社區的運作。

社區活動，包括參與式預算。長工更表示，很多社區的活動都是以樂齡族為主力「差不多七～八十歲那些，年輕人一直導引不進來」，讓他很傷腦筋。

5　兩者的不合往往來自對於里長職位的爭奪，現任里長經常會擔心，社區發展協會的理事長會透過社造活動擴大其支持基礎，而感到威脅，而事實上，也確實有對於里長位置有興趣的人士，循這樣的路徑擊敗現任里長（林經甫，2002）。因此，若現任里長察覺社區發展協會的理事長有爭奪里長職位的企圖，可能會杯葛或阻礙社造活動。平安區的一位社區發展協理事長就跟本文作者之一提到，他的社造之所以能夠做得不錯，「就是因為我不想選里長，對里長不是威脅，所以他才讓社區活動中心給我們用……常常現任里長經常在競爭者還沒冒出來就先把他掐死了！」

伍、模範社區的參與式預算

模範社區在泥鷗區被公認是社造很強的社區，根據長工的說明，在社區營造的用詞中，「社區」通常指的是社區發展協會，是公所接觸社區民眾的中介，「強」代表這個社區發展協會很願意寫計畫，爭取經費辦活動，而「弱」則意味著爭取經費的能力差，或甚至是不向文化局寫社區營造計畫的社區發展協會，在沒有經費把注的情況下，也就沒有什麼社造成果可言。

至於模範社區有多強呢？長工形容「泥鷗區在縣市改制後，社造就整個崩掉，只剩下一個活著，就是模範社區。」以業務範圍來說，模範社區除了社造業務以外，也順應福利社區化的趨勢（吳明儒，2004），另外承接樂齡中心與社區關懷據點的業務。在協會的規模上，不算樂齡中心的學員，模範社區目前光是會員就有四百多位，這個數字還不包括社區內的志工隊，根據志工隊長阿珠的說法，活動中心每天出入的人數有好幾百人。在對「物」的營造上，模範社區有亮眼的表現，會員阿秀就表示，模範社區有嘉南大圳的分支流經，在模範社區的努力下，爭取經費將原本荒廢的水圳整理成漂亮的綠川，沿著綠川種植樹木，並增加晚間的照明，讓綠川沿線變成舒適又安全的社區景點。

一、社區成員的想像：我們是一個社造很強的社區！

如同社造人士認為對「人」的營造必須以對「物」的營造為媒介，模範社區鶴立雞群的社造成果，讓社區成員產生強烈的認同感，以作為一個社造很強的社區成員而感到驕傲，每天到活動中心走走成為他們很習以為常的事。九十歲的阿生在模範社區顯得很突出，因為在以臺語為主要交談語言的模範社區，阿生卻操著一口外省腔的國語在活動中心走動，老兵退伍的他，覺得模範社區很好，不會因為省籍而排斥他，所以他每天都到活動中心報到；「我在家沒有事，就到社區來運動、吃飯、睡覺跟聽老師講課，下午有人下棋、打橋牌還有唱歌，都是很好的老人運動，唱歌跳舞的都有……有這個地方，大家來看報、聊聊天，可以坐在一起，真的很好。」

同樣地，擔任十一年志工的阿蓮，她住的地方和模範社區有些距離，但是卻規律的到活動中心報到，「夏天早上六點，冬天是六點半，就要來活動中心打掃」，就算沒排班的時候，她還是會過來，因為她「喜歡這裡的人事物，來到活動中心讓她覺得很親切，什麼都很不錯就對了，如果感覺不好，不可能待這麼久。」模範社區的名聲響亮，也讓社區成員感到光榮和有面子；對於社區成員來說，模範社區很棒，「因為很多人來這裡參觀」（阿生），「大家說到泥鷗，就會模範模範的說」（阿蓮）；阿珠更驕傲地說，「社區的會員與志工這不只有模範社區的在地居民，還包括泥鷗區其他社區的民眾，甚至吸引其他地方如民田區、黑溪區、前牆區、酸火區與永保區的民眾來參加模範社區的活動與課程……你隨便去找一個里，都沒辦法跟我們比！」

因此，他們認為長工在尋找參與式預算的合作社區時，模範

社區是最好的選擇，阿珠就說：「長工比較沒有經驗……不像我們已經很老練了，知道什麼時段有人，什麼時段又要避開，然後怎麼讓老人家出來，所以他還算聰明，還知道來找我們模範社區，如果不在這裡辦，他可能就不會辦的像去年那樣好！」

二、為什麼模範社區的社造很強：總幹事的功勞

模範社區之所以在經營上能有如此成績，長工與社區成員均把功勞歸於社區發展協會的總幹事。模範社區先天的政治與經濟狀況就比其他社區來得好，一米里長與社區發展協會的理事長屬於同派，沒有互相牽制的問題；二來里長願意提供財務的奧援。此外，模範社區有一座完善的活動中心，不但可以作為社區活動與課程的場所，也提供社區成員聯絡感情的地方，但是「社區還是要有人run」。長工指出，模範社區的總幹事很有能力，「很願意也很會寫提案，所以可以讓模範社區存活下來。」

由於社區發展協會的理事長需每兩年定期改選，而且只能連任兩次，總幹事對社區發展協會的影響力經常比理事長更大，因為總幹事不需改選，「做久了就熟能生巧」（阿秀）；所以新上任的理事長經常會仰賴有著豐富經驗的總幹事協助，以模範社區的總幹事來說，六十多歲的他，自退休後就投入社區，歷經兩任理事長，從 2006 年就一直擔任總幹事一職。

模範社區的成員對於總幹事的熱心與能力讚不絕口，總幹事並不支薪，卻總是每天最早到、最晚走，待人親切、很願意做，不是只出一張嘴，而且總是能想到好的主意，更重要的是，總幹事很能解決社區經費不足的問題。當我們問到社區遇到最大的難題是什

麼的時候，模範社區的成員異口同聲的答案都是錢，而總幹事總是能處理這個問題。

阿珠就提到，總幹事很會因應經費的狀況，調整社區的運作，不致像別的社區因為出現經費問題就停擺，她說道：「其實，社區最大的困難就是錢，終歸一句，有錢就好辦事，但是也不是沒有錢就不做事，沒有錢就做沒有錢的工作，我們一直都是這樣過來的……所以我們總幹事他頭腦動得很快，就像我們拿多少錢做多少事，他的規劃都會變，所以社區一直有在動。」

總幹事除了很能彈性運用有限的經費外，他還很會爭取經費，而社區爭取經費的主要方式，就是了解各個政府部門的補助項目，向政府寫計畫爭取經費。阿秀對於總幹事最稱讚的就是「他很會，譬如說要辦活動，他就很會爭取經費，要不然我們要辦活動沒有經費也沒辦法辦啊！」最後，社區成員對於總幹事的領導結果非常推崇，阿珠就說：「整個社區都有向心力……原先不同派的也慢慢融入我們。」

沒有總幹事在經費上的運籌帷幄，模範社區無法到今天的地步，阿珠繼續分析，模範社區的會費很便宜，一年四百元，但是會員享受的福利與服務卻遠超過四百元；也就是說，社區的經費若光靠會費都是透支的狀態，「所以模範社區越多人的話，我們的擔子就越重，所以我們總幹事要一直提案，爭取經費。」

三、社區的組織文化：「菁英領導，成員配合」才能讓社區長久

在模範社區的發展過程中，社區成員不僅對於社區有強烈的光榮感，同時也把這樣的光榮感歸功於總幹事的領導；久而久之，模

範社區便形成由社區菁英決策，會員與志工協助完成的組織文化。我們第一次到模範社區的活動中心時，長工指著一樓的小房間，表示這就是模範社區的權力中心；我進到小房間後，看見七到八位被稱為「水準和素質很高」的男性正在泡茶聊天，包括總幹事、理事長、里長、退休教授與退休公務員。總幹事表示，「很多社區的決定都是在這裡泡茶聊天時，自然談出來的。」

會員與志工的工作則是讓決定付諸實現，阿蓮表示志工不需要參加決定的過程，「讓總幹事他們這一些人去討論就好，我是沒有參與這些，我就幫忙，參加策畫我是沒有啦，就交給他們比較專業的，給他們去傷腦筋就好。」換言之，志工就是扮演參加和協助的角色。這種由上到下，外界看似不民主的政治文化，對於模範社區的成員來說，卻是最好的運作方式。阿秀就說：「這不會不民主啊，如果每個人各有各的想法的話，社區就不好經營了！」在這種「菁英領導，成員配合」的慣習下，總幹事對於參與式預算的想像，便高度地影響參與式預算在模範社區的操作過程與結果。

對於社區營造，總幹事有他自己的看法，他說：「社區營造就是在設計人的，我說的設計，意思是說，要如何讓大家來社區活動，所以別的社區做綠美化，我都不做，我都經營人。」總幹事進一步表示，一個社區能不能好好地經營人，端視這個社區有沒有好的領導人，「你看我們模範社區就知道，這個社區就是有人能帶領社區，所以模範社區才有能力經營，一直持續做。」在訪談中，總幹事細數他如何努力申請經費讓社區變得更好，包括綠川、文化步道、駐村計畫與樂齡中心等等，「我這個人是這樣，沒錢我就想辦法，看去哪裡找經費，找人來做。」

總幹事表示，他所想像的完美社區，應該是一個自給自足的

社會企業，先不論總幹事的社會企業概念是否正確，我們可以發現他非常地重視社區的經濟自主。他也很自豪他的學習與領導能力，他說：「我一直在提升，因為講起來我也很優秀，拍謝啦，算說泥鷗區就我最優秀，我每天都在做，每年都做不一樣的，所以都發局跟市政府都覺得模範社區很好！」

　　模範社區還有一個特別之處，就是有全職僱用一位年輕人阿忠協助社區的運作，這是其他社區很少見的情況；而聘用阿忠的原因，總幹事是為了培養人才和傳承他的經驗，總幹事擔心模範社區像別的社區一樣，「好不容易做起來，但是只因為理事長換人或生病，就整個倒下來。」總幹事這種認為一個社區要有能幹的領導人才能承繼與發展的想像，影響著他怎麼詮釋強調由下到上的參與式預算。

四、讓菁英用來爭取經費的參與式預算

　　談到參與式預算，總幹事語重心長地說：「我的感覺是，嗯，當然我不能說這個不好，其實我的感覺是這個只是玩趣味的，大家攪一攪，可是他們選出來的案子，你認為可以執行嗎？會對社區有效果嗎？」他仍然以「好的領導人是社區長久的關鍵」的邏輯來思考最好的經費使用方式，他說：「參與式預算我講給你聽，與其這樣花，不如叫社區寫一套計畫說要怎麼經營社區，要怎麼樣培養你的人才，這才是基礎，沒這樣做，對社區都是假的！」

　　總幹事這樣的反應並不讓人意外，因為一方面模範社區的運作一直是菁英領導，而總幹事對自己的領導很有自信；二方面總幹事看過太多社區因為領導人生病、過世或疲累，卻找不到接班人而

倒掉的例子。但是總幹事也沒有因此拒絕長工的邀請，一來是長工不斷的拜託，二來，或許更重要，總幹事把參與式預算看成社區，或說完成他的社區規劃可以爭取的經費，因此答應長工的邀請。雖然總幹事同意加入參與式預算的執行社區，在正式的操作程序上也與其他社區相同，我們卻可以很明確地看到模範社區的「菁英為主，社區成員為輔」的政治文化，讓模範社區的參與式預算的運作異於其他社區。

在模範社區，因為總幹事把參與式預算看成是他爭取為社區經費的管道，所以他很清楚地間接與直接介入其中的過程。間接介入的第一個例子，是他將提案討論定位成社區課程，宣傳範圍僅限於社區發展協會的範圍，因此絕大部分的參與者都是社區會員、學員與志工。阿珠回憶道：「參與式預算的討論分成六組，每一群學員跟志工就有一兩個代表來，媽媽教室、土風舞跟韻律舞社團、音樂唱歌班、舞蹈班、瑜珈、打太鼓和書法班都有幾個代表參加。」雖然阿珠補充表示，這些參與者的興趣不一樣，需求也會不同，所以會提出不同的方案；但是將參與者限制在社區發展協會的範圍，參與者的包容性必然降低，民眾所提乃至於獲選的方案，很容易就僅與社區發展協會的利害有關。

間接介入的第二個例子，是總幹事會向參加者「建議」可以在討論中提出哪些方案。前面提到的志工阿秀，本身也有參加土風舞的活動，她說當時總幹事就跟土風舞團說「希望幫他們爭取一些經費，所以叫我們參加這個提案，看我們跳舞的有沒有要爭取什麼，然後總幹事想說，能跳舞就能演話劇，就建議我們提話劇表演的方案……我們是跳舞ㄟ，你臨時叫我們去演話劇，我們就覺得怪怪的。」

可是，雖然覺得怪怪的，阿秀他們還是依照總幹事的建議提

案，這樣的結果，反映模範社區的由上到下與菁英領導的組織文化。阿秀或許是發現她的意見違背這樣的組織文化，所以她很快的補充道：「可能是社區希望有這個活動，如果演得不錯、做得不錯，就有人請我們去表演，就像電音三太子不是很響亮嗎，哈哈！」從這個例子中，我們可以看到作為社區成員所面臨的規範性限制，雖然阿秀一瞬間對總幹事的建議有些不同意，但是模範社區內的政治文化，立刻讓身為社區一員的阿秀感到，會員或志工就只是站在協助的角色，不應該有太多個人意見，而迅速地轉向合理化與接受總幹事的建議。

更有甚者，最後總幹事並未把模範社區的社區級獲選方案寫成計畫向文化局申請經費，而是寫入自己的想法，長工有點生氣的說：「最後模範社區就不理討論的結果，不寫入提案，都是玩假的。」雖然長工對於很多方案都是總幹事自己的提案有些微詞，但是從社區成員的角度來看，這些都是社區的提案，因為他們對於總幹事習以為常的信任與社區慣常的角色分工，讓社區成員相信這些方案能讓社區繼續壯大。無論這樣的相信是理所當然或是因為政治文化所具有的規範性質，在這樣的前提下，社區成員犧牲自己的想法就是理所當然，也就沒有出現對總幹事不滿的聲音。

除了間接介入之外，總幹事也直接影響模範社區參與式預算的運作。社區有一個案子「模範煮飯給我甲」被長工選定是跨社區的提案，要做全泥鷗區的投票；這個案子的基本內容就是請社區老人家來活動中心一起吃飯，而與社區本有的樂齡業務有所串連。總幹事不諱言的說：「『模範煮飯給我甲』其實是我主導的！而且要講投票的話，泥鷗哪個社區有辦法贏我，我動員起來投票，我社區一次可以動員兩千人！」

在幾乎是十拿九穩的情況下，總幹事希望將參與式預算的經費跟目前的社區業務連結起來，他說：「我在想這個方案的時候，我就想到長照 2.0 要出來了，一定會要叫社區的人來活動中心共餐，讓他們來吃飯是要錢的……人家來了你社區不用花錢煮給他吃嗎？所以我就開始設計，既然有這筆經費，乾脆就拿來用在本來就要做的事！」之後這個案子果然是在泥鷗區公民投票中高票當選。這裡可以很清楚的看到，跟以前爭取經費的目的相同，對於總幹事來說，參與式預算不過就是另一個爭取經費來滿足他的社區規劃的來源。

除了行動方案的產出外，模範社區的政治文化也影響著社區成員在過程中的討論情況。參與式預算之所以具有審議民主的精神，是因為它強調最後的產生方案應該由民眾審議而來；對於社區有不同看法的成員，可以相互溝通與說服，找出大家對於社區的共同關切。因此，理論上來說，我們應該看到很活潑的討論，因為大家都有自己的意見想說，並與其他成員共同討論。然而，在模範社區的情況卻並非如此，本文作者之一有機會觀察 2017 年模範社區的討論狀況，由於總幹事仍維持相同的處理方式，因此可以把這次的討論狀況看成 2016 年討論的再製。

這場在七月分舉辦的公民討論，我們首先注意到的是人數不多，約二十到三十人之間，年紀偏高；總幹事說這是因為社區還有其他課程與活動，所以參加的人數較少；但是這也可以看到包容與異質的討論並非討論的最高原則，不然可以改時間能讓更多人參與。長工則在旁邊小聲表示，參與者都是社區發展協會的活躍成員，我所訪談的會員與志工也都在其中。參與的社區成員在招呼其他人參加時，是用「來上課」來形容這次的討論，意味著民眾並未把參與式預算視為討論與決定社區事務的場合，而只是社區所提供

的課程,和其他課程並沒有差異。

因此,討論的氣氛並不踴躍,因為這是「上課」而非「公共討論」。儘管小組主持人努力地請參與者談談對於模範社區的看法,大多數的參與者並沒有加入討論,討論的動機非常弱,有一組甚至成員在二十分鐘內,尚無討論結果時就幾乎都離開,只剩兩人。這樣的情況是可以理解的,既然總幹事都會幫社區想好,也將參與者限於核心會員與志工而使得意見趨於一致,參與者討論的動機自然就會降低,許多參與者更是因為人數不夠,而當場半推半就地被拉進討論。

經過 2016 年的操作後,其實總幹事是不太願意加入 2017 年的操作,原因在於 2016 年的結果,讓他覺得參與式預算的過程非常麻煩。在「模範煮飯給我甲」獲選之後,他才知道只有九萬元的經費卻要讓全泥鷗區的民眾來吃,一方面經費實在太少,另一方面這是模範社區出力最多的提案,應該以模範社區為主。因此,他不斷地與長工和文化局溝通,和社區菁英討論之後,將這個方案改成以泥鷗為範圍,招募學生來學煮菜,一週教一道菜,經過八週的課程後,剛好是中元普渡,再由學生到社區來煮幾桌給老人家吃。

這次經驗讓他感到其他來源的經費比參與式預算好拿多了,對他來說,社區成員是否貢獻意見或參與決策只是次要,「要讓社區發展,第一個要有好的領導人,第二個要有好的理事會,第三個要有一個內行的執行者,這樣社區才有保障」,而程序繁複與由下到上的「參與式預算只是多餘的過程」。[6]

---

6 編委會指出,模範社區在 2017 年對於續辦參與式預算興趣缺缺,會不會是社區領導者意識到參與式預算操作流程的問題,像是經費太少,例如只有九萬元卻要煮飯讓全泥鷗的民眾吃。針對這個問題,我們在此說明。從社造的

　　總結來說，身為模範社區的成員，將模範社區社造很強的功勞歸於總幹事，最小民主（minimal democracy）成為他們對於民主的想像，進而衍生出菁英領導與決定，其餘成員接受與配合的日常運作方式。「我們是模範社區的成員」讓社區成員理所當然地或因為遭受壓力下而接受這樣的決策模式；因此，即便總幹事獨斷地不將討論結果寫入社造計畫，成員並不會感到不民主。

　　當然，有時社區成員並不是那麼贊同總幹事的意見，如阿秀的例子，但是社區的組織文化，卻使他們無法明白的表達出來，而以合理化總幹事的意見的方式，化解自身內心的緊張。「菁英領導，成員協助」的組織文化，高度地影響參與式預算在模範社區的實踐，社區成員對於社區的認同，則支撐了這樣的組織慣習。在此社區文化的影響下，以總幹事為首的菁英不是那麼贊成參與式預算由下到上的決策方式，但是他們也並未全然排斥，而是將本質為擴大民眾參與的參與式預算，挪用為達成由菁英設定的社區目標的經費來源。

理念與實踐來看，社造長期以來不主張給予社區過多的經費，例如，曾旭正（2014：18）就批判2010年開始，給予社區高額經費的農村再生政策的運作，他表示「從（農村再生計畫）二年多的結果可以確信，社區營造絕對無法速成，而過多的經費對社區不僅無益，甚至反而造成破壞。」在實踐的層面上，一方面物質建設不是社造的主要目的，另一方面社區也無法執行經費太過龐大的計畫。

社造的計畫經費都不多，模範社區的總幹事就提到他曾經獲得二十萬元的計畫，當時讓他感到非常困擾，因為很少拿到那麼多的經費。而只有九萬元就要煮飯給全泥鷗的民眾吃，其實是始於長工與總幹事的溝通不良，但是經過溝通與調整後，並沒有成為總幹事抱怨的重點。而社造的計畫經常是滾動式的，讓社區可以持續地由下到上，階段性地修改計畫，因此，模範社區的計畫調整並非社造的特例。

然而，這並不代表總幹事沒有意識到參與式預算的「問題」，總幹事最為抱怨的是參與式預算的程序過於繁複，要花上好幾個月的時間才能得到經費，但是，對於參與式預算的推動者來說，總幹事所意識到的問題反而是確保參與式預算原則能否落實的做法。

陸、起步社區的參與式預算

　　起步社區是一個鄰近糖廠並且以此為中心的社區，很多社區成員都與糖廠有關聯，參與社區發展協會的成員多半是糖廠的退休員工與他們的同齡家人。相較於模範社區，起步社區給人的社造印象就是一個比較「弱」的社區。

　　造成這個印象的原因有三：第一，起步社區最近才加入社造，擔任社區志工的老森就說：「起步社區就一直不是一個社區營造的點。」第二，起步社區沒有活動中心，社區發展協會的理事長阿米就說：「沒有活動中心，辦活動比較不方便，你要成立關懷據點、樂齡中心或中秋節什麼活動都不方便」，會員也只有一百多名。第三，社區發展協會的理事長阿米沒有太多的申請計畫的經驗與能力，「我完全都不懂啊，譬如說我要申請經費辦活動，我都不會寫」，還要拜託她的女兒幫忙或是從公所借範本來參考。

　　在這樣社造經驗薄弱的條件下，包括長工與社區成員都有點擔心參與式預算在起步社區的運作，像是阿森在知道阿米答應長工參與式預算的邀請後，就開玩笑說：「我想不透她為什麼想參加，所以我說青暝唔驚槍打（臺語），敢向天借膽參加這個活動，我覺得可能是我們理事長有欣賞到長工，呵呵。」

一、起步社區的組織文化：大家參與，大家決定

　　由於這兩年才加入社造，和模範社區的總幹事不同，阿米對於社區的未來並沒有一個清楚的藍圖，她的想法就只是「找個地蓋個活動中心，然後辦一些活動」；因為她自認自己對於社區發展不是很了解，在參與式預算的提案上，阿米就沒有間接或直接的介入，「都是社區成員提案，我沒有提。」

　　在領導風格上，阿米是較為包容與平等的，例如，在她競選里長的時候，她拒絕用黑函或挖瘡疤的方式攻擊對手，即便她的競選旗子遭到破壞，她並不願追究，在當選里長之後，阿米這屆有十四個新里長，「每個新里長都把鄰長換掉，只有我沒有……我如果換掉，就會不講話，就不可能是朋友。」雖然阿米認為自己對於社造一知半解，她對於自己最自豪的就是人緣好，只要一號召，人就會來，所以她辦的活動總是很熱鬧。

　　在社區治理上，由於社造剛開始，阿米對此還不算上手，也沒有太多的成果，在缺乏社區英雄的情況下，起步社區的民眾並不認為依靠英明的理事長或總幹事是最好的治理方式；相反地，他們認為社區成員是平等的，每個成員的參與是很重要的，大家都很喜歡阿米的親和與熱心，但是卻不認為凡事都交給阿米決定就好，會員阿霞就說：「阿米覺得好的，也不一定是大家希望的，不能說她的意見就是大家的意見。」

　　擔任社區理事與志工的阿香則認為民眾的參與是必須的，「民主的時代當然是由民眾來決定啊，這樣推動起來才會比較有力，你理事長決定的，搞不好民眾不同意，那就吃力不討好啊，推動歸推

動,底下沒意願也沒有用啊!」雖然社區成員都認為經費很重要,但是更重要的不是社區可以經營很多業務,而是讓社區的人願意走出來參與社區事務。阿米就說,她對於社區沒有什麼想法,就是熱鬧就好。

會員老武就說:「就是要讓起步社區變成一個生活圈,大家都生活在這邊,一切活動都在這邊,大家認識,彼此可以相互溝通,有事情大家可以拿出來講,無形中社區的水準就會提高,就可以發展。」也就是說,社區成員不僅把讓更多民眾參與看成是社區營造的重要目標,也把它視為讓社區能順利運作的必要方式;因此後來長工的邀請,讓阿米與社區成員認為可以透過參與式預算的操作,達到這些目標。

二、讓社區成員走出來的參與式預算

由於阿米理事長本身對於社造沒有太多的想法,加上社區成員認為社區事務應該讓大家做決定,起步社區對於參與式預算的宣傳較模範社區來得全面。阿米不僅透過她的網絡把消息散播出去,阿森還到鄰近的社區宣傳,並沒有將參與式預算侷限在起步社區。

除此之外,由於起步社區沒有活動中心,參與式預算的討論是借用跟社區辦公室有一段距離的廟宇舉辦,雖然比較不方便與克難,卻無形中降低社區間的藩籬;因為活動中心僅屬於一個社區所有,廟宇卻是不同社區的共同信仰中心,不同社區的人較為願意參加。因此參與的人數很多,討論也非常熱烈,阿霞就回憶道:「討論好熱烈,就十張嘴九隻貓(臺語),大家意見都很多。」志工阿子也說:「那天很多人啊,在那個廟前面,蠻熱鬧,大家一組一組

的，其實我不太愛講，可是真的很熱鬧！」

在提案的部分，社區成員的自主性很高，在沒有外力介入的情況下，大家透過討論，提出他們覺得好的方案。當我問到老武為什麼他們會提出把火車頭放置到起步社區的案子時，他說道：「沒有人叫我們提，這個火車頭的提案是大家的構想，是臨時才想出來的；我們這裡以前也有臺糖的小火車，就想到集集火車站前面有一臺火車，遊客都下去那邊跟火車頭拍照留念，人潮不斷，有人潮就有錢潮……所以想說看看能不能帶動我們起步社區再發展起來。」

阿香那組的提案則是維修社區內的三邊公園，他們的想法很簡單，「因為那個公園有東西壞掉，就想說有這條經費可以維修這個我們常用的公園。」提出到其他社區參訪的阿春也是如此，她說：「沒有人告訴我們，是我們在討論的時候，我們那一桌就自己想到這個方案。」

整體來說，起步社區的成員對於參與式預算的評價都很好，當然能得到經費是一個原因，但是也不全然是如此，社區共同的參與更是社區成員對於參與式預算感到滿意的主要理由。阿森就說道「這次政府出錢，然後社區成員討論提案，要做什麼自己決定，能讓成員發揮創意，而投票通過的話，成員更是有成就感！」也就是說，參與式預算的設計能夠提升社區成員走出來，共同參與社區事務的動力，對應起步社區的組織文化。除此之外，社區成員也認為一起討論能夠提升社區的向心力，營造出整體社區的感覺，阿春就說：「很好啊，那個氣氛，看起來大家很有向心力，我們就來想要什麼企劃啊，想要做什麼事，就提議一下，想不到就選上了，很開心。」

方案被選上的成員當然較為可能對於參與式預算持正面看法，然而，即便是被寫成計畫，但是因為文化部經費項目無法支應而沒

有執行的方案,提案人仍是肯定參與式預算讓大家參與的精神;像是阿香所提的三邊公園方案就是如此,她不會覺得失望,因為這次討論「讓我們了解現在社區要做什麼,什麼東西值得我們社區來執行,增加社區的融合度,然後讓社區再熱鬧一點。」阿春並不是例外,其他沒有獲選的方案的提案人,在評價參與式預算時,都把重點放在大家能參與,而不會聚焦在自己方案的落選。

老武的火車頭案其實最後因為經費與行政的因素,而無法立刻將火車頭移到起步社區,只好用彩繪畫出火車頭的方式取代;老武並沒有因此而不滿,而他對於參與式預算的感想,正反映起步社區大家參與,大家決定的文化,他說:「辦這個對社區很好啦,大家可以來這邊聚會,談談他的經驗,談談日常生活瑣事,可以增進人際間的互相交流,大家都歡歡喜喜。」因為參與式預算能夠達到社區的目標,當長工邀請起步社區參與 2017 年的參與式預算時,社區很快就答應。

本文的作者之一觀察了 2017 年起步社區的參與式預算討論,在同一個廟宇進行,如同長工與社區成員對於 2016 的回憶,參與的程度讓人驚訝,參與者共分成九組,每組八到九人不等,所以粗估有七十到八十位的參與者;雖然阿米理事長告訴我討論原則上僅限會員參加,但是就我與幾位在場民眾的交談,其實有些參與者並不認識阿米,可能是透過起步社區的會員間接邀請而來的。然而,即便是只有會員能參加,起步社區的會員參與程度仍遠高於模範社區。如同受訪者所言,討論相當的熱烈,雖然討論者同樣以年長者居多,但是中途無人離席,與模範社區的情況形成強烈的對比,無論是參與的量或討論的質,起步社區都明顯的有較好的表現。

總結而言,作為一個社造剛起步的社區,因為不存在社區英雄,

起步社區的菁英與成員呈現較為平等的關係；在這樣的組織文化下，大家所意識到的民主與參與式民主（participatory democracy）的理念較為接近，認為民主就是應該要大家參與、共同決定。雖然社區成員在一開始對於參與式預算的操作沒有信心，起步社區的組織文化卻是適合參與式預算發展的環境。參與式預算在起步社區被詮釋為讓社區更熱鬧的方式，社區領導者沒有太多的干預，讓社區成員自由的討論與提案；而成員似乎也醉翁之意不在酒，方案的通過與否只是其次，最重要的是大家有沒有出來，有沒有開心的一起參與。

另一個對應這樣的組織文化的例子，是被長工列為區層次的提案「起步社區尋寶趣」的方案，起步社區並沒有進行強力的動員，最後以最低票的姿態無緣獲選為區層次的方案。這種對於投票結果的不在意，剛好與模範社區的情況大異其趣。起步社區對於參與式預算的意義的詮釋，不僅較為符合社造精神，也使得參與式預算在起步社區的操作，更為接近參與式預算的原始目的。

柒、討　論

公民社會的特性與民主制度的運作息息相關，Tocqueville（2003）用土壤來比喻公民社會，用種子來比喻民主制度，當相同的種子被種入不同的土壤，因為土壤的不同，使得生長出的植物有所不同。參與式預算在模範社區與起步社區運作差異，正反映了Tocqueville 的論點。本文從組織文化與民主實踐的連結出發，比較模範社區與起步社區的參與式預算經驗，說明不同的土壤如何生長

出不同的果實。

以模範社區來說，悠久的社造經驗與豐富的社造成果，使得社區成員認為只有根據能力與專長的分工才能讓社區更好；因此，由懂社造的菁英負責決定，讓不懂社造的會員與志工負責執行，成為模範社區習以為常的運作方式。在這樣的組織文化中，參與式預算被詮釋為達成由社區菁英所決定的目標的經費來源；不僅使得討論顯得冷清與流於形式，社區菁英介入提案與票選更是痕跡鑿鑿。

相反地，在缺乏有社造經驗與實績的領導人的起步社區中，社區成員甚至包括領導人都不認為菁英決定是好的決定方式，反而習慣大家一起參與和決定，他們要的是一個熱鬧的社區，而不是物質建設豐富的社區。這種對於民主的想像，讓參與式預算被社區成員認為是能夠讓更多人走出來的工具。相較於模範社區把重點放在獲選方案的可行性與對社區的助益，起步社區卻較為關心參與和討論的狀況，方案是否獲選或是方案是否被執行，就不是那麼重要。以下就本文的發現進行討論。

首先，在理論的層次上，本文不僅指出民主是社會建構的產物，也說明行動者所身處的組織如何影響民主的實踐。如同學者指出，組織的成員是透過組織認識社會世界，組織就像是濾鏡（filter），它可能排除與壓抑，或是加強與彰顯特定的資訊，並提供認知框架為成員轉譯（translate）他們所接觸的資訊，因而影響成員的思考與表現（楊弘任，2014；Clemens, 1996; Eliasoph, 1997, 1998; Eliasoph & Lichterman, 2003; Friedman & McAdam, 1992; Taylor & Whittier, 1992）。

「民主」也是如此，從模範社區與起步社區的比較來看，作為特定組織的一員，讓行動者透過組織文化詮釋何謂民主與何謂參

與式預算，進而影響參與式預算的實踐，最後達成不同的運作結果。民主實作的差異經常是學者關心的問題，希望透過了解差異的來源，對於健全民主提出建議。既有研究常將其中的差異歸因於社會的整體環境，指出那些鉅觀因素利於或阻礙公民參與實作的進行（林國明，2009；Baiocchi et al., 2011; Wampler, 2009），或是在個人層次上，討論參與者的人口特質，像是性別與教育程度對於公民審議過程的影響（范雲，2010；陳東升，2006；黃競涓，2008），組織內部的政治文化的影響則較少被提及。

本文指出組織形塑民主對於組織成員的意義，影響特定民主模式的運作。從模範社區與起步社區的比較來看，介於環境與個人的組織或許對於民主實作有著更大的影響。從環境的層次來看，文化部推動進階社造的決心，是有利於民主深化的政治條件，但是這樣的決心是透過組織的政治文化產生影響。習慣菁英領導、成員配合的模範社區，將這樣的決心轉譯為爭取預算的新管道，而起步社區由大家參與的慣習則把進階社造的用意詮釋為擴大社區的參與。從個人的層次來說，個人在民主實作是否能平等的說理，或是有效的影響討論的進行，並非只是個人特質的影響，模範社區與起步社區的經驗顯示，組織常態性地透過由上往下或是由下往上的決策模式，更是形塑個人在民主實作中的重要因素。

其次，在社造的層次上，本文透過執行參與式預算的成效與結果，重新評估社造組織的運作，包括組織文化與運作模式，翻轉社造「強」與「弱」的評價系統。[7] 我們發現，豐富的社區營造經驗並未如預期般對基層的民主參與有幫助，從本文的案例來看，社造「強」的社區形成菁英領導的政治文化，並將民主實作想像達成

7　作者在此感謝編委會對本文貢獻的釐清與建議。

菁英目標的工具；社造「弱」的社區則形成多元參與的政治文化，將民主實作想像為讓社區活絡的活動。

模範社區與起步社區的案例，恰好與社造的預期有著相反的表現：社造經驗豐富的模範社區，應該更為熟悉由下到上的民主運作；起步社區則因為缺乏社造經驗，社區成員應該不習慣將社區的共同參與視為社區活動最重大的目標。對於這個社造理想與實務的矛盾，本文提出三個原因說明為什麼沉浸於社造的社區，反而離社區自主的社造理想更遠。

第一個原因是社造的建制化。在社造工作中，國家透過一連串的行政管理程序管理社造工作，而為了完成這些行政要求，社區成員往往出現依賴社區菁英的情況（林經甫，2002；陳亮全，2000；羅秀華，2004）。例如，社造經費的申請往往要求社區提出計畫書，經由審核之後，才能獲得經費，獲得經費後，又必須按照繁複的規定核銷。這樣的制度設計使得參與社造變成社區的苦差事，只有對於社區很有熱情的成員才願意投入。

此外，我們在許多鄉村的社區可以看到，因為人口老化，操作電腦與撰寫計畫對社區成員來說是很大的負擔；一個選擇是不申請經費了，變成一個空白里，另一個選擇則是依賴懂得操作電腦與寫計畫的人。如同長工所說「社區頭人都是二十年的社造所造成的」，他的意思不是要怪罪社區頭人，他要說的是社造制度長久運作下來，很容易讓社區成員對於菁英產生依賴感，無形中排除了公民全面參與的可能性。

第二個原因是社區英雄的出現，這個結果可說是社造建制化的一體兩面。當社區因為長期依賴菁英參與社造，並因此獲得某些成果時，經常會讓社區產生社區英雄，讓社區成員認為是菁英帶領

社區度過難關，才有今天社區的成果，因此信任菁英的領導。此外，我們看到，越是涉入社造，對於社造的方向、規則與訣竅就更為了解，菁英就想要更為主導社造工作。模範社區與起步社區剛好是明顯的對比，總幹事是社造的老江湖，很清楚作社造的眉角，阿米則是社造的門外漢，對於社造一知半解，所以總幹事會去干涉參與式預算的進行，而阿米則採取較為開放的態度。

一個值得在此提出的例子是阿米在 2017 年向本文作者之一表示，她想要請社區成員不要提某些案子，因為去年有些通過的案子因為經費不足或是項目不符而無法執行，她這次想請大家提些有水準的，可以做的方案。阿米的說法正好回應本文的論點：當社區營造持續，菁英對於社造的經驗越豐富，菁英就越想影響方案的選擇。至於起步社區讓大家參與和決定的社區文化，會不會隨著社區的持續發展，而轉變為菁英式領導，則是未來觀察的方向。

第三個原因是「強」社區擁有較豐富的資源，不需要透過開放參與或是與外部團體的合作取得資源，這樣的情況讓「強」社區容易形成凝聚型的社會資本（bonding social capital）（Putnam et al., 2004）。「弱」社區則因為資源不足，必須要與社區發展協會以外的團體合作，才能讓大家討論社區事務，無形中也讓社區菁英與成員對於公民參與秉持較為開放的態度，易於形成連結型的社會資本（bridging social capital）（Putnam et al., 2004）。

以本文的案例而言，模範社區本身有一間完整的社區活動中心，所以參與式預算的討論與投票均在社區活動中心舉辦，無形中將非社區發展協會成員的民眾排除在外。起步社區則不然，因為沒有自己的社區活動中心，沒有自己的場地讓大家討論，所以只好借用鄰近廟宇的廣場。意外的是，起步社區的資源不足卻讓它誤打誤

撞選擇一個更具公共性的空間,廟宇作為信仰中心的象徵意義,能夠克服團體認同的界線,因而將公民參與的範圍在某種程度上擴展到社區發展協會之外(陳緯華,2012)。[8]

最後,本文對於在社區持續推動參與式預算提出三個建議。

第一是關於社區的選擇:為了降低操作參與式預算的不確定性,公所承辦與社造人士偏好選擇社造經驗豐富的社區作為操作區域,確保會有人參加,確保參加者有討論的能力。長期沒有向文化局提案,或甚至是缺乏社區發展協會的社區,即所謂的「空白里」,則經常不是推動進階社造的優先選擇;主要原因就在於主管單位與地方承辦擔心這些社區沒有社造基礎,推動會有困難。例如,與泥鷗區在同一縣市的西海區公所承辦就以這個原因,對於在該區推動進階社造有所遲疑。

然而,既然「強」與成熟的民主文化並不能直接劃上等號,「弱」也不見得等同於缺乏民主素養;從泥鷗區的例子來看,空白里或許是推動民主深化更好的選擇。

第二是關於動員策略的選擇:不只是進階社造,國內外許多參與式預算的操作,都強調與在地團體的結合,希望透過在地社團的動員能力,達到擴大民眾參與的目標。然而,在地社團的社會網絡範圍有限,民眾參與社團的比例也不高,加上長期深耕的負面影響,就是過於陷入地方的權力網絡,引來對於公民參與的消極抵制

8　有些學者認為,廟宇世俗化後,對於經營的強調,可能與社造要求社區改革的訴求不相容,而造成兩者整合的困難(齊偉先,2011)。本文則認為在廟宇與社造是否能完全整合前,廟宇就可能對於社造有幫助;例如,廟宇能夠提供一個更具包容性的認同,克服因為狹隘的社區認同所帶來的低度公民參與。

或積極反對，使得公民參與的多元性與合法性受到衝擊。[9] 學者甚至擔心以社團民主（associational democracy）為中心的參與式預算設計，因為在過程中給予社團某些優勢，可能出現社團將參與式預算公器私用的情況（Ganuza & Baiocchi, 2012）。

因此，本文認為在操作參與式預算時，不應過分依賴特定團體來動員，而應該以充分宣傳為思考起點，請多個在地團體協助，或甚至直接向有資格參與的民眾接觸，以達成更為全面的參與。[10]

第三是關於社造評價系統的修正：為了讓社造回歸到由下往上的參與精神，並且能夠擴大社區的參與，本文建議社造以計畫為中心的資源分配方式應有所改變，評估重點應該放在社區的參與品質，而非對於計畫的形式或內容做過分專業的審查；否則社區可能降低申請的動機，或是產生依賴菁英的習慣，而兩者都不利於形成有助於民主在社區生根的社造目標。

本文認為，相較於目前以有無社區營造協會、申請經費多寡、參與民眾數量與社區特色等，作為衡量社造成果的指標；社區內的公民組織的數量多寡、彼此的互動關係、公民組織對外的組織合作

9　以社區發展協會為例，研究者指出，社區發展協會的設立條件簡單，只需發起人年滿二十歲，並有三十位以上的社區居民即可設立，使得社區發展協會的規模通常不大，造成社區發展協會的代表性問題（陳介英，2015）。

10　例如，在 2017 年獲得歐盟「參與式民主國際觀察組織」（International Observatory on Participatory Democracy, IOPD）所頒發的「市民參與最佳實踐獎」的「新北市身心障礙者就業促進方案參與式預算」，除了透過在地社團與鄰里系統的宣傳之外，也透過數次的郵寄資料，動員在地團體與鄰里系統所接觸不到或無法動員的身心障礙者。因為採取平衡的動員策略，無論是參與的量或質，都有相當傑出的表現（葉欣怡、林祐聖，2017）。
臺北市的大安區、臺南市的佳里區、安平區與新化區，則對區內所有家戶發放多波的宣傳海報，確保參與式預算的資訊能為區民所知曉。

數量和品質、社區活動參與者的多元性與包容性等，會是更好測量社區強弱的指標；讓「社區」從目前狹義地指涉在地的社區發展協會，回到社造原初所強調的具有共同感的生活圈的廣義定義，讓社造的意義從目前對於物質建設的重視，重回對於由下往上的社區參與的強調。[11]

捌、結　論

　　從公民社團的角度出發，以參與式預算為例，本文指出組織文化與民主實踐的連結，透過說明身為特定團體的成員，讓行動者以組織的世界觀理解參與式預算的意義，並以他們熟悉的決策慣習操作參與式預算。本文突顯了民主的社會建構面，如果我們簡單將公共領域界定為社會成員集體決定公共事務的場域，組織文化形塑了公共領域的性質與運作。本文也發現，在社造的歷程中，社造經驗較貧乏的公民社團反而比社造經驗較豐富的公民社團，更能產生與擴大及深化公民參與相親和的政治文化，讓我們對於公民社團有利於民主發展的古典論點有所警覺（何明修，2006b；Eliasoph, 2013）。

　　本文在此不擬過度簡化社造強弱、社區政治文化與民主實踐的關係。如果社區菁英可以積極培力公民、建立參與管道和願意開放參與，社區成員的參與人數和參與意願當然會隨著社造時間越長

11　「社區」在社造實務中，多半代表當地的社區發展協會，當公所承辦說要跟社區溝通或聯絡時，意味著跟社區發展協會的領導人士溝通與聯絡。

而增加；也就是說，被認為社造「強」的社區不見得必然成為擴大民眾參與的阻礙。然而，如同許多對於社區營造中的社區菁英角色的反省（曾旭正，2014；盧思岳，2014），本文從社區的發展經歷，指出一條可能的發展路徑，說明為什麼菁英領導在社造中並非罕見的現象。本文認為，與其責備社區菁英不夠民主或開放，我們更應該正視社區在進行社造時所面對的艱難環境，以及為了克服此一艱難環境而形成不利於民主深化的文化動力。

參與式預算可說是近年來國內外最為火熱的公民參與模式，然而，誠如學者指出，參與式預算應該被理解為公民參與的概念，而非一套標準的操作程序，在不同的情境下，參與式預算的操作方式並不相同（Baiocchi et al., 2011）。根據臺灣過去幾年的操作經驗，學者從不同的標準，將這些操作分為不同類型，並說明各種類型的特色與遭遇的困難（蘇彩足，2017）。以進階社造而言，或可歸類為「社造型」，而其特色為以團體或組織為核心、在個別社區範圍執行、小額補助與社造架構。[12] 因此，本文對於推動參與式預算的建議，可能會因為研究對象的性質差異，而限制這些建議的概化能力（generalizability）。

然而，本文認為對於文化面向的強調，仍能對於整體參與式預算的推動有著啟發性的意義。文化取徑的分析關心行動者如何想像民主，民主的想像如何影響行動者的表現，最終造成我們觀察到的民主實作。無論是何種類型的參與式預算，都必須面對如何讓行動者對於參與式預算有著合乎原意的想像，而非將參與式預算挪用（appropriate）到其他目的。微觀社會學有關意義產生的概念，例如，溝通、框架、社會關係與集體認同等，正好提供我們理解文化

12　依循一位評審與編委會的建議命名與定義。

與民主實踐的分析工具。

對於未來的研究,本文提出兩個建議。第一,本文以社區發展協會為觀察對象,說明公民社團與民主實作的關聯;但是地方上並非只有社區發展協會在從事社造工作,其他的在地社團與文史工作室也在社造中扮演重要的角色,未來可以把焦點轉向這些社團,了解這些社團的政治文化與社區發展協會有何差異,以及如何賦予民主實作不同的意義,從而對於社造的成果有更完整的認識。

另外,如同 Gianpaolo Baiocchi(2011)等人所言,推動民主實踐對於在地社會的影響是重要的研究議題,在民主實踐與政治文化的辯證關係上(林秀幸,2011),我們能不能透過類似參與式預算的民主實踐,讓社區成員透過思想的刺激與身體的感受,了解與體會民主的意義,改變原先由上到下的政治文化(李丁讚,2014)。換言之,一個對於民主實踐如何反過來影響在地社團的政治文化的長時段研究,可以是未來的研究方向。

參考文獻

向家弘，2007，〈公民社會的實踐路徑──社造及社運〉，臺灣社造聯盟，http://47go.org.tw/article/25867，2017/9/21。

江大樹、張力亞，2008，〈社區營造中組織信任的機制建構：以桃米生態村為例〉，《東吳政治學報》，26(1): 87-142。

何明修，2006a，〈臺灣工會運動中的男子氣概〉，《臺灣社會學刊》，36: 65-108。

何明修，2006b，〈公民社會的限制──臺灣環境政治中的結社藝術〉，《臺灣民主季刊》，4(2): 33-65。

吳明儒，2004，〈「新故鄉社區總體營造政策」下的福利社區化〉，《社區發展季刊》，107: 107-119。

李丁讚，2014，〈社區營造與公民社會〉，中華民國社區營造協會（編），《落地生根：臺灣社區營造的理論與實踐》，臺北：唐山，頁 19-40。

林秀幸，2011，〈新港社區運動：從文化的象徵圖譜裡尋找社會運動的軌跡〉，何明修、林秀幸（編），《社會運動的年代：晚近二十年來的臺灣行動主義》，臺北：群學，頁 374-410。

林祐聖，2012，〈公共審議中討論風格的建構：社會關係與社會技能的影響〉，《臺灣社會學刊》，51: 63-114。

林國明，2009，〈國家、公民社會與審議民主：公民會議在臺灣的發展經驗〉，《台灣社會學》，17: 161-217。

林國明、陳東升，2003，〈公民會議與審議民主：全民健保的公民參與經驗〉，《台灣社會學》，6: 61-118。

林經甫，2002，〈社區營造與市民參與──社區總體營造的現況與理想〉，《新世紀智庫論壇》，19: 30-38。

柯于璋，2005，〈社區主義治理模式之理論與實踐──兼論臺灣地區社區政策〉，《公共行政學報》，16: 33-57。

范雲，2010，〈說故事與民主討論── 一個公民社會內部族群對話論壇的分析〉，《臺灣民主季刊》，7(1): 65-105。

陳介英，2015，〈社區營造與文化資源的創造〉，《庶民文化研究》，12: 144-174。

陳其南，2014，〈社造思想的一些理論性的回顧〉，中華民國社區營造協會（編），《落地生根：臺灣社區營造的理論與實踐》，臺北：唐山，頁 211-220。

陳東升，2006，〈審議民主的限制──臺灣公民會議的經驗〉，《臺灣民主季刊》，3(1): 77-104。

陳亮全，2000，〈近年臺灣社區總體營造之展開〉，《住宅學報》，9(1): 61-77。

陳緯華，2012，〈資本、國家與宗教：「場域」視角下的當代民間信仰變遷〉，《台灣社會學》，23: 1-49。

曾旭正，2014，〈從社區發展到社區營造〉，中華民國社區營造協會（編），《落地生根：臺灣社區營造的理論與實踐》，臺北：唐山，頁 5-18。

曾華源，2004，〈衝突或和諧優先：都市社區總體營造規劃之省思〉，《社區發展季刊》，107: 64-77。

黃競涓，2008，〈女性主義對審議式民主之支持與批判〉，《臺灣民主季刊》，5(3): 33-69。

楊弘任，2014，《社區如何動起來？黑珍珠之鄉的派系、在地師傅與社區總體營造》，臺北：群學。

葉欣怡、林祐聖，2017，〈參與式預算的臺灣實踐經驗：以三峽區的身心障礙者就業促進方案試辦計畫為例〉，《民主與治理》，4(1): 69-95。

齊偉先，2011，〈臺灣民間宗教廟宇的「公共性」變遷：臺南府城的廟際場域研究〉，《臺灣社會學刊》，46: 57-114。

臺灣社區營造協會祕書處，2014，〈什麼是社區營造？〉，中華民

國社區營造協會（編），《落地生根：臺灣社區營造的理論與實踐》，臺北：唐山，頁 1-4。

盧思岳，2014，〈社造永續・公民接力──社造二十年的回顧與展望──民間觀點〉，臺灣社造聯盟，http://47go.org.tw/article/25866，2017/9/21。

盧思岳、黃敏婷，2017，〈從自己動手做到培訓輔導社區做──臺中市如何引導區公所參與社區營造？（上篇）〉，臺灣社區通，https://ppt.cc/fTJu9x，2017/9/21。

羅秀華，2004，〈社區自主與政策的對話〉，《社區發展季刊》，107: 146-160。

蘇彩足，2017，〈公部門推動參與式預算之經驗與省思〉，《文官制度季刊》，9(2): 1-22。

Baiocchi, G., P. Heller, and M. Silva. 2011. *Bootstrapping Democracy: Transforming Local Governance and Civil Society in Brazil*. Stanford: Stanford University Press.

Berger, P. L. and T. Luckmann. 1967. *The Social Construction of Reality: A Treatise in the Sociology of Knowledge*. New York: Anchor.

Bourdieu, P. 1984. *Distinction: A Social Critique of the Judgement of Taste by Pierre Bourdieu*. Cambridge: Harvard University Press.

Clemens, E. S. 1996. "Organizational Form as Frame: Collective Identity and Political Strategy in the American Labor Movement, 1880-1920." in *Comparative Perspectives on Social Movements*, eds. Doug McAdam and John D. McCarthy. New York: Cambridge University Press, 205-226.

Durkheim, E. 2014[1985]. *The Division of Labor in Society*. New York: Simon & Schuster.

Eliasoph, N. 1997. "Close to Home: The Work of Avoiding Politics." *Theory and Society* 26(5): 605-647.

Eliasoph, N. 1998. *Avoiding Politics: How Americans Produce Apathy in Everyday Life*. New York: Cambridge University Press.

Eliasoph, N. 2013. *The Politics of Volunteering*. Boston: Polity Press.

Eliasoph, N. and P. Lichterman. 2003. "Culture in Interaction." *American Journal of Sociology* 108(4): 735-794.

Fligstein, N. 2001. "Social Skill and the Theory of Fields." *Sociological Theory* 19(2): 105-125.

Friedman, D. and D. McAdam. 1992. "Collective Identity and Activism." in *Frontiers in Social Movement Theory*, eds. Aldon D. Morris and Carol McChurg Mueller. New Haven: Yale University Press, 156-173.

Ganuza, E. and G. Baiocchi. 2012. "The Power of Ambiguity: How Participatory Budgeting Travels the Globe." *Journal of Public Deliberation* 8(2): Article 8. in https://www.publicdeliberation.net/jpd/vol8/iss2/art8. Latest update 2 March 2017.

Gamson, W. A. 1992. *Talking Politics*. New York: Cambridge University Press.

Goffman, E. 1964. *The Presentation of Self in Everyday Life*. New York: Anchor.

Goffman, E. 1974. *Frame Analysis*. Lebanon: Northeastern University Press.

Heritage, J. 1984. *Garfinkel and Ethnomethodology*. New York: Polity Press.

Jasper, J. M. 2006. *Getting Your Way: Strategic Dilemmas in the Real World*. Chicago: The University of Chicago Press.

Lin, Yu-sheng. 2015. "The Rise and Fall of the Reds: The Reiterated Dilemma-Solving Process and the Life Course of Social Movements." *Social Movement Studies* 14(3): 291-310.

Lerner, J. 2014. *Everyone Counts: Could "Participatory Budgeting" Change Democracy?* New York: Cornell University Press.

Perrin, A. J. 2005. "Political Microcultures: Linking Civic Life and Democratic Discourse." *Social Force* 84(2): 1049-1082.

Perrin, A. J. 2009. *Citizen Speak: The Democratic Imagination in American Life*. Chicago: The University of Chicago Press.

Perrin, A. J. 2014. *American Democracy: From Tocqueville to Town Halls to Twitter*. Boston: Polity Press.

Polletta, F. 1999. " 'Free Space' in Collective Action." *Theory and Society* 28(1): 1-38.

Polletta, F. 2004. *Freedom is an Endless Meeting: Democracy in American Social Movements*. Chicago: The University of Chicago Press.

Putnam, R. D. 1994. *Making Democracy Work: Civic Traditions in Italy*. Princeton: Princeton University Press.

Putnam, R. D. 2001. *Bowling Alone: The Collapse and Revival of American Community*. New York: Simon & Schuster.

Putnam, R. D., L. M. Feldstein, and D. Cohen. 2004. *Better Together: Restoring the American Community*. New York: Simon & Schuster.

Skocpol, T. 2003. *Diminished Democracy: From Membership to Management in American Civic Life*. Norman: University of Oklahoma Press.

Swidler, A. 1986. "Culture in Action: Symbols and Strategies." *American Sociological Review* 51(2): 273-286.

Swidler, A. 2003. *Talk in Love*. Chicago: The University of Chicago Press.

Taylor, V. and N. E. Whittier. 1992. "Collective Identity in Social Movement Communities: Lesbian Feminist Mobilization." in *Frontiers in Social Movement Theory*, eds. Aldon D. Morris and Carol McChurg Mueller. New Haven: Yale University Press, 104-129.

Tocqueville, A. de. 2003. *Democracy in America and Two Essays on America*. England: Penguin.

Wampler, B. 2009. *Participatory Budgeting in Brazil: Contestation, Cooperation, and Accountability*. Philadelphia: Pennsylvania State

University Press.

Wampler, B. 2012. "Participatory Budgeting: Core Principles and Key Impacts." *Journal of Public Deliberation* 8(2): Article 12. in https://www.publicdeliberation.net/jpd/vol8/iss2/art12. Latest update 2 March 2017.

Young, I. M. 2000. *Inclusion and Democracy*. New York: Oxford University Press.

Chapter 04

魚與熊掌可以兼得？

「中高齡與高齡人口就業議題公民審議」
論壇中的審議模式編輯 *

林祐聖

清華大學社會學研究所

葉欣怡

臺北大學社會學系

* 本文為新北市勞工局「106 年度中高齡與高齡人口就業議題之公民審議計畫」的部分研究結果。我們感謝新北市勞工局就業服務處，特別是前局長謝政達的大力支持，使得本次的審議模式編輯得以付諸實現。我們也感謝參與本次公民審議的民眾，他們的參與經驗，提供本文寶貴的資料，讓本文得以完成。最後，我們要特別感謝參與本次計畫的同學與助理，沒有他們的全心投入，無論是實作或研究都不可能如此順利的進行。

┃ 摘　要 ┃

　　本文以「中高齡與高齡人口就業議題公民審議」論壇為例，提出審議模式編輯的概念，說明公民審議的組織者，可以透過審議模式的重構，兼顧公民審議的質與量這兩個原本互為代價的面向，讓魚與熊掌可以兼得。本文將審議模式的編輯定義為「根據特定目的，審議組織者重新排列與組合既有審議模式的各項程序、技術與工具，並在重構的過程中，採取合適的聯繫措施讓程序、技術與工具的重構能夠穩定運作的策略性行動」。

　　從本文的案例來看，成功的審議模式編輯，不僅可以達到組織者的編輯目的，更可能產生有利於公民審議運作的非預期正面結果。然而，在指出審議模式編輯所帶來的可能性時，本文仍對於此審議論壇的編輯成功經驗，是否能夠被類推至其他審議計畫保持警覺；本文認為我們需要更多對於審議模式編輯的實證研究，研究的目的不僅是評估編輯的結果與成效或是新模式的建立，更重要的是，這些研究可以讓我們了解哪些因素影響審議模式編輯，並從中歸納出在編輯審議模式時，應注意的共通原理與原則。

關鍵詞：審議模式編輯、審議民主、中高齡與高齡人口就業議題公民審議、公民共識會議、參與式預算

壹、前　言

由於少子化、高齡化與衍生而來的勞動力不足，使得中高齡與高齡人口的就業成為重要的議題。為了回應這個議題，新北市勞工局在 2017 年舉辦「中高齡與高齡人口就業議題公民審議」論壇，不僅希望由下到上地了解中高齡與高齡人口的就業需求，以及如何運用他們填補青壯年人口下降所造成的勞動力不足問題；也期待透過公民審議的過程，對於勞工局的未來相關政策，廣泛地提出共同的建議。在這次的審議論壇中，不僅看見參與者經過彼此的討論和與專家的溝通，提出知情（informed）與符合他們需求的政策建議，勞工局也對於論壇的結論負責任地回應，將各項結論列為局內短中長期的目標，部分短期目標已由勞工局落實。[1]

本次論壇除了讓我們看到公民審議的重要性與政府部門對於公民參與的接受，另一個值得注意之處是本次論壇的流程設計。相較於過去公民審議多半採用單一審議模式，「中高齡與高齡人口就業議題公民審議」論壇則結合不同審議模式，試圖在公民審議的討論品質與參與者數量同時取得進展。在既有的公民審議模式中，討論品質與參與者數量就如同魚與熊掌般的不可兼得：細緻的討論因為無法容納太多的參與者，使得結論難以產生合法性，只能作為政

1　新北市政府於 2018 年 5 月，成立中高齡者職場續航中心，協助中高齡人口續留職場，這個中心的成立，部分的原因就是來自於此次審議論壇的結論（葉冠妤，2018）。

府參考之用；若想擴大參與者的數量，讓討論結果更可能產生實質影響力，討論的時間與精細程度就無可避免的下降。「中高齡與高齡人口就業議題公民審議」論壇則嘗試結合重視討論品質的公民共識會議（consensus conference），與強調參與者數量的參與式預算（participatory budgeting）的設計理念與運作流程，讓魚與熊掌可以兼得。

本文以「中高齡與高齡人口就業議題公民審議」論壇的經驗為例，提出審議模式編輯（editing of deliberation modes）的概念，用以指涉公民審議的組織者透過重新排列與組合既有審議模式，包括程序、技術與工具等，以達到組織者的目標的策略性行動；這個概念是受到在基因科技中的基因編輯（gene editing）技術的啟發。

簡單來說，基因編輯指的是，科學家在實驗室內刻意地藉由替換活體細胞的 DNA 序列（DNA sequence）來修改基因，再將修改好的基因放回人體；透過這樣的過程，科學家可以治療或是預防因為基因錯誤（genetic errors）所造成的遺傳性疾病，使得基因治療（gene therapy）變得更為可能（Jasanoff et al., 2015: 1-3; Nuffiled council of bioethics, 2016: 4-5）。[2]

如同進行基因編輯的科學家般，公民審議的組織者也可把既有的審議模式作為材料，透過移除或植入特定的材料，克服組織者所遭遇的困難或想解決的問題。藉由說明本次審議論壇的設計，以及評估此一設計對於公民審議的影響與結果。本文指出審議模式編

---

[2] 近來最熱門的基因編輯話題，是關於基因編輯嬰兒誕生的倫理問題。中國南方大學在 2018 年 11 月宣布研究團隊透過 CRISPR 修改胚胎中 CCR5 基因，創造出全球首例免疫愛滋病的基因編輯嬰兒（基因線上，2018）。這個案例的細節與引發的道德爭議並非本文的重點，但是可以幫助讀者對於基因編輯的概念快速理解。

輯，除了將不同的審議模式片段，依組織者所需重新排列與組合，組織者還必須採取適當的方式，將編輯的結果緊密地串聯在一起，才能更確實地發揮審議模式編輯的作用。

最後，本文根據此一概念，對於未來公民審議模式的設計提出建議，本文認為，審議模式編輯固然能達到認知解放（cognitive liberation）（McAdam, 1982: 48-51），擴大組織者對於如何組織公民審議的想像，帶來公民審議的創新；審議模式的編輯結果是否能順利達到組織者的目標，仍依賴著組織者的編輯能力與其可資運用的資源這兩項重要的因素；前者包括組織者對於編輯材料的了解與實際參與審議的經驗，後者則指涉組織者可以動員用以落實編輯結果的人力物力。若組織者缺乏編輯能力，抑或缺乏足夠的資源落實其編輯結果，審議模式編輯便可能出現運作失敗的結果。

貳、審議民主的理念與實踐

審議民主（deliberative democracy）是近來為人所重視的民主思潮，相較於我們熟悉的以投票與多數決做出決定的加總型民主（aggregative democracy），審議民主主張溝通才是集體決定的最佳方式（Shapiro, 2003: 11-33; Young, 2000: 18-31）。審議民主的學者認為，面對社會的差異，若以投票或多數決做決定，只能壓制而不能真正的處理社會的差異；只有讓受到結果影響的人們，透過知情、論理、平等、包容、互惠與追求社會共識與共善的討論，才能做出更合法、更正確與更重視社會整體的集體決定（林國明、

陳東升，2003：67-71；Gutmann & Thompson, 2004: 13-20; Shapiro, 2003: 11-23; Young, 2000: 18-31）。

學者認為，公民參與在目前的民主運作遭到限縮，在政治過程中，從人民的意見到政策的產出，由於經過其他不同層次的行動者的轉譯（translate），使得政策的產出與人民的意見輸入出現不可小覷的落差，造成主權之鍊（chain of sovereignty）無法拴緊或是民主赤字（democratic deficit）擴大的問題（黃信豪，2012：158；Baiocchi et al., 2011: 12; Perrin, 2014: 42-47）。[3] 因此，儘管審議民主經常被批評陳義過高，學者仍將其視為把縮減的公共領域（public sphere）帶回現有民主運作的理論基礎，讓政治的運作能夠回歸民主的真意（林國明、陳東升，2003：66）。

為了落實審議民主的理想，讓民眾能夠發揮溝通理性，在理想的言說情境中（ideal speech situation），發揮論證的力量，來討論公共事務與做出集體決定（Habermas, 1998），各種基於審議民主的理念所設計的參與模式便應運而生（Gastill & Levine, 2005）。過去十餘年以來，在臺灣操作過的審議模式包括：公民共識會議（consensus conference）、參與式預算（participatory budgeting）、審慎思辨的民調（deliberative poll）、願景工作坊（scenario workshop）、學習圈（study circle）與世界咖啡館（world café）等等；學者也根據實際的操作經驗，對於以上的模式進行評

3　Baiocchi 等人（2011：12）將主權之鍊定義為「代議系統在多大程度上，可以將民眾的意見輸入，轉為政府的政策輸出」；程度越高，意味此一系統的輸入與輸出越接近，越能反映民眾的需求。民主赤字則被政治學者用來形容政府政策與民意的落差；赤字越大，代表政府的政策越得不到民眾的支持（黃信豪，2012：158-159）。雖然兩者的關心面向有所不同，卻異曲同工之妙地指出公共事務的決定與一般民眾的期望越來越遠的情況。

估，區分出各種模式的優缺點，並指出特定模式適合的運用議題、目的與時機（林祐聖，2007；林國明、陳東升，2003；林國明等，2005；陳東升，2006；黃東益，2000；葉欣怡、林祐聖，2017；鄧宗業、吳嘉苓，2004）。

叁、魚與熊掌，不可兼得

儘管從學者對於不同模式的評估中，我們了解不同模式的各有所長，對於公民審議的組織者在思考如何進行公民審議時有著重要的幫助，卻也讓他們意識到選擇特定模式與達成公民審議理想的兩難，特別是討論品質與參與者數量之間的矛盾關係：當組織者選擇強調討論品質的審議模式時，參與者的數量就不可能太多；若組織者想增加結論的正當性，選擇重視參與者數量的模式時，就必須在一定的程度上犧牲討論的品質，最後形成魚與熊掌不可兼得的情況（林國明，2007，2008；Perrin, 2014: 90; Rowe & Frewer, 2000）。

「公民共識會議」可說是天秤的一端，最為強調討論品質的審議模式，學者甚至將其稱為「在各種民主實踐中，最為細緻的（sophisticated）參與模式」（Fischer, 2005: 234）。[4] 公民共識會議源自於丹麥，臺灣在 2002 年首次針對全民健保給付範圍召開公民共識會議，並將此次經驗寫成操作手冊，又經過幾次的實作，在

4　公民共識會議在臺灣的操作經驗豐富，設計流程不一而足，本文以臺灣大學社會學系的辦理經驗為援引的對象，相關的經驗與操作方式可見於林國明、陳東升（2003）與林國明等（2005）。

2002 年的基礎上微調，形成目前臺灣操作公民共識會議的標準程序（林國明、陳東升，2003；林國明等，2005）。

簡單說來，公民共識會議分為預備會議與正式會議兩個階段。預備會議為公民審議的預備階段，參與者透過豐富的文字資料與專家演講，對於議題有所認識，建立知情討論的基礎，並由參與者形成他們在此議題下想討論的問題。正式會議則是預備會議的延伸，針對預備會議所形成的問題，參與者和專家學者交換意見，並經過參與者之間的討論，對於問題形成共識；無法形成共識者則列為不同意見，在將結論寫成報告後，對外公布。一場完整的公民共識會議約需五到七天的時間完成，被認為適合用於討論複雜性較高的議題（林國明，2008：17-19；Fischer, 2005: 234-240）。[5]

公民共識會議的設計之所以被歸類為討論品質高的審議模式，是基於以下幾個原因。第一，公民共識會議提供充分的時間讓參與者溝通與思考，相較於其他以短時間完成的審議模式，參與者在公民共識會議中，更有機會針對議題做縝密的思辨。第二，公民共識會議提供充分的資訊讓民眾知情的討論，包括議題資料的提供與專家演講，並透過執行委員會確認會議資訊的平衡性與完整性，讓公民共識會議的討論能夠建立在理性與資訊充分的基礎上。最後，公民共識會議要求參與者以達成共識為目標進行討論，能夠提升參與者討論的動機，並使得討論不致成為各言爾志，缺乏交集的意見表達（林國明、陳東升，2003：19-40）。

公民共識會議的設計，固然有利於形成知情、平等、聚焦與超越個人利益的討論，這樣的設計卻也造成參與者數量的犧牲。公

5　詳細的操作方式請見林國明等（2005）。

民共識會議的參與者約在十五到二十人，就強調討論品質與共識形成的目標來說，這樣的規模限制是很容易被理解的。第一，若參與者過多，每位參與者能夠分配到的發言時間就會減少，不利於參與者充分表達意見與思辨，時間的壓迫性甚至可能會放大參與者審議能力的差異，從而造成討論的不平等（林祐聖，2012：90-100）。第二，參與者過多將增加凝聚共識的難度，在時間壓縮與意見多元性提高的情況下，討論要形成共識的難度提高，最後所謂的共識很容易只是強勢或意志力堅定的參與者的意見，因為其他人已感到疲累。第三，固然可以透過討論時間的增長解決參與者過多所帶來的問題，我們卻也看到討論時間的長度與有意願參與的民眾人數的反比關係，也就是說，討論的時間越長，民眾參與的意願就越低。

參與人數的受限，一方面影響參與者的多元性，雖然公民共識會議使用分層隨機抽樣選取參與者，讓參與者的組成符合某些人口特質的分布，但是極為有限的參與者名額仍使得參與者的組成，無法完整反映社會對於議題的不同意見。另一方面，這樣的參與人數降低結論的影響力，因為只有十五到二十人參與的討論，即便討論再怎麼深入，仍無法具備必須執行的合法性。因此，無論是臺灣或是丹麥的經驗，公民共識會議的結論多半僅具諮詢性質，作為行政與立法機關的施政參考（林國明、陳東升，2003：77；Fischer, 2005: 237）。

「參與式預算」則位於天秤的另一端，相當強調參與者的數量與對於所有民眾的開放與實質參與（萬毓澤，2015；Gilman, 2016: 13）。參與式預算源自於巴西的愉港（Porto Alegre），顧名思義，參與式預算就是將原先掌握在行政與立法部門的預算制定權下放，由人民來決定一部分公共預算支出的優先分配順序（Wampler,

2009: 2）。[6] 透過參與式預算，民眾可以對於如何讓社區變得更好表達意見與提案（voice），透過公民投票決定哪些方案獲得經費執行（vote），讓預算的分配符合社會正義（social justice），並在方案執行時參與監督（oversight）（Wampler, 2012: 2-7）。[7]

臺灣於 2015 在臺北市北投區進行第一次實驗性操作，其後在臺灣許多城市開展，建立不同的操作模式（蘇彩足，2017）。本文以文化部臺南市進階審議社造（林國明等，2017）與新北市勞工局舉辦的「三峽地區身心障礙者就業促進方案參與式預算」（林祐聖、葉欣怡，2018；葉欣怡、林祐聖，2017）為基礎，說明參與式預算的進行。

總結來說，參與式預算可區分為四個階段：第一個階段是公民大會，邀請合乎資格的民眾參與討論，並在公民大會中提出方案。第二階段則是提案工作坊，由政府代表與專業人士，就民眾的提案的合法性、細部規劃與預算制定，和民眾一同討論；在維持民眾的原始構想的前提下，進行提案的精緻化。接著是透過公民投票決定最終獲選的方案；最後則是執行獲選方案。

從公民大會到方案執行，一次的參與式預算至少需要幾個月

6　這裡要提醒讀者，儘管有眾多城市採用參與式預算，讓民眾決定預算應該花到哪裡，參與式預算的推動並非毫無困難。例如，作為參與式預算起源地的愉港，已經因為政黨輪替的緣故，將參與式預算降級為政府收集民眾資訊的方式（萬毓澤，2015）；芝加哥以議員分配款為預算來源的參與式預算，也因為審議預算的品質與參與狀況的不佳，並未持續性的辦理（Gilman, 2016: 47-48）。

7　這裡所使用的「社區」一詞，是取其共同體的意涵，並非代表參與式預算僅能在小區域中操作。以臺灣為例，參與式預算的操作範圍，從里到區均有，國外更有以市為層級，針對特定議題的主題式（thematic）參與式預算案例（Wampler, 2009: 59；蘇彩足，2017：4-8）。

的時間，但是每個階段民眾花費的時間並不長，因此民眾所花費的時間成本較低。參與式預算重視民眾對於在地的了解，從民眾的角度提出讓社區變得更好的方案，而不需如公民共識會議般提供民眾豐富的議題資料。

參與式預算被歸類為重視公民參與的量的參與模式，可展現在以下幾個面向。

第一，參與式預算強調公民大會的參與者數量。參與式預算多半舉辦多場次的公民大會，每場約有六十名參與者；以新北市身心障礙者促進就業方案參與式預算為例，參加這個階段的身心障礙者與陪伴者超過一百五十位。

第二，參與式預算經常以公民投票的人數占當地人數的比例，作為參與式預算是否成功的重要憑據之一。例如，高雄哈瑪星的濱線參與式預算計畫，就以此一比例超過芝加哥參與式預算的情況，而認為該計畫並不輸給其他案例；[8] 而「三峽地區身心障礙者就業促進方案參與式預算」接近 15% 的比例，更是此案獲得高度評價的重要原因。

第三，參與式預算的設計盡可能降低民眾的參與成本（Baiocchi et al., 2011: 155-157）。以時間來說，公民大會約在三個半小時內結束，提案工作坊則視提案的複雜程度而定，多半也不超過兩個小時。降低時間成本的目的，在於讓民眾更有意願參與公共事務的討論，不會因為需花費太多時間而卻步。

8　針對哈瑪星濱線文化廊道參與式預算計畫，高雄市研考會表示「哈瑪星居民共有五百○二人出來投票，投票率超過3%，相較已辦過六年參與式預算的美國芝加哥、投票率也只不過3.8%，高雄市算是不錯的成績了。」（葛祐豪，2016）。

第四，參與式預算的特色在於民眾決定。通過公民投票所選出的方案必須由政府或政府提供經費完成，因而需要更多的民眾參與來增加預算分配的合法性。

然而，參與式預算有利於更多的民眾參與的設計，往往是以討論的品質為代價。首先，為了降低參與者的時間成本，致使討論的時間減少，讓參與者沒有充分的時間表達意見與相互說服。其次，同樣是為了降低參與者的負擔，參與式預算並未提供完整的文字資料或安排專家演講，避免潛在參與者因為參與負擔過重而失去參與的動力，卻也因此無法討論過於複雜的議題。第三，參與式預算是以投票與多數決的方式作為達成集體決定的方式，因此減少溝通的必要性。即使參與式預算的投票時間與資格較為寬鬆，獲選的方案數量也為複數，不致讓參與式預算轉為敵人般的資源競爭，參與者仍會因為時間限制與遊戲規則的關係，無法如公民共識會議的參與者般懷抱追求共善的強烈動機。

對於公民審議的組織者而言，是否能根據其需求選擇正確的審議模式，是審議論壇能否成功的重要因素。然而，我們也發現審議模式對於特定需求的側重，意味著犧牲其他審議著重的面向。從公民共識會議和參與式預算的比較來看，既存審議模式往往陷入討論的質與量無法兼顧的問題，組織者必須在討論的品質與參與者的數量之間有所取捨。

儘管公民審議的質與量在實作上經常是對立的兩方，本次的計畫執行團隊卻嘗試結合兩者，造成一個質量兼具的公民論壇，克服過往既有審議模式所遭遇之「有一好，沒兩好」的困境。從「中高齡與高齡人口就業議題公民審議」論壇的經驗來看，既維持各編輯片段的目的，又能將各編輯片段成為整合性的整體、建立參與者

具公共性的集體認同，以及將不同片段緊密聯繫的連接措施等，是每次的審議模式編輯都應注意的原則。以下透過本次論壇的操作設計與結果評估，說明審議模式編輯的概念。

肆、案例背景

本文以「中高齡與高齡人口就業議題公民審議」作為案例。「中高齡與高齡人口就業議題公民審議」論壇，是由新北市勞工局委託臺北大學社會系之審議團隊辦理，該審議計畫的辦理期程耗時七個月，本文作者均為此團隊成員。

之所以擇定此議題辦理公民審議，是為了「因應少子化與高齡化的社會結構及中高齡與高齡者的就業參與率偏低趨勢，探究如何有效提高中高齡與高齡者勞動力；改善目前其面對的就業環境，進一步鼓勵中高齡與高齡人口持續投入勞動市場，提升勞動參與率。」[9] 為此，新北市勞工局決定採取審議民主的方式來蒐集民意、並以此作為未來政策制定的重要參考方向。

本文的重點並非本次論壇的實質結論與政策影響，而是將「中高齡與高齡人口就業議題公民審議」論壇視為審議模式編輯的產物，檢驗這個被編輯的討論模式是否達到目標，兼顧公民審議的質與量。

9　新北市勞工局 107 年「中高齡與高齡人口就業議題公民審議」計畫公開招標文件。

本文有三個主要的資料來源：

第一是實地觀察「中高齡與高齡人口就業議題公民審議」論壇的辦理過程。本文觀察像是執行委員會、區域會議、代表會議等會議過程，共累積超過六十個小時的田野筆記。

其次是與「中高齡與高齡人口就業議題公民審議」會議相關之文字紀錄與報章雜誌報導；此一審議計畫有成立計畫網站與臉書粉絲團，相關資訊均即時更新，因此能夠取得相關資訊。

最後則是針對此一審議計畫之相關人員進行深度訪談，共計訪談了十八人，其中包括該審議計畫執行人員、公部門人員、擔任代表會議的公民代表等不同身分的受訪者。每次深度訪談均詳細說明研究目標、取得受訪者的同意書，並進行全程錄音，再將錄音檔謄打為逐字稿以便分析。為了保護受訪者，在呈現或引用訪談資料時，均以代號稱之，F代表受訪者為主持區域會議的小組主持人，L與O則分別代表參與民眾與政府機關人員。表4-1為十八位受訪者的背景說明。

伍、審議模式的編輯

「中高齡與高齡人口就業議題公民審議」論壇的設計可區分為兩部分：區域會議與代表會議。區域會議著重於參與的量，代表會議則強調討論的質，此一論壇的設計可說是以「參與式預算」和「公民共識會議」這兩種模式為材料所進行的審議模式編輯。以下就區

表 4-1　受訪者背景說明

編號	身分	性別	區域會議場次
L1	參與民眾	女	汐止
L2	參與民眾	女	汐止
L3	參與民眾	女	汐止
L4	參與民眾	女	三重
L5	參與民眾	男	三重
L6	參與民眾	男	汐止
L7	參與民眾	女	三重
L8	參與民眾	女	新店
F1	小組主持人	女	--
F2	小組主持人	女	--
F3	小組主持人	男	--
F4	小組主持人	男	--
F5	小組主持人	女	--
O1	政府機關人員	女	--
O2	政府機關人員	男	--
O3	政府機關人員	男	--
O4	政府機關人員	男	--
O5	政府機關人員	女	--

* 本文作者自行整理。

域會議、代表會議與兩者的連結等三個層面，說明此一論壇的審議模式編輯。

一、強調「廣度」的區域會議

區域會議的概念來自於參與式預算的公民大會，用以擴大公民參與的規模。「中高齡與高齡人口就業議題公民審議」論壇的參與對象為年滿四十五歲，設籍於新北市或是在新北市實住和就業者。由於符合此一資格的民眾數量極為龐大，若採取公民共識會議的設計，固然能提升討論的深度，卻也讓許多對此議題有意見的民眾不得其門而入，造成結論的異質性與包容性下降。因此，主辦單位仿照參與式預算的公民大會設計，根據區域平衡的考量，在汐止、新店與三重召開三場區域會議。

這樣的設計一方面是為了降低民眾的參與成本，讓民眾可以就近參與，另一方面則是增加參與者的數量，每場區域會議可容納六十位參加者，故此一規劃共計可讓一百八十位民眾參與區域會議。此外，考量到報名者有可能在會議當日臨時有狀況無法出席，且由於報名並未有資格限制或者要求繳交任何費用，因此臨時缺席的情形容易發生，故每場區域會議實際上均有超收的情形，至多曾在三重場次超收近二十位的報名者。[10]

在區域會議的運作上，也與參與式預算的公民大會類似。參

10　根據主辦單位的資料，區域會議共有 203 位符合資格的民眾報名，實際到場討論 166 位。以報名者為基準，扣除資料不全的 7 位，女性有 140 位，占總報名人數的 69%；教育程度以大專最多（90 位，44%），其次為高中職（71 位，35%）；年齡則集中在 45 歲到 65 歲（173 位，85%）。

與者隨機被分為六組進行討論，每組配有受過審議訓練的主持人與紀錄各一名，協助討論的進行。每場區域會議進行約三個半小時。在議程的安排上，首先是扼要介紹公民審議的精神以及「中高齡與高齡人口就業議題」論壇的背景，隨後簡單說明中高齡與高齡人口就業議題在臺灣的重要性與現況。接下來的時間便是分組的審議討論，讓參與者輪流談論自身在此議題上的經驗並與其他組員交流意見，包括中高齡與高齡人口就業所遇到的困難與想法等。

分組討論的最後，各組會以繪製海報的方式提出該組在中高齡與高齡人口就業議題上最關心的兩個問題。隨後回到大場，在大會主持人的協助下，六個小組分別上臺說明討論結果，並解說海報內容。大會主持人鼓勵所有參加者積極聆聽其他組別的討論內容，最後發給參加者六個貼點，請所有參加者以複數票選的方式透過貼點，選出該區域會議場次最關心的四個議題。

與參與式預算的公民大會不同之處，在於區域會議的投票並不具有排他性。在公民大會中，只有獲選的方案能參加提案工作坊，成為公民投票的對象。在區域會議中，投票只是為了排出優先順序，指出該場區域會議最關心的四個問題，其他的問題不會被犧牲，主辦單位仍會盡可能將所有的議題分類與整合，帶到代表會議討論。

三場區域會議後共形成十二個公民參加者在此議題上最關心的問題，主辦單位則在會後針對重複關心之議題稍作彙整，將這些在區域會議經由貼點排序所產生重要議題，納入代表會議的閱讀資料與議程安排中。簡言之，區域會議的目的在於由下到上地針對中高齡與高齡人口的就業議題廣泛地收集意見，並以這些意見為根據，為之後代表會議的討論設定議題。

在區域會議的最後,主辦單位邀請參與者填寫「代表會議參加意願表」。意願表是調查是否有意願繼續參與為期三天的代表會議;除了提供代表會議的辦理時間與地點等會議資訊外,表單中也特別強調代表會議的參加者必須全程參與三天的會議,否則便無法領取全程出席費。[11] 此外表單中也說明代表會議的參加者為二十人,將根據三場區域會議中表達有意願者中,根據人口特質,包括區域、性別與教育程度,在考量就業情況後,以分層隨機抽樣的方式進行抽取。而由於代表會議的規劃,若有參加者因故無法到場或中途退出,皆無法遞補其他參加者。

二、強調「深度」的代表會議

代表會議則是立基於公民共識會議的理念與設計,目的在於讓區域會議所提出的問題,能受到深入的討論,並做出整合性的意見,供政府施政的明確參考。代表會議的參與者共有二十人,分別來自於各區域會議,每個區域按照比例抽選六到七位參與者;這些參與者如同區域會議的代表,不僅將自己所屬的區域會議的意見帶往代表會議,也接觸其他區域會議提出的關切課題。如同前述,這些代表是從有意願的區域會議參與者分層隨機選出。[12]

---

11 這裡的有趣之處在於,儘管有兩百餘人報名參與區域會議,有一百六十餘人實際參與,但是僅有七十人現場表示願意擔任代表,在第一次主辦單位抽樣完成,通知民眾時,又有民眾表示無法全程參與而放棄獲選資格。這個例子再次證明參與的質與量的矛盾,參與區域會議沒有任何報酬,卻因為時間短與離家近,讓民眾願意參與。相反的,即使代表會議共計有三千元車馬費,民眾卻因為三天的時間過長而打退堂鼓。

12 根據本次代表會議的抽樣原則,第一層為區域,確保每場區域會議的代表人數接近,第二層為性別,希望男女各半,第三層則為教育程度,希望能大致反映社會的分布;年齡的部分則未列入,因為法律上中高齡指的是超過

代表會議於板橋舉行，共以三天的時間進行，雖然天數較典型的公民共識會議來得短，但是其設計大體上是仿造公民共識會議的做法。首先，如同公民共識會議主張議程應由參與者決定的原則，計畫執行團隊根據各區域會議的結果，歸納出幾個討論議題，作為代表會議的議程安排。

　　其次是對於知情討論的重視。為了讓公民代表的討論能建立在對於討論議題有所了解的前提上，公民代表在會議正式召開的前十天便收到由執行團隊撰寫和寄發的可閱讀資料。可閱讀資料以簡明易懂的文字介紹數個主題，內容涵蓋審議民主的介紹、該審議計畫的流程說明、中高齡與高齡人口就業議題的現況、他國經驗等資訊。相較於區域會議僅於當日發放給參加公民單張的流程說明，並以簡要的文字雲呈現與該議題相關的諸多關鍵字；代表會議的參加者被期待，能夠事先詳閱由執行單位針對議題量身撰寫的可閱讀資料，以利在會議中進行知情的討論。

　　此外，根據這些議題，在會議的前兩天，計畫執行團隊邀請專家學者、公部門代表、企業代表與團體代表進行授課，並安排對談的階段，讓他們與公民代表有機會交換意見。在代表會議中，也安排更多的時段讓二十位公民能夠在主持人的協助下，進行小組成員內部的審議討論。無論是資料閱讀、專家授課、對談階段與內部審議，最終目的都是為了讓公民代表是在對於議題有一定程度的認識上，形成他們的立場與看法。

　　第三則是結論形式。如同公民共識會議的做法，代表會議的

四十五歲的民眾，因此細分年齡的意義不大。經過抽樣，在二十名代表中，各自有七位來自新店場與三重場，六位來自汐止場，性別則男女各十位，在教育程度上，大專程度最多，有十三位，在年齡的部分，平均接近六十歲。

討論結果是以意見報告書的形式加以呈現；意見報告書除了呈現公民代表針對議題所進行的討論與共識外，也會針對無法達成共識的部分以不同意見的型態呈現於報告書中。透過意見報告書在媒體與其他管道的流通，讓並未參加此審議論壇的民眾有機會對於相關議題有所理解，並引發更多的關注與討論。

本次論壇的意見報告書是由公民小組相互推舉主筆人，根據會議中的討論自行撰寫完成，意見報告書以通順、易懂與簡約的方式呈現公民代表的討論結果。[13] 在會議的最後一天，報告書的內容在經過全體代表的確認後，由幾位代表宣讀報告內容，並遞交報告書、聽取主管單位之正式回應。

總結來說，代表會議的主要目標，是針對前一個階段所歸納出的重要議題進行深度審議。透過提供更豐富的資訊、呈現更充分的觀點、安排更長時數與密集的審議場合，讓公民代表對於區域會議所形成的議題，有著更為深入與全面的討論，公民代表也才能完成一份完整的意見報告書。

三、區域與代表會議的接軌

為了讓本次的審議論壇能兼顧討論的量與質，主辦單位重新編輯參與式預算與公民共識會議的設計，將討論分為區域與代表會議兩個階段。然而，兩個階段之間的連結其實並非理所當然，而必須透過諸多措施使其被適當地接合在一起。以本次論壇的設計來

---

13 此計畫之意見報告書共推選四位主筆人。此四位主筆者肩負撰寫意見報告書初稿的責任，而計畫執行團隊僅提供會議過程中的相關討論紀錄給主筆者，並協助撰寫時的場地安排與行政事宜。

說，計畫執行團隊所面臨的最大挑戰，就是如何建立區域與代表會議的延續性，若此延續性不存在，像是冒出新的議題或是公民代表並未依照其所代表區域會議的結論發言，就意味著兼顧魚與熊掌的審議模式編輯的失敗。在這個部分我們可以看到四個計畫執行團隊所採取的接軌措施，讓代表會議成為區域會議的延續，讓區域會議所形成的廣泛議題，可以在代表會議中被深入的討論。

首先，代表會議的參與者的決定。在本次論壇中，代表會議的二十位公民代表，是從區域會議有意願的參加者中抽選產生，而非另外徵求代表會議的參與者。這樣的安排在兩方面提升從區域到代表會議的延續性：第一，代表會議的參與者也是區域會議的參與者，因此了解代表會議所討論的議題的背景。第二，由於每場區域會議產生六到七位的代表，造成某種程度的公開性（publicity），透過彼此的相互約制，增加每位代表意見表達的課責性（accountability）；讓他們不至於扭曲區域會議的結果，或是在代表會議中偷渡自己的意見，因為這樣做將讓他們冒著被來自同場區域會議的代表指正，使得自己的名聲（reputation）遭到傷害的風險（Young, 2000: 25）。

其次，區域會議與代表會議的延續關係，在代表會議的過程不斷地被強調。例如，主辦單位在代表會議所提供的可閱讀資料中，將三場區域會議的討論內容與優先排序清楚的呈現，讓公民代表清楚代表會議的討論範圍是由區域會議設定。此外，會議主持人在協助公民成員討論時，經常強調代表會議的討論議題是來自於區域會議的討論結果，鼓勵大家作為區域會議代表的任務是更為深入地討論這些結果。

第三，區域會議與代表會議的連結是邀請講師和與談人的準

則。代表會議的講師和與談人清楚地知道代表會議的議題是由區域
會議所形成，讓他們在進行演講與對談時，能夠針對區域會議所提
出的議題，不致讓兩者脫節或是產生新的議題，讓代表會議的進行
自然而然地環繞在區域會議的討論結果。本文作者觀察到，在代表
會議進行的過程中，無論是公民代表、講者、與談人和會議主持
人，均經常提及「區域會議」一詞，確認區域會議作為代表會議的
預備階段的地位。

最後，各項文宣對於區域和代表會議的各自任務，以及兩者
關係的說明。無論是在活動網站、臉書粉絲團或是新聞報導中，從
區域會議的招募文宣開始，都再三地說明兩個階段之間的關係、任
務與銜接方式。

本次論壇的組織者企圖透過以上的接軌措施，確立區域會議
與代表會議的連結，讓區域會議真正地成為代表會議的前置階段，
不致在代表會議中冒出新的議題，或是成為公民代表表達個人意見
的場合。在下節中，本文將檢視這樣的審議模式編輯是否達成組織
者的目標，同時兼顧公民審議的質與量。

陸、魚與熊掌，可以兼得

上節對於「中高齡與高齡人口就業議題公民審議」論壇的設
計說明，正反映本文所提出的審議模式編輯的概念，執行團隊嘗試
重新組合公民共識會議與參與式預算這兩種既有模式，達到兼顧討
論的質與量的公民參與。本節則根據本文作者的現場觀察以及對於

此次論壇相關成員的深度訪談，檢驗這樣的審議模式編輯，是否能達到執行團隊的目的，創造一個兼具討論的質與量的審議論壇，讓魚與熊掌可以兼得。

一、質量兼具的公民參與

就參與的量而言，本次審議論壇確實達到一定的參與規模，三場區域會議共有二百〇三位報名者，實際到場參加審議討論者共一百六十一位，其中有二十位成為公民代表參與代表會議。單就絕對數字來看，一百六十一人並不算多，但是若與其他參與式預算的公民大會相比，這個數字並不遜色，而相對於強調討論的品質的審議模式來說，這樣的參與規模無疑是擴大許多。勞工局的長官O4就表示，他對於公民參與的最大擔心就是民眾的參與度很低，而本次論壇的參與狀況讓他鬆了一口氣，不然「某些團體批評參與的人數太少……容易引起一些紛爭。」

參與者數量的增加，使得區域會議產生更多元的意見。我們可以看到，三場區域會議所形成的優先議題有著共通之處，友善職場、職業訓練與就業媒合，均為三場區域會議的參與者特別關切的議題。然而，除了這些共同的議題，各場次的區域會議也對於中高齡就業產生各自的關切；例如，新店場的參與者關心中高齡就業如何與長照 2.0 的政策結合，三重場則提出中高齡就業與外籍勞工可能相互排擠的意見。因此，如果沒有增加參與的量，固然共同關心的議題仍會浮現，長照 2.0 與外籍勞工等各區域會議較為獨特的議題卻可能因此而消失。

此外，即便三場區域會議有著共同的關心議題，但三場區域

會議的切入點與建議解決方案不盡相同。以友善職場的議題為例，汐止場著重的是年齡歧視的部分，希望政府與雇主可以提供適合中高齡就業者的工作項目，特別是服務業的部分，避免中高齡求職者因為年紀或外觀而在就業市場上得到不平等的待遇；新店場則強調政府的角色，認為政府可以透過補貼或減稅的方式，鼓勵企業聘用一定比例的中高齡員工；三重場的參與者則提出彈性工時，並且讓雇主認識到中高齡就業者的優點，像是認真、負責與較不在乎薪水等，提升雇主聘用意願。從以上的例子來看，當參與人數增加，不僅讓更多較為獨特的意見浮現，也讓共同關心的議題能被更完整的呈現。

從受訪者的角度來看，此次審議模式的編輯確實有助於討論的質與量的兼顧。首先，受訪者均意識到區域會議與代表會議設計意義的差異，對他們來說，區域會議強調意見的多元，代表會議則重視討論的深入。汐止場的公民代表 L6 就指出「區域會議其實就是說要集合很多中高齡的意見，那再來的代表會議就是要聚焦⋯⋯就是先有了廣泛的意見再濃縮。」就業服務處的官員 O3 也有類似的觀察，他表示：

> 區域會議就是開放性的討論，我們在職場上遇到的困難和狀況，都可以提出來⋯⋯在代表會議的部分⋯⋯就是對於在區域會議中，已經聚焦出來的議題再去做更深入的討論⋯⋯代表會議的討論確實是比較深入與精緻。

受訪者普遍以「開放」、「廣泛」、「暢所欲言」、「集思廣益」等詞彙來形容區域會議；並以「聚焦」、「針對性」、「深入」與「精緻」等詞彙來描述代表會議。換言之，主辦單位對於區域會議與代表會議的設計目的，確實為參與者所意識到，並依循這

樣的設計進行討論與互動。

其次，許多受訪者認為先有區域會議，後有代表會議的安排是有助於議題的深入討論。也是來自於汐止場的代表 L3 用鋼琴演奏比喻兩者的關係：「區域會議就像是一個初認識，就像彈鋼琴一樣有前奏，一定是有一個步驟的。」另一位汐止場的代表 L2 指出，區域會議的開放討論，讓他對於中高齡與高齡就業議題的整體狀況有更清楚的了解；並且透過貼點排序，可以知道他們所面臨的問題的優先順序，讓他在參與代表會議時，能夠針對較為急迫的問題「提出解決方案跟執行方式，我覺得討論踏實很多。」就業服務處的承辦 O1 也有類似的觀察，他表示「區域會議的討論比較沒有侷限。代表會議討論的就是區域會議所拋出的一些問題與做法，所以討論會比較聚焦……所以在代表會議產生的結論會比較具體。」

對於參與者來說，區域會議是一個的暖身階段，是為了充分的討論而做準備，代表會議則是對於經由區域會議廣泛收集的議題，在與許多專家學者、公部門代表、企業代表和團體代表對談之後，在知情的基礎上，形成具體的做法與建議。換句話說，對於本次論壇的參與者和觀察者來說，區域會議與代表會議的階段性安排是不可或缺的，對於公民審議的廣度和深度產生互補的效果，能夠涵蓋這兩個公民審議的理想。

此外，從本次論壇的討論發展中，我們可以看到議題討論的由廣到深，由簡單到複雜，使得代表們轉變他們的想法，從更為理解其他社會成員的角度來思考中高齡就業的問題。以區域會議都很關心的年齡歧視問題為例，在代表會議中，經過文字資料的提供，以及與專家的對談，公民代表對於這個議題有更全面的討論。

在區域會議中，許多參與者將自己在就業市場的挫折，直接連

結到是因為年齡歧視所導致，對於社會抱持著較為負面的態度。但是，在代表會議裡，經由更多資訊與經驗的分享，公民代表認知到年齡歧視與年齡差異的不同，他們開始正視不同年齡在體力、經驗與社會責任上的不同；相較於全然將就業市場的挫敗歸咎於年齡歧視，他們將討論轉向釐清中高齡就業者在就業市場上的優勢與劣勢。

就優勢來說，他們認為處事圓融、忠誠、不計較薪水與低流動性等，是僱用中高齡就業者的好處。但是，中高齡就業者也有其弱點，像是體力與記憶力的退步、對於新科技的不適應、工作速度慢與放不下身段等，使得中高齡就業者比較不適合擔任特定類型的工作。在年齡歧視的議題上，我們可以看到區域會議所形成的議題被進一步的討論，轉化公民代表原先對於就業市場與年輕的就業競爭者的敵對看法，試著提出說服雇主聘用他們的好處，並討論青銀合作的可能性。

除了年齡歧視以外，公民代表還對於其他區域會議所形成的議題進行更深入的討論。在職訓規劃上，公民代表對於職訓的門檻、訓練方式、訓練費用、職訓和就業市場的接軌，以及結訓後的工作媒合，都提出更為詳細的建議。在職訓與就業訊息的宣傳上，公民代表提出各種不同的宣傳方式；在中高齡就業者本身的心態上，公民代表也提醒他們在職場應該避免倚老賣老、保持學習的態度，並且在有工作時就應未雨綢繆，思考自己的生涯發展。

比較區域會議與代表會議所產出的結論形式，我們可以看到代表會議的設計更能針對議題建立完整的結論。在區域會議中，參與者僅有三個半小時左右的時間，透過討論形成共同意見，因此討論的結果是以海報呈現。這些議題或想法固然有其重要性，但是受限於時間與資料的提供，參與者僅能以百餘字在海報上寫下他們的

構想。在代表會議的階段，公民代表的結論是以意見報告書的形式呈現，由於有著充分的討論時間與資料提供，報告書以數千字的篇幅對於各項議題做更清楚的闡述。

透過審議模式的編輯，提升公民參與的質與量的成果，直接反映在對於此份意見報告書的評價中。在十頁的意見報告書中，公民代表簡明的提出十三項建議，並被外界認為報告書內容具備廣度與深度（黃秀麗，2017；新北市勞工局，2017）。當然，民眾的意見不見得是多麼的新穎或是超出專家學者與政府機關的想像太多，但是這份報告書還是指出政府機關較為忽略的問題。

受訪者 O4 就指出，這份報告有提醒到他們一些東西，「彌補一些我們沒有注意到的東西」，受訪者 O3 也提到，雖然很多結論對他來說並不意外，但是「意見報告書能夠幫助他們很確定他們目前的施政方向是符合民眾需求，民眾對於就業上的障礙與在職場上受到的歧視與不公平的討論，可以讓專家學者與政府驗證他們對於問題的想法是否正確。」換言之，民眾或許無法在報告書中提出太過神奇的結論，但是兼具廣度與深度的報告書，則較能受到政府機關的重視，進入政策制定的過程。

公民參與的量與質的提升，也反映在意見報告書所產生的影響力。過去強調討論品質的審議模式所產生的結論報告，如公民共識會議，雖然報告內容的品質不需懷疑，但是卻經常因為參與人數的有限，使得結論報告的效力僅限於政府參考之用；相反的，以往強調參與的量的討論模式，如參與式預算，雖然提出多樣的意見，卻常因為討論的不夠深入，而無法對於複雜的議題做出清晰的建議。

但是本次論壇的結論，被勞工局長官認為質量兼具，「除了受到行政程序的侷限而沒有辦法去做，不然都應該試著去完成」

（O4）；因此，這次的意見報告書沒有被束之高閣，也沒有僅限於簡單的計畫，而是由勞工局研究後，寫成說帖，向勞動署爭取經費。新北市在 2018 年 5 月成立的中高齡職場續航中心，便是部分意見報告書的產物。換言之，由於公民參與的質量兼備，本次審議論壇的結論，雖未直接轉成政策，對於政府施政仍有實質的影響力，在一定的程度上拉緊主權之鍊與縮減民主赤字。

二、其他非預期的正面影響

兼顧公民參與的質與量，是此審議論壇的組織者在進行審議模式編輯的預期目標，然而，除了讓質與量不再站在公民審議的矛盾面，這樣的審議模式編輯也帶來四個非預期的正面影響。

首先，參與者在此過程中培養出更為公共的自我認同（identity）。如同學者指出，行動者在集體決定中的如何定義自己的身分，以及與其他行動者的關係，影響集體決定的過程與方式；同樣是透過討論決定，卻會因為由不同的社會關係支撐，使得討論的動力與型態有所不同（林祐聖，2007，2012；Polletta, 2004: 16-23）。進一步來說，若審議論壇的參與者能從公共而非強調私人利益的角度定義自己的身分與和他人的關係，討論會更向共善與共識發展。

在本次的審議論壇中，本文在代表會議中發現到參與者公共認同的建立。本文發現，在代表會議中，參與者是以特定場次的區域會議的代表自居，而非僅為自身利益發聲，這樣的認同建立可以從參與者的意見表達察覺。從代表會議的自我介紹開始，所有的參與者強調他是某場區域會議的代表，在討論過程中，也不時援引他所屬區域會議的意見，作為討論的材料或是爭取資源的方向，或是

提醒其他與會者，他所代表的區域會議的需求與意見，並請大家納入考量。在撰寫與確認意見報告書時，參與者也經常提醒區域會議的意見和討論方向不可被遺忘，應該被納入最後的報告書。

受訪者 L3 就指出代表會議對於他的意義：「像來到這邊開會的時候，我就想，因為我前面參加了區域會議，所以我有一個任務、一個責任……就是我是代表我的區域，我就賦予自己有為區域會議的朋友發聲的任務。」受訪者 O3 從官方角度，認為從區域會議再到代表會議，讓公民代表認知到自己並非是以個人，而是以區域會議代表的身分參加代表會議，故能從他們所代表區域的角度進行討論；所以參與者在代表會議中的發言「很少流於個人經驗的陳述」，較能注意到他代表的區域的意見，而這樣的公共認同可能不易在單一階段的審議設計中產生。

單一階段的審議模式多半以分層隨機抽樣的方式抽選參與者，刻意地讓參與者的組成在某些重要的人口變項趨近社會的整體狀況，或是對應討論議題的特定考量，本文將此種透過抽樣所產生的代表性稱為統計代表性。[14] 對於這些透過抽樣所產生的代表，或許組織者或參與者本身在理論上可以定義參與者代表某些特定族群，但是這樣的「代表」是想像（imagination）性質的代表，參與者在實際上並沒有連結到他們所「代表」的民眾，他們在討論中的意見仍是個人想法，或是至多是他們想像的「民眾」意見。

而分階段的設計，透過區域會議形成結論，再由區域會議中

14　經常被考慮到人口變項，包括：性別、年齡、教育程度與區域等，除了這些重要的人口變項外，審議論壇的組織者還會因為議題的特殊性而設立其他的篩選標準；例如，在障礙者的論壇，障別就會是一個需要考慮的特徵，避免討論為特定障別所主導。

產生代表，則能產生實質的代表性。這些代表進入代表會議後，能
夠根據區域會議所形成的結論，在代表會議中與其他區域的代表討
論。或許代表會議的組成在某些人口變項上與社會整體分布無法全
然一致，但是公民代表所代表的人群與意見卻是非常確實。本次論
壇的設計在顧慮統計代表性的前提上，提升公民代表的實質代表
性；一方面讓所謂的公民代表到底是代表什麼樣的意見更為有所本
（即代表區域會議的討論結果），另一方面則讓參與者對於自己是
哪些人的代表有更為確定的認識，更能感到自己對於他們的責任。[15]

　　其次，提升審議結論的正當性。本次論壇形成兩階段的公民
審議，相較於單一階段的審議設計，在兩個層面上更能增加審議結
論的合法性。第一，區域會議使得代表會議更具意義，讓區域會議
的參與者知道「代表」從何而來，也讓代表會議的參與者知道自己
「代表」的對象是誰。受訪者O3就直截了當的指出「如果只有舉
辦代表會議的話，你的代表性會有問題……因為你的代表要怎麼
挑」，分為兩階段的做法，「區域會議用來凝聚在地的不同勞工或
求職者的意見，對於比較在地化的就業問題去聚焦」，而代表就是
代表這些在地的意見。因為如此，三重場的代表L5就指出區域會
議「墊高」了代表會議的正當性：「代表會議可能比較有高度啦，
因為有區域會議，代表會議的高度就會比較高。」

　　換句話說，區域會議與代表會議是相輔相成的兩個階段，兩
者的正當性和重要性其實是相互強化與拉抬。採取單一層次設計的

15　本次論壇雖然以兩階段的方式提升實質代表性，但是仍是根據有意願參加代表
　　會議的參與者中，根據區域、性別與教育程度隨機抽樣，並考量公民代表的就
　　業狀況，盡可能在參與者的組成上，對應社會的整體情況。然而，由於代表會
　　議是採自願參與，因此在統計代表性上仍有缺失，因為不願參加的區域會議參
　　與者沒有機會成為代表會議的參與者，並不符合最嚴格的隨機抽樣原則。

審議模式，可能就無法獲致這樣的效果。舉例來說，某些審議模式只提供讓參加者廣泛發聲的平臺，但卻未有後續意見收攏與深度探討的階段；而另外一些審議模式只著重在讓少數參加者有機會進行審議討論，卻未見前端的廣泛蒐羅意見。前者可能因為缺乏共同結論而意見紛雜，使得政府單位無所適從；後者則可能因為參與者的數量較少與意見較不多元，使得結論只能停留在諮詢的層次。

第三，民眾審議能力的養成。審議民主對於論理與特定討論風格的強調，經常被批判為公民審議不平等的來源；某些類型的參與者，特別是社會中的弱勢者，像是女性，可能會因為缺乏審議能力，在審議論壇中遭遇內部排除（internal exclusion）的問題。也就是說，就算他們能夠參與論壇，但是其意見表達對於討論的過程與結果沒有實質的影響力，只是論壇的橡皮圖章（林祐聖，2012：104；陳東升，2006：99；黃競涓，2008：33；Bourdieu, 1984; Ryfe, 2005: 62-65; Young, 2000: 53-57）。

本次審議論壇兩階段的設計則提供參與者熟悉公民審議的機會，以克服審議能力不平等的問題。大多數區域會議的參與者，在參與之前對於何謂審議民主與公民審議的運作邏輯可說是一頭霧水，但是經過區域會議後，他們開始了解公民審議是怎麼一回事、思考自身在這樣的論壇中該如何表現，與甚至想像代表會議的進行方式；受訪者 L6 就指出，區域會議是讓公民成員「練習」公民審議的場合。

如同學者的建議，為了讓弱勢者能夠對於討論產生實質的影響，可以先由弱勢者進行審議討論，透過這樣的過程學習該有的審議能力，之後再進入公民審議（黃競涓，2008：58）。區域會議正可作為學習審議能力的階段，在代表會議開始之前，讓公民代表熟

悉審議民主的場合。採取單一階段設計的公民審議，由於缺乏後續的安排，則較不易達成此點。

最後，創造公民審議的親近性。對於民眾來說，主動參加公民審議並不是一件容易的事，一方面要付出一定的參與成本，例如時間與金錢，二方面是由於不熟悉審議民主，不敢或不願參與；在此雙重阻力下，即便有興趣的公共事務，民眾主動報名審議論壇的意願並不高。然而，三場區域會議舉辦在新北市的三個區域，使得民眾可以就近參與，多位受訪者表示，「方便」是他們報名區域會議的主因。受訪者L6就指出，即便他很關心中高齡與高齡人口的就業問題，但如果區域會議不是就近舉辦，自己根本不會有興趣參加。受訪者L3也提到，就是因為「時間和場地對我都很方便，所以我就想去或了解看看」。

本次審議論壇對於參與模式的重新編輯，為了兼顧公民參與的質與量，選擇不同地方，召開多場次的區域會議，拉近民眾與陌生的公民審議。當民眾參加區域會議後，他們開始熟悉審議民主的運作，對於民眾來說，公民審議也就不再是如此陌生的事情。本文認為這項正面效果並非本次論壇的設計專有，若單一階段的審議模式可以依照時間與地點安排多場次的討論，同樣可以達到這個效果。

理論上，審議民主與所謂的代議民主並無絕對的差異，雖然審議民主的理論流派甚多，但是共通點在於均主張透過討論做出符合集體利益的決定（Goodin, 2008: 2）。就此來看，審議民主與代議民主存在結合的可能性，因為行政官員與民意代表也可以用審議民主的精神做出決定。因此，或有論者認為強化既有民主運作的機制，例如擴大公聽會的次數與規模，即可達到本次審議模式編輯的效果。本文認為強化公聽會的作用固然對於促進公民參與有積極作

用，例如，增加公共事務對於民眾的親近性與增加民眾發聲的機會，但是在兩個層面上，單是強化既有公聽會機制可能無法完全達到本次審議模式的成果。

第一，公聽會仍屬單一階段的參與設計，因此無法達到審議能力的訓練、公民代表實質代表性的建立、公民代表責任感的培養、議題由下到上的設定，以及對於議題的深入討論等本次論壇的效果。第二，或許更為重要，即便擴大公聽會的舉辦，如果公聽會仍是依循最小民主（minimalist democracy）的邏輯，權力仍掌握在官僚與專家手中，參與者在實質上並無影響力，平等溝通的期待也被由上到下的「教育」常民所取代。在此邏輯下，公聽會經常被批評是行禮如儀或甚至是玩假的，甚至有學者倡導將審議精神導入公聽會，讓這些公聽會的討論能夠是「玩真的」（杜文苓，2016）。

在本次的審議模式編輯中，公民審議的組織者透過不同審議模式的接合，在不影響討論的實質內容的前提上，營造一個不預設答案、廣泛收集意見、深入討論與形成共同意見的公共領域；相較於例行性的公聽會來說，本次審議模式的編輯更能帶來「玩真的」的公民參與。

柒、討　論

受到基因編輯的啟發，本文提出審議模式編輯的概念，將此概念定義為「根據特定目的，審議組織者重新排列與組合既有審議模式的各項程序、審議技術與工具，並在重構的過程中，採取合適

的聯繫措施讓程序與技術的重構能夠穩定運作的策略性行動」。

在「中高齡與高齡人口就業議題公民審議」論壇的案例中，計畫團隊為了解決既有審議模式無法兼顧討論的質與量的問題，以公民共識會議與參與式預算為材料進行審議模式的編輯；擷取參與式預算中的公民大會，將其放置在論壇的前期，擴大參與的規模，另外擷取公民共識會議放置於論壇的後期，強化討論的品質。而主辦單位為了讓這樣的重組可以運作，不僅對於公民大會與公民共識會議的細節有所修正，也採取多樣的聯繫措施，如針線活般的將兩者細密的縫製在一起，讓本次審議論壇能夠順利運作。本節將針對審議模式編輯的概念對於公民審議組織者的意義，以及審議模式編輯的限制進行討論。

對於公民審議的組織者來說，審議模式編輯意味著組織者從既有的模式框架中被解放出來的可能，代表與既有審議模式的斷裂。與審議模式的修正不同，修正代表著讓既有審議模式運作的更好，例如，公民共識會議在臺灣的運作中，就經過幾次的修正，而修正的目的是讓公民共識會議的原有目標，也就是具有深度的討論更能被達成。編輯則代表更劇烈的改變，而其目標並非強化原有的審議模式，而是滿足組織者所設定的目標。

審議模式編輯指出創新的可能性與來源，「創新」是一個具正面意義的詞彙，不僅意味著與過去的斷裂，也代表著具有更好的結果。在社會運動的研究中，McAdam（1983：740-741）指出，社會運動的創新並非是發明新的抗議策略或工具，而是將既有的抗議策略與工具重新組合與使用，達到創新的效果。同樣的，審議模式的創新並非是去歷史與天馬行空的，透過審議模式的重新編輯，公民審議的組織者可以在前人的經驗之上，利用既有成熟的審議模

式提出創新的審議模式；組織者不僅可以依照他的目的，編輯出適合的參與模式，而即便是面對相同的困難，審議模式編輯所具備的開放性，讓不同的組織者可以利用不同的編輯材料與修改方式，以不同的編輯結果加以因應。

然而，固然審議模式編輯的概念對於公民審議的進行有正面的意義，本文在此仍要提醒審議模式編輯所冒的風險，如同科學家提醒，基因編輯的結果是不可逆的，一旦編輯有誤，會造成無可挽回的人體傷害。同樣的，錯誤的審議模式編輯，不僅會讓單次的公民審議遭遇挫敗，更可能引發大眾對於公民審議是否可行的疑義。

例如，如果某一組織者想將電子民主（e-democracy）用於偏鄉的審議論壇，由於偏鄉的網路資源不足以及老年人對於科技的不適應，數位落差（digital divide）的問題就會被放大，反而讓審議論壇運作困難（Liu, 2005）；或是組織者採取如本次論壇兩階段的設計，卻另行招募代表會議的參與者，而非從區域會議的參與者中產生，很可能會造成代表會議的參與者，不願討論由區域會議所設定的議題。

至於如何提升審議模式編輯奏效的機會，本文認為審議組織者的編輯能力與其擁有的資源是兩個重要因素。在編輯能力的部分，也就是組織者是否有能夠將不同的程序、工具與技術重組與串連的能力，如果缺乏這樣的能力，編輯的運作結果可能會造成反效果。由於新的編輯結果無法藉由過往的操作經驗與結果來驗證，預先評估審議模式編輯是否有效並不容易；因此組織者只能以想像的方式，判斷編輯的運作結果，而編輯能力便影響組織者預想編輯結果運作的正確性。

編輯能力首先來自於組織者應對於作為編輯材料的審議模式

有所理解，才能適當地編輯可以運用的審議模式；換言之，組織者可以採取建構效度（construct validity）的概念，從理論上預想編輯的結果是否可行。例如，在本次審議論壇的重新編輯中，計畫執行團隊根據巴西參與式預算分層運作（Wampler, 2009）的成功例子，論證分層的公民審議是可行，並選擇主辦單位熟稔，同時在臺灣有成功操作經驗的公民共識會議與參與式預算作為編輯的材料，增加編輯結果的可行性。

第二個來源是組織者的實務經驗，如果組織者缺乏實務經驗，將難以想像不同的審議安排會引發參與者什麼樣的反應、在運作上是否可行、是否會造成討論的不平等與動機的下降，或是結論的難以形成等等。雖然審議模式編輯的結果沒有完全一致的前例可循，但是對照理論與經驗，可以幫助組織者做最完整的預想，增加審議模式編輯的成功可能性。

審議組織者所擁有的資源，包括物力與人力，也會影響審議模式編輯是否成功。如果編輯能力影響組織者對於審議模式編輯結果的想像，組織者所能動員的資源則限制了這個想像在現實世界的實現程度。以本次論壇的編輯而言，固然組織者預想可以透過多場的區域會議與單一場次的代表會議的組合，達到審議的量與質的兼備，但有限的經費卻限制這個編輯結果的效用；如果要增加參與的量，勢必要舉辦更多場的區域會議，甚至在區域會議與代表會議之間再加上中層的會議階段，讓區域會議的結論能夠被充分討論。

然而，本次論壇的經費僅有新臺幣一百五十萬餘元，不可能支持這樣的規模。因此，組織者只好折衷選擇三個分布於新北市不同方位的行政區，讓周邊有興趣的民眾可以就近參加，降低民眾的參與成本。折衷的代價就是本次的審議模式編輯無法以最理想的方

式進行，可以想像的是，如果經費更低，甚至可能讓審議模式的編輯結果完全無法操作。

　　除了物力以外，人力也會對於審議模式的編輯產生影響，雖然本次論壇沒有遇到人力的問題，但是我們可以想像，若組織者無法動員足夠數量的審議主持人，區域會議的數量與時間必定因此需要調整，或是審議主持人缺乏能力，也可能讓區域會議與代表會議的目的無法達成。

　　要成就一次成功的公民審議，單是依賴審議模式的編輯是不夠的，行動者如何執行編輯的結果是另一個重要的因素。在公民審議的架構下，主持人的角色顯得特別重要，他們的主持風格與技藝對於審議的進行與結果有著重大的影響（Mansbridge et al., 2006）。雖然在本文的案例中，計畫執行團隊主要考慮的是對於公民共識會議與參與式預算的編輯，並未對於改變或引進不同的主持方式、原則與主持道具，本文因此並未對於主持人的技藝作為一種編輯材料多加著墨，若未來出現適合的案例，可以將此納入審議模式編輯的分析中。

　　然而，本文認為之於主持人的表現，審議模式的編輯對於公民審議的運作具有獨立與前端的影響：之所以是獨立的，是因為即便是一個熟悉審議的主持人，在設計不恰當的模式中也無法力挽狂瀾，改變因為設計不良所造成的問題；之所以是前端的，是因為在編輯之後，即使審議主持具有通用性的原則與技巧，公民審議的組織者勢必需要依照編輯結果所需，重新訓練主持人或提醒主持人相關的事項。換言之，好的主持人很難拯救不適當的審議模式編輯，但是審議模式編輯卻可以在操作編輯結果前，培訓編輯結果所需的主持人。

捌、結　論

　　「中高齡與高齡人口就業議題公民審議」論壇是一項對於既有審議模式進行編輯的產物，特別是強調參與品質的公民共識會議與注重參與數量的參與式預算，將論壇區分為區域會議和代表會議兩個階段。區域會議仿造參與式預算公民大會的運作，不僅以多場次與涵蓋不同區域的方式，增加參與者的數量，以及意見的多樣性，並且以公民大會的投票策略與技術，界定參與者認為最重要的就業議題。代表會議則仿效公民共識會議的原理，從區域大會有意願的參與者中，抽選二十位代表，並就區域會議所形成的重要問題進行深度討論，凝聚共識，寫成意見報告書。

　　從現場的觀察、後續的訪談與意見報告的實質影響力來看，本次審議論壇確實在很大的程度上兼顧討論的質與量，達到重新編輯的預期目的。除了預期目的以外，本文也發現這樣的審議模式編輯，帶來其他有利於公民審議的非預期正面效果。換句話說，本次的審議論壇不僅兼顧原本矛盾的參與的質與量，讓魚與熊掌可以兼得之外，還對於論壇帶來的額外助益。

　　除了參與的質與量，審議論壇的組織者可以透過審議模式編輯，解決其他長久以來的困擾，像是組織資源不足（如何用有限的資源操作有品質的審議）、議題選擇（如何找出社會關心的議題）與參與者的關係（不同背景的參與者如何對於同一議題進行討論）等。

　　審議模式編輯讓審議組織者產生新的思考方向，能夠以新的方

式來應對公民審議長久面對的問題。以參與的質與量的問題來說，若組織者對於公民審議的想像依然在既有的審議模式打轉，即便是增加更多的資源，增加的資源很可能就是被組織者用來讓既有的模式運作的更完善；換句話說，我們可能會看到更多講者與更多閱讀資料的公民共識會議，或是更多方案預算與更多參與民眾的參與式預算。在此情況下，質與量的兩難問題依然存在，只有在組織者從既有對於審議模式的想像被解放出來，重新編輯這兩種模式時，資源的增加才可能透過新模式的運作來解決質與量的兩難。

審議民主的推動，經常遭遇知易行難的問題，我們清楚地知道讓民眾透過討論，參與政策的制定有其重要性，但是我們也了解有效的討論不允許過多的參與者加入。本文提出審議模式編輯的概念，把過去經常被忽略的審議組織者的角色帶回來，並以「中高齡與高齡人口就業議題公民審議」論壇為例，說明公民審議的組織者，可以透過審議模式的重新組合，兼顧公民審議的質與量這兩個互為代價的面向，讓魚與熊掌可以兼得。

本文無意在此誇大審議模式編輯的神奇效果，組織者的編輯能力及其可資動員的資源，都限制了審議模式編輯的運作結果。但是，「中高齡與高齡人口就業議題公民審議」論壇的案例顯示，當組織者對於公民審議的理論與實作有充分的認識，加上獲得適當的資源挹注時，確實可能透過審議模式的編輯，達到創新的效果，增加審議民主在現實政治運作中的可行性與影響力。

然而，在指出審議模式編輯所帶來的可能性時，本文仍對於此審議論壇的編輯成功經驗，是否能夠被類推至其他審議計畫保持警覺；例如，本次論壇是讓民眾對於政府施政提供共同意見為主軸，並不要求參與者對於特定爭議做出決定或甚至是共識，使得討論的

爭議性較低。若用本次論壇的設計討論爭議性較高的零和議題,例如一例一休或是同志婚姻,是否能產生同樣的效果,仍需要更多的考量。[16]

　　因此,本文認為我們需要更多對於審議模式編輯的實證研究,研究的重點不僅是評估編輯的結果與成效或是新模式的建立,更重要的是,這些研究可以讓我們了解哪些因素影響審議模式編輯,並從中歸納出在編輯審議模式時所應注意的共通原理與原則。

16　本文猜測,討論一例一休或同志婚姻此類較為複雜的議題時,需要在區域會議就提供充分的資訊,因此會使得區域會議的時間拉長,而拉長的代價就是民眾參與動機的下降;又或者此類議題有更多立場堅定的專家學者與團體代表關切,如何讓一般民眾與他們一同討論,或甚至是形成共同結論,可能非本次論壇的模式可以處理。

參考文獻

林祐聖，2007，〈我們沒有臺上臺下之分——代理孕母公民共識會議中的專家與常民關係〉，《臺灣民主季刊》，4(3): 1-31。

林祐聖，2012，〈公共審議中討論風格的建構：社會關係與社會技能的影響〉，《臺灣社會學刊》，51: 63-114。

林祐聖、葉欣怡，2018，〈弱勢者在公民參與中的美麗與哀愁：以三峽身心障礙者就業促進參與式預算試辦計畫為例〉，《社區發展季刊》，161: 187-97。

林國明，2007，〈審議民主的多元模式〉，《臺灣民主季刊》，4(3): 191-95。

林國明，2008，〈審議民主公民參與模式〉，行政院研考會（編），《行政民主之實踐：全國型議題審議民主公民參與操作手冊》，臺北：行政院研考會，頁 19-40。

林國明、陳東升、葉欣怡、陳文學、邱毓斌、林祐聖，2017，《公民參詳的 21 道習題：文化部 105-106 年輔導公所推動審議社造專輯》，臺北：文化部。

林國明、林祐聖、葉欣怡，2005，《審議式民主公民會議操作手冊》，臺北：行政院青年輔導委員會。

林國明、陳東升，2003，〈公民會議與審議民主：全民健保的公民參與經驗〉，《台灣社會學》，6: 61-118。

杜文苓，2016，〈核災區食品進口，我們要讓「公聽會」玩真的〉，端傳媒，https://theinitium.com/article/20161217-opinion-taiwan/，2017/6/20。

陳東升，2006，〈審議民主的限制——臺灣公民會議的經驗〉，《臺灣民主季刊》，3(1): 77-104。

新北市勞工局，2017，〈新北中高齡就業公民審議，提出 13 共識，建言勞工局〉，《勞工勁報》，96: 6。

黃秀麗，2017，〈中高齡就業公民審議，勞工局四面向助續航〉，自立晚報，https://ppt.cc/fGhDGx，2018/6/15。

黃東益，2000，〈審慎思辨的民調──研究方法的探討與可行性的評估〉，《民意研究季刊》，211: 123-43。

黃競涓，2008，〈女性主義對審議式民主之支持與批判〉，《臺灣民主季刊》，5(3):33-69。

黃信豪，2012，〈批判性公民與民主赤字〉，《臺灣民主季刊》，9(3): 157-64。

葉欣怡、林祐聖，2017，〈參與式預算的臺灣實踐經驗：以三峽區的身心障礙者就業促進方案試辦計畫為例〉，《民主與治理》，4(1): 69-95。

葉冠妤，2018，〈新北首創「中高齡者職場續航中心」助中高齡工作更給力〉，自由時報，http://news.ltn.com.tw/news/life/breakingnews/2423048，2018/6/15。

葛祐豪，2016，〈高市參與式預算投票率 3.03％不輸芝加哥〉，自由時報，http://news.ltn.com.tw/news/politics/breakingnews/1870939，2018/6/15。

鄧宗業、吳嘉苓，2004，〈法人論壇──新興民主國家的公民參與模式〉，《臺灣民主季刊》，1(4): 35-56。

蘇彩足，2017，〈公部門推動參與式預算之經驗與省思〉，《文官制度季刊》，9(2): 1-22。

萬毓澤，2015，〈巴西愉港的參與式預算：神話與現實〉，鄭麗君（編），《參與式預算：咱的預算，咱來決定》，臺北：財團法人青平臺基金會，頁 29-74。

基因線上，2018，〈首例基因編輯嬰兒中國誕生？科學界對此強烈譴責！〉，基因線上，https://geneonline.news/index.php/2018/11/27/china-first-gene-edited-babies-were-born/，2019/1/4。

Baiocchi, G., P. Heller, and M. Silva. 2011. *Bootstrapping Democracy: Transforming Local Governance and Civil Society in Brazil.*

Stanford: Stanford University Press.

Bourdieu, P. 1984. *Distinction: A Social Critique of the Judgement of Taste by Pierre Bourdieu.* Cambridge: Harvard University Press.

Fischer, F. 2005. *Citizens, Experts, and the Environment: The Politics of Local Knowledge.* Durham: Duke University Press.

Gastill, J. and P. Levine. 2005. *The Deliberative Democracy Handbook: Strategies for Effective Civic Engagement in the Twenty-First Century.* San Francisco: Jossey-Bass Press.

Gilman, H. R. 2016. *Democracy Reinvented.* Cambridge: Harvard University Press.

Goodin, R. E. 2008. *Innovating Democracy.* Oxford: Oxford University Press.

Gutmann, A. and D. Thompson. 2004. *Why Deliberative Democracy?* Princeton: Princeton University Press.

Habermas, J. 1998. *The Inclusion of the Other.* Cambridge: The MIT Press.

Jasanoff, S., J. B. Hurlbut, and K. Saha. 2015. "CRISPR Democracy: Gene Editing and the Need for Inclusive Deliberation." *Issues in Science and Technology* 9(1): 1-10.

Liu, Cheng-shan. 2005. "A High-tech Illusion or a Solution? American Political Scientists' Perspective on E-democracy." *Journal of Cyber Culture and Information Society* 9: 205-32

Mansbridge, J., J. Hartz-Karp, M. Amengual, and J. Castil. 2006. "Norms of Deliberation: An Inductive Study." *Journal of Public Deliberation* 2(1): Article 7. in https://www.publicdeliberation.net/jpd/vol2/iss1/art7. Latest update 2 March 2017.

McAdam, D. 1982. *Political Process and the Development of Black Insurgency, 1930-1970.* Chicago: The University of Chicago Press.

McAdam, D. 1983. "Tactical Innovation and the Path of Insurgency." *American Journal of Sociology* 48(6): 735-54.

Nuffiled council of bioethics. 2016. *Genome Editing*. London: Nuffiled council of bioethics.

Perrin, A. J. 2014. *American Democracy: From Tocqueville to Town Halls to Twitter*. Boston: Polity Press.

Polletta, F. 2004. *Freedom is an Endless Meeting: Democracy in American Social Movements*. Chicago: The University of Chicago Press.

Rowe, G. and L. J. Frewer. 2000. "Public Participation Methods: A Framework for Evaluation." *Science, Technology, & Human Values* 25(1):3-29.

Ryfe, D. M. 2005. "Does Deliberative Democracy Work?" *Annual Reviews of Political Science* 8: 49-71.

Shapiro, I. 2003. *The State of Democratic Theory*. Princeton: Princeton University Press.

Wampler, B. 2009. *Participatory Budgeting in Brazil: Contestation, Cooperation, and Accountability*. Philadelphia: Pennsylvania State University Press.

Wampler, B. 2012. "Participatory Budgeting: Core Principles and Key Impacts." *Journal of Public Deliberation* 8(2): Article 12. in https://www.publicdeliberation.net/jpd/vol8/iss2/art12. Latest update 2 March 2017.

Young, I. M. 2000. *Inclusion and Democracy*. New York: Oxford University Press.

Chapter 05

社群媒體上的勞工行動主義Ⅰ

臺灣鐵路勞工的 Facebook 與 LINE 效益觀初探 *

康世昊

虎尾科技大學通識教育中心

| 摘　要 |

　　在臺灣民主化發展及公民社會組織成長的過程裡，工會組織及勞工運動團體屢屢展現出其在群眾行動規模、抗爭手法創新及領導者魅力上的特點。這與傳統社會運動依賴「領導權」（leadership）、「階級團結」（class solidarity）以及「抗爭技巧」（campaign skill）的要求相關。然而晚近網路與社會運動結合出現的快速動員

* 　本章與第六章文為科技部支持之兩年期專題研究計畫 [科技部計畫編號:106-2420-H-150-001-MY2]：網路崛起的社會運動對臺灣的影響——從行政、立法、司法、政黨、公民社會及地方政府探析 -（子計畫六）網路崛起的社會運動對臺灣的影響：勞工——社群媒體應用對勞工組織的影響之成果。計畫預計以三個運輸產業相關的工會為研究對象，研究內容主要依據對鐵路勞工的工會組織進行訪談調查所搜集的資料分析而成。本文的撰寫要感謝受訪的鐵路運輸業工會幹部的熱心協助，讓訪談順利進行。同時還要感謝助理吳佳穎的訪談資料彙整，讓作者專注於思考與分析。需要特別聲明，對於訪談資料的整理與呈現結果，由研究者本人負全責。

力，讓發展中的公民意識結合網際網路科技的應用與傳播，受到極大注目。尤其是對比 2014 年太陽花運動能夠在網路上迅速轉化為大規模的群眾聚集，標誌出臺灣某種程度上成功發展出另類的社會動員型態。

近幾年在臺灣的大規模社會抗議行動中，勞工抗爭的動員模式相形之下變異不大。一方面，臺灣工會組織面對「多對多」的網路社群媒體選擇的是有限的應用。除了傳統究責工會組織幹部能力素質（個人與團體的）等角度，更值得探究的是，透過社群媒體召喚的動員，是否侷限某些特定條件；而這樣的模式在目前臺灣工會沿襲的組織特性上，只具有強化訊息傳達的功能，被重視的是確認工會會員對工會活動的認同度，而不是擴大社群參與者的公共性（publicness）。

透過對鐵路工會幹部的訪談，這裡首先是了解鐵路工人在社群媒體上的使用慣習和特性；其次是提出這些特性或選擇與舊有工會資源、傳統的勞動場域社會網絡的關聯性，去指出網際網路的對話機制是否與工會的選擇相呼應；最後，透過對網路行動主義（net-activism）與公共性的連結，去總結鐵路工人在通訊科技工具上的行動主義是否與網路公民行動相呼應。更進一步的分析，還希望指向組織者、會員和社會支持的互動上可能產生的慣習改變。此一改變是否巨大到挑戰未來社會動員的主流，以致工會組織必須相應轉型以維持其代表性，正是此一研究可呈現的具體貢獻。

關鍵詞：臺鐵、工會、Facebook、LINE、鐵路電話、網路行動主義、公共性

壹、網路興起的社會運動

自網際網路上線以來，資訊傳播科技（ICTs）與應用上的創新，對於文明社會中各類訊息的傳播持續產生革命性的影響：這當中既包含了社會關係乃至政治秩序的形塑與運作，自然也影響到社會運動的崛起與發展（鄭陸霖、林鶴玲，2001；Hodkinson, 2001）。近十年來的許多研究者都著重於發現人們應用網路和社群媒體（social media）的傳播、對話與組織角色，對政治或社會議題表達意見，甚至發起社會運動；更重要的是，此一現象不僅限於一地，而是在全球許多國家，包括在臺灣，視為現下公民發聲，且不論是保守或進步陣營都已習得，改變政治的一種既有型態（褚瑞婷，2014；劉時君、蘇蘅，2017；Carty, 2015; Shirky, 2009）。

著名美國學者 Castells 在早前提出各種社會運動的新形式間儘管也有著各種不同，但都共同因為網際網路與數位傳輸造就的匿名通訊網絡（autonomous communication networks）的進展，而得到與過往歷史變遷不同的驅動力（2012）。尤其自 2010 年起始的阿拉伯之春，乃至後續的烏克蘭獨立廣場運動（2013/11/21-2014/02/28），再到 2014 年太陽花運動（2014/03/18-04/10）的巨大動員能量，都被認為是網際網路的串聯與訊息生產功能，促成個人力量的活化，賦予網路社群媒體成為社會集體動員的新「造王者」（張錦華，2014：32-43）。在訊息大量數位化傳輸的當下，世界幾個主要的社群媒體平臺經營商更能突破國家疆界，於是社群媒體上生產的訊息被提供很大的空間，不受限制地跨時、跨界流動（Gerbaudo,

2012）。

其次，網路通訊軟體或社群媒體的功能，讓各種幫助訊息接收者能有宛如親身體驗的影像或圖片能夠方便製作與散播，這樣的體驗感讓接受者對政府行政或政策的不滿能夠更容易傳播，甚至強化（蘇鵬元，2012）。最重要的是，隨著網際網路的普及與便利，讓更多個人都能即時將各種不滿的訊息傳播到其他個別人手中，這是過往的傳播方式所不及的。於是傳統的集體行為理論者所稱的抗議行動產生的必備條件 —— 導火線／事件（precipitating factor / insident）（Smelser, 1962: 16-17），在晚近的網絡化社運（networked movement）（鄭宇君、陳百齡，2016：117-150；Castells, 2007）就能夠在較短的時間內、更廣的範圍上，以更容易召喚的條件吸引眾人的目光。

一、網路行動主義興起

與此特性相對應的是，在這樣的「網路表態，驅向行動」的社會場域裡，參與者的上下互動模式似乎出現扁平化發展的基因。相較於過去，抗議行動領導者的魅力、特質或詮釋力，對於引領社會抗議運動的重要性似乎不再那麼突出。[1]更值得注意的是，經典的社運理論曾指出「社會運動都是召募一群彼此認識的人，在一個

1　例如，2013 年 7 月初陸軍下士洪仲丘受虐死亡事件發生後引發的白衫軍抗議行動，就是號稱有別於臺灣過去國內社會運動組織動員模式，是一場由鄉民網路串聯發起的新型態公民行動動員，充分表現出國內學者陳順孝所稱「無組織的組織」。負責號召參與的領導組織「公民 1985 行動聯盟」，是由包含醫師柳林瑋等三十九位互不相識、各行各業的網友發起的公民團體，一般來說民眾至今對於該團體是否有領袖印象並不深。

既有的社會情境中發生，而且是透過現存的管道傳播的」（何明修，2005：93）。當前述所提及的傳播管道、社會情境、人的網絡關係進入了重要變遷，網路科技下的新型態，自然連帶挑戰到傳統社會運動理論的分析途徑與典範。

例如，過去美麗島時代的抗議運動，人們依賴閱讀黨外雜誌上的文字與訊息，或是現場聆聽黨外演講；在閱讀與聆聽的過程中，逐漸成為潛在的抗議事件參與者。在那樣的時代裡，抗議事件或者社會運動潛在的被動員者依賴管道（access）的建立，依賴（容易受統治者控制的）傳統紙本媒體的報導。封鎖出版品的流出遂成為在過往的歷史變遷中，包括民主化前的臺灣，當權者壓制反對運動形成的必要手段（林清芬，2005：253-325；曾明財，2015）。那麼，網路社群媒體盛行下所帶來的社會轉型，是在何種程度上作用於臺灣的社會運動，改造成與上述命題越離越遠？

就前述幾個最為人知的網路社會運動來看，網路與行動通訊科技的確為世界各地，特別是社會運動受到政府打壓的地區提供了「參與公眾事務的重要介面及平臺，這種以崛起中的網民、部落格作家、手機用戶、甚至是利益分殊的企業家為重要參與公共事務的現象，意味著民間社會逐漸侵蝕、甚至漸漸取得原先『完全』由（中央）政府設定議題的能力」；其意義是明確地宣告「普通公民亦得以在科技工具的藉助下，建構屬於民間社會的議程與聲音（話語權）」（洪敬富、陳柏奇，2010：1-38）。的確，即便傳統的社會運動組織也不能不注意到網路科技正帶來的改變（科技濃湯，2014）。

在網路科技的應用還是初試啼聲之時，有一派觀察者樂觀預估網路科技正足以擴大勞工對外傳播，無論是從傳統的工具組織途徑（organisational-instrumental approach）和社會連帶途徑（solidaristic

approach）的角度觀之，快速便宜的網際網路使得傳播能夠更快更便宜又觸及更廣（further-reaching），提供新的機會給工會改善組織效率和動員能量，甚至有利於進一步擴大為網路國際主義（net-internationalism）（Hodkinson, 2001）。相較於臺灣工會，國際上較為活躍的運輸業工會組織和工會幹部也有不少正積極利用各式社群媒體，諸如 Facebook（臉書），Twitter（推特）以及 YouTube 等以吸引勞工／會員關注工會活動。[2]

根據跨國網路勞工組織 LabourStart 在 2012 針對英、美、加、紐、澳、愛爾蘭、法、比工會成員的調查資料顯示，e-mail 仍是很強的工會訊息傳播工具，特別是對於有固定發行「工會會訊」（union newsletter）的勞工組織。不僅如此，根據同一份調查，在 2012 年時（英語系國家）受訪者當中已有 90% 表示其工會有 Facebook 頁面，42% 表示工會有 Twitter 帳號，另外相對較弱的是使用 YouTube 約占 25%，且預估比例還會持續上升（2013 年 Facebook 使用上升為 91.7%，Twitter 使用成長到 51.6%，YouTube 為 28.8%）（LabourStart, 2013）。看來，工會運動與網路科技的結合在國際視野上已相當明確（Hodder & Houghton, 2015）。

然而，當我們肯認「網路科技的進展已打造出讓社群媒體更利於匯集成公民力量將成為常態」，許多經驗卻是從已發生過的合宜個案（filtterd cases）累積起來，傳統上能進行大規模動員的社會運動組織，對於網路通訊科技的調整因哪些因素而成功，需要哪些特定的條件，更待研究者同步去確認。上述 LabourStart 的調查只能

2　例如，英國的鐵路、海運及運輸工人工會（RMT）有專屬的 Facebook、YouTube 頻道和 Twitter。但幾乎都是用作工會公眾宣傳用途，而不是用作會員的訊息接受平臺。參考該會網站 www.rmt.org.uk/home/。

顯示工會使用社群媒體的比例，工會的具體操作慣習則無以得知。相對的，部分實務型的研究分析也注意到，工會組織對於接受新科技的使用是比較遲疑，甚至因而相對緩慢，畢竟心態上仍多有保留。前述說法來自美國工會人士的發現：相對於政治活躍人士善於結合社群媒體和取得的資料，去擴大候選人或選舉議題，工會組織者更傾向做好傳統的基層會員訪視，就足以掌握基層勞工的支持。[3]

二、網路公民行動的意涵

與上述操作慣習問題相承接的另一個問題是，社群媒體在工會組織動員創造哪些新價值？它是否代表傳統社會運動元素的翻轉？再換個角度說，網路科技進展和應用，是否確實協助行動主體擁抱或發展「公民意識」，而能應證 Castells 提出的社會運動新型態。最重要的是去了解網路公民行動背後是一種什麼樣態的社會網絡運作，而社群媒體外的社會網絡又如何與這樣的社會網絡套疊，會有哪樣的交互影響（Naím, 2014）？換句話說，這些網路科技應用型態是否有值得確認的差別──例如，是本文裡我稱之為「外向型網路行動主義」（outward internet activism）的那種，突破過去的既定團體成員、特定脈絡的社運模式；還是新型態社群媒體應用，只是既有工會組織動員模式下更有效單向傳達的工具性資源。[4]

3　原文這樣說到："the traditional labour movement has been a late adopter of most of these technologies, if they have adopted them at all"（Sipp, 2016）。

4　例如，美國前總統歐巴馬在 2008 年的選戰經營上，就利用 Facebook 去找出既有支持者的人際網絡，以及製造讓原支持者可以較易轉發的發文，藉以進一步擴大開發支持者或捐款者的來源。其目的就是擴大支持者。類似的網路動員型態還涵蓋積極利用 Twitter 和 Facebook 這些網路社群平臺的某些特定功能，發展出集體行動的潛力，諸如「標籤行動主義」（hashtag

　　陳順孝認為網路社群媒體的出現對社會變遷的影響層面是，公民使用網路科技，開創一個與過往不同的「公民傳播體系」。在網路催生的一系列新興傳播工具下，公民自此從被動接收大眾媒體訊息的閱聽人，轉而成為一面收訊，一面傳訊的創用者（prosumer）（陳順孝，2015：61；Tapscott & Williams, 2007）。[5] 更進一步地看社群媒體的意義，它在聯繫社會抗爭議題上具有以下三個主要功能：

1. 眾人參與的傳播：話題的導入，評論，可以直接表達也可以看到別人的表達。又或可以「線上公眾的即時參與」稱之（鄭宇君、陳百齡，2016：122）。

2. 跨地連結的動員：即使不在同一個場域下對話，仍具有召喚與說服的功能。

3. 即時互動的情緒：即時透過各種軟體操作的選項，可以表達對事件的感受程度或認同與否（陳順孝，2009）。

　　這樣的社會運動所面臨的新條件或說是網路崛起的社會運動的行動主體：網路公民，一如陳順孝所言，是在歷史事件的教育下得以演化而來，也進一步將行動集結的模式具象為「無組織的組織」。尤其是「網路公民」如何定義其公民意識在網路，特別是在社群媒體上的實踐？這個命題是否還涵蓋了一個時序上的前提：必須先「具備」公民意識，網路公民行動「才」得以開展（當然這裡並非指限進展一定是線性式，而是當我們進行詮釋時，如何區別行

---

activism）和「懶人行動主義」（slacktivism），因此就有別於傳統的勞工組織或代表發聲模式，去擴大運動的公眾觸及性。部分美國和英國工會組織也早已開始利用「標誌」去吸引公眾對所倡議議題的注意，例如 #fightfor15, #caringacrossgenerations and #ourwalmart 等，英國工會則有 #zerohours 行動。

5　陳順孝這裡借用 Tapscott & Williams（2007）提出的 producer 和 consumer 的縮合，進化為 prosumer 的概念。

動主體的公民性）？

　　社運研究當然也認識到網路公民行動的限制。首先，像太陽花這樣被注意到的盛大網路公民行動，其實是核心組織、積極公民和即興鄉民三個因素相加乘的力量。也就是說，那些已成就的網路社會運動其實是以網路為平臺的三股力量的總和。然而另一方面，網路公民行動普遍要面對網民（積極但即興的網路鄉民）不夠穩定、組織不夠扎實以及參與不夠徹底的問題（陳順孝，2015：76）。尤其一個弔詭的問題是，有了前三項因素的肯定後，所謂「網路公民行動」還有多少與傳統社運動員模式不同的特別性質呢？

　　開啟本研究的動機之一也因此浮現：目前臺灣學界關於網路社會文化對社會運動影響的文獻研究中，多集中在政治議題抗爭（野草莓以至最著名的太陽花反服貿抗爭）或其他的社會運動抗爭個案（例如 2012 年士林文林苑都更抗爭），從中也整理出許多網路公民行動的實例（陳蔚承，2012；陳佳君，2015）。但是傳統社會運動中最具組織性的勞工運動反而較少受到研究關注。然而像太陽花運動這樣的網路公民社群行動，在勞工運動這樣重視基層組織的社運領域中會如何發展？尤其是，臺灣本地勞工運動與其他社會運動最大的差別是，臺灣的工會廠場意識支撐的是工會在工作場所的代表機制。那麼工作場所代表機制的運作和社群媒體上的互動公民，這兩個各自體現的領域如何互涉？

　　另一方面，這些文獻關注到的是從傳統到最新的社會運動所使用的傳播工具的轉換，對於行動主體的觀察上雖注意到領導權的轉換，但沒有能注意到組織與組織幹部身上所反映的科技應用選擇，是否符合前述網路社群媒體所涵養的公民行動。換句話說，網路科技的應用工具發展，是否遮蓋了我們從了解行動主體的社會關

係，來反射網路社群媒體的成就與侷限。

網路社群媒體作為網路時代的一個時髦的技術物，並不是這樣直接就產生作用，我們對網路社群的理解可以關注使用者對自身使用慣習的詮釋。網路行動主義在傳統社運裡最重視組織的勞工運動的發展較少被關注。工會的反應可能包含以下幾種，甚至混合：首先，工會人士並不反對使用新的溝通工具，但會質疑為何不單純利用網路社群媒體來強化與年輕工會會員的接觸、對話和不斷接觸為主要工作，卻還要投入金錢去利用網絡社群的資料來進行分析和拓展。其次，在工會努力投入網路行動主義（net-activism）之際，能夠期待到什麼程度？在何種程度上工會在社群媒體上能展現社會動員與對話的轉型？最後，臺灣的工會組織對於接受網路科技，用以輔助行動動員和會員互動，其懷疑論（sceptical acceptance）的背景為何？

三、社群媒體上的勞勞對話

本文主要關注社群媒體平臺在工會組織個案中的使用情況，特別著重的是 Facebook 與 LINE 這兩種訊息互相傳遞的工具。Facebook 是 2006 年正式對外開放申請的線上社交網路服務軟體，除了書寫張貼即時文字訊息之外，使用者可傳送圖片、影片、貼圖給其他使用者；後來也可以傳送其他檔案類型，甚至聲音媒體訊息等，另外也能透過整合的地圖功能分享使用者的所在位置。尤其是 Facebook 的轉貼與轉發功能相當簡易，社會新聞事件很容易在 Facebook 使用者之間即時分享，進而在短時間內引發大量關注。

相對於 Facebook 的原始設定對象是電腦使用者，2011 年開始

正式釋出的 LINE 是一種相對簡單又封閉的群組型態即時通訊軟體，便利使用者在智慧型手機上應用。LINE 的設計使得貼文通常必須很簡短，而沒有加入的人也無從利用網路搜尋引擎得知訊息。因此儘管可以某種程度的透過轉貼而使得外人得知訊息，LINE 還是普遍被認為有較高的群組封閉性。至於 Instagram 和國外的政治人物以及社會運動組織常利用的推特（Twitter）或是影音串流頻道 YouTube，目前在臺灣的社會運動應用上並不普遍，本研究遂選擇略過不提。[6]

　　研究對象因此選取臺鐵與高鐵勞工等，兩種身分皆受僱於正式立案的運輸部門企業，訪視其工會組織，從工會與會員背景等不同變項，進而探索工會對社群媒體應用及網路再組織化的對應關係。首先，工會幹部對於新興網路科技在與會員互動程度上的認知、應用與經營；其次，工會會員間的橫向聯繫與社群媒體應用。臺灣勞工運動或自救會組織，在網路的應用上因企業體的工作條件特性而有社群網路動員上的差異性，是故網際網路平臺動員上假設的公民意識的個體主動性，與工會動員網絡的結合效果可進一步分析。研究最後階段希望能分析工會運動在現階段臺灣公民政治發展上提出

6　Twitter 在臺灣為人所知除了具備英文能力的追星族已熟悉以外，大概是受惠於美國現任總統川普（Donald Trump）這個「推特控」，臺灣媒體在國際新聞譯文上不得不斷提及川普的推文。尤其川普發出接受臺灣總統蔡英文的當選祝賀電話的推文引發國際注目，更使得「推文」一詞不斷在臺灣的政治新聞露出，形成在臺灣很多人聽過「推文」卻從沒見過 Twitter 這個極少人使用的軟體到底長什麼樣的有趣現象。其實 Twitter 的應用廣泛，筆者對它的深刻印象是來自布萊爾（Tony Blair）執政時期的副首相，工會出身的 John Prescott 非常愛用 Twitter 發布他在開會當中聽到的訊息或洩露誰說了什麼話。於是形成會議還在開，裡面的資訊已經流出到英國媒體圈再進入到公眾的手機上的有趣新聞現象。儘管 Twitter 在台灣的滲透率不高，但仍有國內學者利用 Twitter 作為資料收集庫，分析了 2014 年的 318 運動（鄭宇君、陳百齡，2016）。

的重要課題。[7]

　　透過這次初步的田野調查資料，希望獲得第一手的網路行動主義的觀察，藉以反思網路社會轉型與社會運動相關理論的參考變項；也能掌握工會組織的務實途徑，發展有助勞動者公民意識的建議。不過在訪談資料中有不少部分因為牽涉到可能具爭議性的分析論述，因此在詢問受訪者後選擇刪去。這使得文章在可有效使用資料的呈現上遭遇一些困難，可能導致這篇研究成果的撰寫在現階段上出現分析層次的展現不夠嚴謹與完整。冀望未來能持續發展本次研究的主題，再提出更成熟的分析。

貳、臺灣鐵路運輸上的工會活動

一、臺鐵企業工會

　　臺灣鐵路企業工會作為公營事業單位下的勞工組織具有其代表意義，它是臺灣解嚴後第一波勞工運動興起的主要參與者。不僅如此，擁有一萬三千多名會員的臺鐵工會，其半體制性質的火車司機員聯誼會還曾經是國內最具戰鬥性的勞工代表組織之一。早在

7　本研究的田野調查主要的研究方法是焦點團體訪談法，研究參與者無特定選取條件，前後約有十次分別拜訪臺鐵企業工會的總會與地方分會，並於工作現場或工會組織之辦公室進行 1-2 時／次的訪談活動。另外也分析記錄 2015-2018 年間至少五十則以上的臺鐵產業工會以及高鐵產業工會、企業工會，在工會公開 Facebook 專頁上的貼文。

1988 年 5 月 1 日勞動節，臺鐵工會的一千四百位鐵路司機員就發動合法休假的實質罷工（以火車司機員聯誼會名義）。當天全臺火車停駛，臺鐵旅客第一次發現鐵路上完全無車可搭。最後司機員的訴求，獲得官方針對部分訴求的正面回應，司機員能納入勞基法保障，或予以超時工資給付。此一罷工事件至今仍是臺灣工運歷史中相當具代表性的一役。

另一次著名的臺鐵勞工集體行動則是 2003 年 9 月 11 日臺鐵工會針對公司化／民營化的爭議。由於合法罷工程序的門檻，以及社會輿論壓力下，罷工行使權在臺灣要面臨極大壓力。當日工會遂以召開會員大會名義連帶通過罷工提案，範圍擴大到臺鐵工會全部會員，包括，列車長、司機員、站務人員、檢修人員等，大會並通過授權工會理事會規劃次年春節罷工。這是臺鐵員工首次決定進行合法罷工，原本勞、資、政三方的緊張態勢經交通部協調後，雙方妥協為「工照罷、車照開」，仍創下臺灣戰後首次的公營事業員工「合法」罷工紀錄。相當程度上，後來中華電信、中油、臺電、臺糖、臺鹽、臺灣菸酒公司等其他國營事業工會，都多少受到這個行動的鼓舞，在當年度裡國營事業員工分三階段走上街頭，訴求反民營化（黃如萍，2014）。

臺鐵勞工的 911 罷工動員逼使時任交通部長林陵三親自出面溝通，時任臺鐵局長黃德治也因與工會多次協商未果而下臺負責。臺鐵工會的組織在事件之後發展已更具體制化的樣貌，類似的高強度抗議行動較少。對此也有另一種說法，2007 年初高鐵全線通車後，分擔了臺鐵部分大眾運輸任務，連帶臺鐵原本具有獨占性及不易取代性的特點也不如以往，臺鐵工會逐漸失去與政府談判的優勢，工會勢力不易如過去那樣強悍。

在這樣特殊的傳統下，鐵路勞工的勞權意識繼續翻攪，但隨著工會法的修訂以及臺灣勞工運動組織的理念分歧，「複數工會」的出現開始成為部分工運者的另類積極行動。

二、其他鐵路運輸工會的晚近組成

從 2016 年 8 月開始，臺灣鐵路局開始面對不只原有的臺鐵企業工會，還有臺灣鐵路產業工會的成立（性質依《工會法》第 6 條各項規定而不同）。新成立的臺鐵產業工會與原來的臺鐵企業工會，因名稱相似而容易被外界尤其是媒體所混淆。形式上，其成立之宗旨在於促進成立臺鐵運務人員工會；運務人員目前包含車站人員以及車班人員，產業工會一成立約有一千多位運務人員加入，占臺鐵運務員工總數的三分之一，同時也積極地運作並企圖擴及到相關的運務單位（目前會員數將近兩千人）。

臺鐵產業工會成立動機源自發起者對「舊工會」的運作模式不滿。現（首）任工會理事長雖然強調工會之成立不是自原臺鐵工會分裂，但成立的動機仍宣告是體認到「（舊）工會組織的腐敗」，包括「（舊）工會的態度，讓我們看不到想要積極解決的決心」，於是「直到華航罷工事件，我們看到了新的工會運作模式！透過職業工會或產業工會的成立，單一企業便可以成立複數工會」。[8] 這

---

8 現任也是創會理事長王傑畢業於臺大法律系，在 2014 年 11 月考進臺鐵，一直在臺北站負責運務相關工作，從運轉室、剪收票到服務臺。目前臺鐵兩個工會間存在相當敵對又糾葛的關係，外人可以先從「（理事長）公開聲明」了解臺鐵產工成立的動機：「我們都知道自己有個工會，每個月繳著八十幾到一百多的工會費，但是工會到底做了什麼呢？我不知道……只聽著前輩說著，工會沒用啦！工會只會吃香喝辣！在我心中認為，組織的腐敗，在於人和制度，甚至壞的人會影響制度，透過一批新的人或許可以改變制度，

樣的立場開啟了後續的典型「複數工會之爭」（吳玟嶸，2018）。
儘管如此，比起企業工會受到工會法的保障，代表資方的臺灣鐵路
管理局和傳統代表勞方的企業工會，都主張產業工會不具協商代表
性，大部分的勞資協商會議都只有企業工會能代表勞方加入談判。
臺鐵產業工會的出現，反映著運務人員對於企業工會與鐵路局談判
內容的不滿。一個具體的例子就是，2016 年企業工會對鐵路局提
出的人力增補內容，讓他們失望，「幾乎都只爭取約聘僱的營運人
員，請增三百零三名員額也幾乎都是司機員，運務人員完全沒補，
無論是調薪或休假，企業工會根本沒有去爭取正職人員福利」（侯
俐安，2016）。

　　臺鐵產業工會成立之初即於 2017 年發起「春節不加班依法休
假行動」，技巧性達成集體行動抗議臺鐵長年實行「日夜休」過勞
班表、國定假日無休假，剝奪臺鐵勞工休假權益。該活動約有五百
人參加，後來有三百三十一人被依曠職處分（陳品存，2017）。
這個行動並未獲得臺鐵企業工會的支持，儘管企工事後也表達願意
協助被曠職處分者申訴以減輕處分。從 2016 年 8 月成立到現在短
短不到三年的時間裡，臺鐵產業工會的幹部們動作頻頻，其社群媒
體運作模式主要靠常態的在 Facebook 上張貼或轉貼理事長的文章
以及行動影片；產業工會也積極經營 Facebook 專頁、Facebook 直
播、LINE，和其他傳統能被公眾接觸的平面媒體，目的在宣導勞

但卻耗時很久，五年，甚至十年！但臺鐵的問題可以等到那時候解決嗎？而
工會的態度，讓我們看不到想要積極解決的決心⋯⋯直到華航罷工事件，
我們看到了新的工會運作模式！透過職業工會或產業工會的成立，單一企業
便可以成立複數工會⋯⋯有些人希望脫離舊工會，有些人希望新工會取代舊
工會，這些不同的想法，我只能說，這兩者的意義層面是不同的！產業工
會是同一群業務範圍身分的人可以加入，未來甚至不限於臺鐵員工，試問
這怎麼會是分裂呢？」資料取自：臺灣鐵路產業工會網站，http://www.twru.
org/?page_id=840。

工權益。然而在前次抗議行動之後，產業工會迄今尚無較大規模的議題動員。

　　臺鐵產業工會的 Facebook 專頁有分成粉絲專頁與會員專頁。對外粉絲專頁上的活動主要是以發布工會理事長的撰文或是工會的公告文件，相關的討論並不熱烈，但基本上會員並未被限制在 Facebook 上對貼文發表意見或加入討論。2016 年之後雖然選出三十八名工會代表，面對資方的忽視以及來自企業工會的優勢競爭壓力，臺鐵產業工會仍只有依靠非常少數的幹部辛苦的經營基層的組訓和聯誼活動。工會迄今尚無足夠資金充實會務運作各項資源，甚至需與其他工會組織共同承租工會辦公室。[9]大部分的舉布條抗議活動依靠工會幹部小規模的動員，透過 Facebook 專頁或 LINE 群組發酵動員的成效並不樂觀。臺鐵產業工會的 Facebook 頁上，絕大部分貼文是工會理事長和工會名義發表撰寫對臺鐵資方政策的批評，另外也有相當多則理事長對企業工會的質疑甚至直率批評。[10]

　　和臺鐵員工的勞權意識同樣首先發難自司機員一樣，高鐵企業工會成立背景是員工發現當時（2012-14 年）臺灣高速鐵路公司因財務危機，可能面臨破產而由政府接管，但員工的工作權與福利保障卻未受到重視；遂由駕駛員串連開始，歷經兩年的準備，最後於 2014 年 6 月 15 日在臺北市政府勞動局登記成立，並於 2015 年初獲得公司正式承認。值得一提的是，在工會意識的啟蒙上，服務於高鐵公司的鐵路員工們其實有著一段臺灣少見的勞動意識啟蒙歷史。

9　工會幹部自我調侃地表示，這樣也有好處，能與其他工會交換資訊，互相聲援。

10　根據網路上的搜尋資料顯示，產業工會理事長在 PTT 上也相當活躍，發言甚至更為直率，包括會直接與質疑他成立工會帶有政治動機或是傷害鐵路工人團結的發言對戰。

由於公司成立之初有著為數不少來自德國與法國的外國籍司機員，這些外籍司機員因為帶著歐洲的勞權意識，很懂得團結起來向管理階層提出他們的訴求，這些外籍司機員擁有的特殊待遇讓本國籍司機員感嘆利益的差別又同時體悟到勞工團結的重要性。尤其2014年外籍司機員全數離開之後，臺籍員工面臨運作、班次和運輸量等的增加，工作條件更為惡化。「我們了解臺籍司機員不管是在工時、薪資和各種福利上的歧視待遇，都讓我們難以忍受」，「但在那（外籍司機員們離開）之後，管理階層開始變得非常強硬」，遂有幾位司機員萌生起必須組建工會的念頭（THSO-1，2017/12/15）。

　　高鐵企業工會的組織發展源自於傳統的司機員於駕駛車班的各車站間接觸，尤其是休息時間。本身為駕駛員的首屆理事長利用來往於各站間時，趁機會觀察其他同事的特質，以確定是否邀請加入連署。工會成立初期因仍採取自由入會制，三千多名高鐵員工初始並未全部加入。一直到2017年中才確定工會會費可由公司直接從薪資扣除，此後會員比例才可能大幅提高。[11] 迄今主要的工會活動還是集中在運輸單位，工會幹部也同樣認知到必須努力讓不同工種和單位的高鐵員工能夠認同工會的功能。但高鐵工會的資源相對來說非常匱乏，不僅主要的會務運作基礎是依賴在臺北的辦公室，工會辦公室甚至並沒有工會專用的室內電話線。

　　高鐵企業工會並不是高鐵公司員工唯一的工會，複數工會的狀況也已發生在高鐵運輸事業上。除了上述的企業工會外，另外還

11　研究者的訪談內容主要是工會成員對社群媒體和網路的應用，關於工會的成立與運作狀況，臺北市政府勞動局也做了相當多紀錄，原本是發布於網路上，現在也有最新的文字出版，可以參考臺北市政府勞動局（2019）。

有以高雄地區高鐵從業員為主體的高鐵產業工會。前述的三個鐵路工會相對於臺鐵企業工會，都是非常年輕的工會組織，資源也相當薄弱，不像臺鐵企業還設有各地分會達十五個，每個分會有自己的常務理事等。[12] 當然，工會正式立案後，工會的確能發公文給管理單位並獲得回函，但重要的談判桌上卻屢屢歷經抗議後仍不見得被認可其代表性。

本文所接觸到的幾個鐵路相關工會組織，除了臺鐵企業工會外，都沒有太多分站組織或分區幹部的資源，但是在工會Facebook運作上相對都較為積極，尤其如臺鐵產業工會動作頻頻，也因此常常在網路新聞版面上出現（但媒體並不是都很清楚企業與產業工會之別，報導時偶有誤認為同一個工會）。臺鐵產業工會在成立初期的交通部或行政院抗議訴求一度有三、四百名員工參加（自由時報，2016）。但稍後這些新工會組織的實質動員力仍不免面臨動員力下降情況，不管是造勢抗議活動，或是工會內舉辦會員例行會議，大多數活動包含分區聯誼性質活動裡很難召喚出更多參與的會員數。

這幾個工會在網際網路對於工會活動宣傳的選擇並不完全相同，再加上工會資源，尤其是財務狀況，也會影響到工會在網際網路上的應用情況。表 5-1 遂大略的整理了臺灣現有鐵路運輸產業上的工會組織的網路和社群媒體使用情況如下：

12　臺鐵企業工會下共有宜蘭分會、基隆分會、延平分會、臺北第一分會、臺北機廠分會、新竹分會、臺中分會、彰化分會、嘉義分會、臺南分會、高雄分會、高雄機廠分會、屏東分會、花蓮分會、臺東分會。每個分會皆有自己的理事長與會務幹部。

表 5-1　臺灣現有鐵路運輸產業相關工會組織的官方網路社群媒體使用狀況

組織名稱網路活動	會員數	網頁	Facebook	LINE
臺鐵企業工會（1947）	11,000	有	無	有
臺鐵產業工會（2016/08）	1,700	有	有。分成會員專頁和公開粉絲頁，前者現有752人加入，後者有7,466人追蹤（2017/10/01）	有
高鐵企業工會(2014/06)	1,500	有	有。只有公開粉絲專頁，有4,643人追蹤（2017/10/01）	無
高鐵產業工會（2016/09）	90	無	有	無

資料來源：作者自行整理。

* 除上述主要關注網路傳播工具外，臺鐵產業工會和高鐵企業工會近來也都成立了 Instagram 帳號，但這應和 Facebook 可以選擇同步其上傳內容的便利性考量有關，多了一個讓工會幹部就不多費力就依會員的社群媒體使用習性來發送工會訊息的平臺。兩個年輕工會的做法也有不同：高鐵企業工會鼓勵會員邀請親朋好友都可加入，臺鐵產業工會則幾乎未加以公告。兩個工會IG 帳號從設立以來到 2019 年初都恰好只有不到五十則貼文，高鐵企工加入者雖然有四百六十五人，每則貼文幾乎都未有任何回饋，標示喜歡則維持在三十～五十人左右，最高曾到七十人。臺鐵產工則不到一百人追蹤，只有過一次得到簡單回饋，標示喜歡維持在低檔的十人上下。

叁、臺鐵企業工會總會與地方分會的 社群媒體效益觀

對於工會爭取的各種福利，或對鐵路局政策的訴求，是工會自許必須成功展現的價值。研究者與企業工會的接觸從與理事長、祕書長以及各組組長的焦點團體訪談開始。訪談目的是整理出工會日常運作裡的聯繫與網路應用。設在臺北車站裡的臺鐵企業工會總會辦公室與臺鐵管理局共處其行政大樓，樓層裡駐有理事長、主祕、文宣組、組訓組、研究員等十多名專職。在複雜繁瑣的各式各樣會務裡，臺鐵企業工會的幹部以每年的會員代表大會是最重要的工作任務，其次是模範勞工選拔（是由資方鐵路局委託辦理），第三則是落實勞資間的團體協商，這些重要的全國性事件需要大量的聯繫與整合，因此幹部們會因應這些工作來安排聯繫與傳播的工具。

就此首先關注到的是，在詢問到工會認為最有效的會員聯繫工具時，順序依序為：

1. 公文（到分會後由分會布達）
2. 鐵路電話
3. LINE@（發布工會快訊，個人可加入但關掉「回應」功能）
4. 電子郵件
5. Facebook（無，故為預設）

這個訊息透露了在媒體科技已被大量應用的時代，工會幹部並未因此而改變重要的訊息傳遞工具的順序。公文之所以排列在第一位，因為公文是總會與工會會員間所有接觸中最具權威功能的「訊息」；總會需要透過分會與場站代表的傳遞，展現給會員。訪

談時亦煩請總會幹部評估未來聯繫上最容易消失的工具，大部分認為是電子郵件。但也有工會幹部認為，將 Facebook 作為工會的訊息傳遞功能已經消失。

在焦點訪談的談話中，再請評估未來哪一個傳播工具具有重要性時，幹部們雖然有少許不同意見，但都同意 LINE 等是沒有生命的工具，若要凝聚共識，電話和面對面才有效。尤其是，工具本身對於會員凝聚力並沒有直接功能，真實的會員凝聚力是「靠權益和福利的取得」，而不是信念。綜合來看，工會幹部們已經形成對傳播科技工具的理性選擇：哪一種工具傳遞最適合為他們所用，其實端看議題的性質。

一、地方分會描述

臺鐵企業工會分會辦公室聘有一位書記擔任分會專職，再加上常務理事（100 年入工會）駐會辦公。目前管轄範圍會員數：七百五十八人。辦公室與工會幹部就在火車站各業務主要工作現場附近，常務理事也不定期代表工會造訪幅員廣大散布鐵路沿線多處的員工。受惠於企業工會的組織建置完備，所以由常務理事負責分會議題的確認和來自總會的任務，再對小組長發出動員令和確認。理事長認為，對工會議題的宣傳不能因為網路快速而只用單一方式推廣，必須多管齊下，各個路徑都不能放過，例如文宣、傳真等。在必要時候，也會使用簡訊，但因為顧及成本，次數不多。分會沒有 Facebook 專頁，只有 LINE。但分會常務理事其個人喜好，有個人 Facebook 頁面，不過並不傾向用來貼放工會訊息。

和總會的狀況不同，分會的聯繫狀況就貼近於工作場所的特

性。換句話說，不同的工作場所或業務執行所在地的聯繫狀況就有不同所好。以在「貨運組」來說，其標準流程是小組長會先掃描公文，再一併使用 e-mail 傳送給各個小組會員，可以確保每個人都收到（因為工作場所的特性，幾乎每個組員都有例常收取電子郵件的習慣）。但在另一個單位「機電組」則因工作性質不同，不是每個人都常用電腦，因此一般性公文傳真，收到後貼上布告欄即可。但事關重要爭議的文件則要求小組長負責傳閱並取得每個人的簽名。一旦分會理事長認真請書記處理，也會透過 LINE 公布，所以也有人是習慣先從 LINE 收取，再確認紙本。

二、信任的傳達工具：公文

　　值得注意的是，訪談中刻意區分了工會幹部與會員間，關於訊息傳播的常態性聯繫，以及為了特定議題事件所進行的動員性聯繫。根據這樣的區分，關於傳播工具的使用程度再詢問了一遍，幹部的回答仍然以公文為第一優先（其後依序為簡訊、LINE）。幹部的解釋是會員參與活動，需要申請公假，而這需要公文作為申請的依據。因此，再進一步詢問各工會幹部認為最有效的會員聯繫工具為何並進行程度上的排列：（1）公文（到分會後布達）；（2）電話；（3）LINE（發出快訊，個人可以參加但回應關掉）；（4）電子郵件；（5）Facebook（預設）。雖然總會幹部發現有些場站裡工會公告欄失去效果，似乎沒人看，但這問題還是交由地區工會幹部去處理。換句話說，儘管公文傳遞訊息的滲透率有差，總會幹部仍交由分會幹部經營與地方會員的互動關係。

　　部分幹部即便已傳真文件到各單位，還是會在 LINE 群組通知一遍，特定事件甚至個別傳手機訊息給每一位會員。而對於沒有加入群

組的會員，會派小組長告知。認真執行的工會幹部就非常傾向傳閱的重要性（看過必須簽名），分會的工會幹部就表示：「我們非常重視文宣，確保每一位會員確實看過公文」（TO-1，2017/09/15）。他們也表示儘管公文傳遞速度較難要求，但在重要事項的傳布上也會較無爭議，避免會員事後指責工會並未適時傳達訊息。

　　另外，一旦有重要的事情，也可以直接利用鐵路電話聯繫分會常務理事（參見圖 5-1 之工會與鐵路電話標示）；如果當下本人沒接到，常務理事的祕書會記錄，或是請幹部轉達。加上會員們普遍反映上班時間不能用 Facebook 或是滑手機，也就較少依賴 Facebook、LINE 來聯繫重要訊息。因此會員們也表示打電話和電子郵件仍是主要的溝通工具。

圖 5-1　鐵路電話作為工會聯繫途徑的示例

臺灣鐵路工會——高雄分會				
理事長✕✕✕	書記✕✕✕	工讀生✕✕✕	鐵路電話 042-302	鐵路傳真 042-428
市話 (07)588-8214		聯絡地址：高雄市左營區站前路 5 號 4 樓		

潮州辦公室	鐵路電話 042-925	鐵路傳真 042-926	市話 (07)789-8542
	聯絡地址：屏東縣潮州鎮光春里光復路 616 號 2 樓		

資料來源：台鐵企業工會網站（www.trlu.org.tw）

三、Facebook 與 LINE 的應用考量

　　從訪談資料的整理很清楚看到沒有工會幹部們會認為社群媒

體的運用（Facebook、LINE）不具意義，但也清楚表達傳統的管道運用不能捨棄，例如：傳真、簡訊、公文（各有優缺點）。然而當訪談中拋出問題請臺鐵工會評估啟用網路社群聯繫的看法為何？幹部們表示：「對鐵路工會的怨言會太快湧進，因為工會有許多過去的歷史包袱。若開放平臺留言討論，就會將歷史包袱轉變成現任相關工會幹部的包袱。」幹部們的另外一種意見也表示鐵路員工的年輕員工似乎有比較重視社群經營的現象，但工會目前文宣能力不強。相對的，幹部們都同意臺鐵產工的文宣寫作能力很強，也擅於在 Facebook 上經營工會希望員工關切的議題（某幹部用語：「善於炒作議題」）。至於產業工會這樣「靠 Facebook 經營關注程度」，能不能得到會員們的支持，幹部們表示先不予置評。

例如，某臺鐵企業工會常務理事對網路通訊軟體和社群媒體的應用有以下的整理：

- 同一或極度差異性：「會加在同一個群組（LINE）的人，代表立場相同，較能得到想要聽得結果；但臉書可能會有酸民」。
- 應用準則：「不太會在臉書談論敏感話題，也不會和他人你一言我一語的爭辯」。「臉書是公開平臺，可以發表個人言論，但是必須所言屬實，不能汙辱人格，畢竟會有法律問題」。舉例來說，其使用原則就是在個人臉書上常務理事和會員間互動，討論內容是年金改革議題，但這議題沒有企業工會正式立場，仍強調不要帶入直接與臺鐵工會相關的議題。
- 功能性：「根據議題內容決定是否放在臉書」。[13]

---

13 相對於此，可以參考高鐵工會的 Facebook 留言（2017/04/17）：「最後每個人對於工會的建言，都可以提出指教。工會也會因各位的建言而成長與茁壯。畢竟我們還是一個新的工會，如果您有任何想法，歡迎隨時用各種方式與工會聯繫喔。」

另一個對 Facebook 審慎的理由是認為社群媒體的成功來自傳統技巧的延伸，否則容易流於「空包彈」。一位臺鐵工會幹部就強調：

> 「臉書之所以有召喚力來自於傳統媒體（電視媒體）的推波助瀾很重要。例如：洪仲丘事件、紅衫軍運動。最重要的議題造勢成功絕不是單單靠 Facebook 即有效，議題要有共鳴才能召集更多參與者。例如國共抗爭：共產黨利用思想控制農民，利用農村包圍城市。運用廣大知名度包圍整個國家」（T-1，2017/12/01）。

　　另外一位地方工會幹部也強調，臺鐵 911 事件後才發現單打獨鬥時代已過去，要成大事必須靠組織。但有些議題或事件的性質是屬於短期組織，再加上運用有共鳴的議題、個人魅力（適合用臉書，但容易退燒）。受訪者也同意網路上的特殊技巧，例如像懶人包當然都是會有效的技巧，可以讓訊息接收者迅速得到所有自己想要了解的事情。但是工會是一個要做長期組織的團體，並能運用情感抓住人心，創造革命情感，讓會員有血濃於水的認同（例如隨時慰問會員等）。這些頗有共鳴的看法，如同前述幹部對 Facebook 的效益所提出的觀察（與 Moisés Naím 的反思相近）：「臉書的傳播速度很快，但是若議題不夠有共鳴，無法長久」（T-1，2017/12/20）。

　　就訪談紀錄綜理，更確定的是，網際網路的應用是求快和精準（更具展示性），而不是求對外發散（參見表 5-2）。換句話說，社群媒體不是用來「討論」，而是單向的訊息發布。臺鐵工會幹部對於 LINE 的使用有較多偏好。對工會幹部來說，LINE 的免費完美的取代了過去發送手機簡訊的需求，加上又比電話聯絡來的可以不影響成員的工作。一位總會幹部就直接表示，「LINE 有主動性，

是我硬推給你，不像臉書要等人來看」（TO-3，2017/08/29）。

而且 LINE 的企業版 LINE@ 因為是企業廣告推播系統，對於工會組織來說，發送廣告的功能進展也等於有利於工會訊息的發送，例如 LINE 有自動回應功能，FB 則沒有。於是工會幹部也思考如何完備訊息傳遞後的回饋式系統。總會的工會幹部展示工會官方群組使用的是 LINE 企業版 LINE@，用來固定發布工會訊息。工會幹部對 LINE 群組功能的選擇讓我們發現，工會不是完全對新科技陌生，反而還利用特定的技術作為特定的功能限制。

那麼雙向的互動完全不被重視嗎？在訪談中研究者嘗試有技巧地提問，以更深入了解工會組織的樣態，注意到工會幹部並不是如同前述文字那樣的思考，也不足以代表會員無法傳遞意見。地區幹部注意到該問題所提出的解釋是，因為該車站的空間設置，工會辦公室就在車站中，許多會員能夠直接遇到常務理事並向其反應意見。這個現象的極端就是某個就在工會辦公室附近的單位，他們甚至不太需要收 e-mail，而是慣例性的將公文傳真貼在公告欄，同時也可能隨時有與地區工會幹部面對面的直接接觸。[14]

14　這個單位含主任共有四人。訪談時主任並不在場，三位職員一起接受焦點團體訪談。TP-3 最年輕，沒有加入常務理事的 LINE 群組，但和另兩位 TP-1，TP-2 都有上常務理事的個人 Facebook（但不用來討論工會事務）。多多少少地，三位還是曾用過 Facebook 和 LINE 來轉發工會訊息。

表5-2 臺鐵企業工會幹部對手持式通訊工具上的訊息群組的評價

Facebook	LINE	簡訊
1. 無關痛癢的議題、個人意見、交流。 2. 全世界都看得到，因此不是每件事都能在 Facebook 表達。 3. Facebook 發文能修改（編輯）。 4. 傳遞訊息速度快，但無法確保每個會員是否看過（有侷限）。 5. 招募會員速度快，但不長久。	1. 較封閉，工會的公文較常利用 LINE 群組。 2. 特定人士才看得到。 3. 利用道德勸說，保持群組安寧。 4. 聊天室，只能利用複製、更正方式，無法消除紀錄。	1. 一個人一則，無群組。 2. 成本高。

資料來源：研究團隊根據訪談資料製作。

另外不得不提到的，就是「鐵路電話」這個特殊的鐵路運輸工作場所的通訊工具。所謂鐵路電話其實是一種臺鐵自行鋪設的內線電話，這些電話的線路並不經過中華電信，所以使用這種電話並不需要面對中華電信或任何其他電信公司的帳單。臺鐵這樣規模大的國營事業單位，在業務聯絡上對於電話的需求量是很大的。另外一個考量是像臺鐵這種運輸單位，有時關於運轉的訊息是相當重要，而且又講求時效。使用中華電信的線路萬一碰上線路繁忙時，可能會造訊息傳遞上的延誤。

不僅是臺鐵，臺北捷運，高雄捷運及臺灣高鐵也都一樣，在公司內部建置有一套屬於自己企業使用的跨區域電話系統；差別是只有臺鐵才有工會幹部也可以被分配使用鐵路電話專號的特性。許多受訪會員普遍都表示，真要抱怨可以用鐵路電話或面對面，比起其他管道，鐵路電話不僅可以直接反應，也因為喜歡人與人那種面對面直接談話的感覺。

　　儘管很多會員不知道也未加入鐵路企業工會的官方 LINE 推播群組（目前群組內共四千八百多名，但非限定會員）。在其他被認為是青年世代透過 Facebook 等「社交媒體」而串連擴大的社會運動事件上，「導火線」在網路上的快速轉發提供了運動快速的推波助瀾角色。[15] 目前看來，網路社群媒體的「導火線」功能在幾個鐵路工會的實踐中幾乎少見。有趣的是，若有議題在社群媒體上發酵，像是導火線一般，反而會被認為是工會幹部未能積極任事的「缺失」；也就是說工會幹部甚至將目前提供的交流平臺限制或工會幹部的積極任事所吸收。

　　臺鐵產業工會甚至認為，企業工會的 LINE @的推播功能已足夠，並據此直言批評企業工會編列預算發展，如此重複編預算發展，會不會是有圖利特定人士之嫌。

　　至於臺鐵產業工會、高鐵企業工會，這些工會歷史較淺或資源少的工會則有幾個共通點：雖然都使用 Facebook、雖然沒有明定發言的規則，但是從管理者權限明顯可看出是「消極的」；另一個就是「共識的」，在 Facebook 的會員訪談上，他們表達出，若不是工會授權的，就要呈現出個人的「輕」意見。要小心拿捏到一個準則，沒有經過討論的內容就不能太過「重磅」，最好能避免在 Facebook 上「論戰」；簡單來說，所有的個人會員在工會相關的

15　2014 太陽花運動的導火線，來自於立法院國民黨團強力通過的兩岸服貿條例；但觸及當時許多大學生的兩岸關係立場底線，而帶動許多人站到街頭的導火線就是其中的「半分鐘（忠）」事件。臺北大學社會學系所做的調查分析，定調 2014 年的太陽花運動是網絡社會運動的動員，角色也超越傳統社會運動的動員網絡。然而何明修在評文中回應「人際連帶的影響似乎未如既有社運文獻所預測的那麼強」（陳婉琪等，2016：491），或許需要更嚴謹的「『詳述網絡的作用』，具體說明不同強度與種類的社會聯繫如何影響社運動員」（何明修，2017：322）。

社群媒體上，最好就只是個人心聲的回應。首要考量就是既存的人際關係或社會網絡，不能在網路上因為發言而被威脅；更甚者，要小心翼翼地預防「酸民」利用發言而製造出更多不利於組織穩定的衝突場景。

肆、社群媒體公共性 vs. 單向訊息便利性

對照 Shirky 對網路科技在傳播上的劃時代意義，他曾舉出「網路（internet）是歷史上第一個既支持對話又支持團體的媒介：電話是一對一的途徑（one-to-one pattern），電視、收音機、書本與雜誌則是一對多途徑（one-to-many pattern），網路則提供了多對多的（many-to-many）途徑」（2009）。大家也普遍認為網路社會的轉型特徵是過去的閱聽者（members of the former audience），如今可以既是訊息的消費者（接受者），也還可以是訊息的生產者（producer）（Edsall, 2017）。前述概念是否適應在工會會員（union membership）的網路行動主義，讓會員扮演起訊息生產者，甚至是「自我媒體」。依據訪談工會幹部所得到的觀察呈現下，目前重要的是確保會員們接受到「正確的」工會訊息，而不是對訊息的涉入與反應（討論），「多對多」的網路社群實踐更是難得呈現。換句話說，網路科技的使用在推動「閱聽者」扮演起訊息生產者的過程上，受到一定程度地涉入者機制影響。

或許這裡值得重新檢視「會員」（membership）在研究對象眼中的意涵：工會有效的將訊息傳遞給會員，後者透過訊息接受，了

解員工權益的得與失,也了解工會的努力;會員的回饋(並不包括訊息的生產),則不需要在網路社群平臺上期待或流動,而是如過往一般的透過免費的鐵路電話或是人對人的直接溝通。這個原因就在於,多數工會幹部與會員都「世故的」相信,任何情緒的顯露,對於工會與會員間的關係不免是會產生難以控制的衝擊效應。但是面對面的溝通,甚至是電話,既可以即時表達抱怨,對幹部來說則可以即時地安撫對方情緒,也讓對方知道工會幹部的「竭誠服務」,透過一次次面對面接觸,完成工會的組織任務。

值得注意的是,強調鐵路上工種專業的複雜,彼此間的利益協調本就是極大挑戰。因此而可見會員們和領導幹部,都發出對LINE 的群組發言必須謹慎對待的看法,「鐵路這裡每個(分工)族群都不一樣,有分『運』、『工』、『機』、『電』,每個人訴求不同,甚至有些是對立的:今天一旦讓大家都在同個 LINE 群組對話,可能會產生較偏激的言論」(TC-1,2017/09/20)。[16] 類似的反應在另一個單位的臺鐵基層員工訪談上也出現,同樣憂慮Facebook 有負面效果,會引來四面八方的關注。

國外研究案例也發現過類似的處境,工會第一線的幹部對於網際網路的應用也會反應,「我們只要持續做挨家挨戶的拜訪,這效果勝於一切」(Sipp, 2016)。綜合這些考量之後,就不難體會工會幹部對網路社群媒體看似歡迎,但仍多有疑慮,也難以確認工會如何評估投入更多人力與金錢,專心做好網路社群媒體平臺的管理,更不用說是對大資料庫數據的收集產生興趣。

---

16 臺灣鐵路局在主要服務功能的架構上,劃分成運務處、工務處、機務處和電務處等,另還有行政企劃和勞安等相關的編制單位,另外還有貨運服務總所、餐旅服務總所以及阿里山森林鐵路管理處等直屬機構。臺灣鐵路產業工會的 LINE 群組也有依照工作性質來區分,但仍有全體一起加入的。

於是避免爭議出現的考量很可能使得網路社群平臺的「開放性」功能消失。這裡指的不是對外部、對非會員的開放，而是帶回前述網路科技的理想：讓會員也成為訊息主體的機會並未被鼓勵。在訪談的過程裡，我們只收到一位受訪會員在回覆時表現出，「很可惜產業工會的臉書比較『熱』，企業工會的臉書則『很不積極』」（TE-5，2017）。[17] 換句話說，期待工會幹部能經營社群媒體，讓會員們積極在社群媒體平臺上抒發己見。整體來說，在國際間受網路科技促進民主倡議的擁護者所特別推崇的對等式（peer-to-peer）治理關係，其所代表的「開放政府」的概念，若要推進到工會中嘗試「開放工會」，在目前臺灣工會組織者根深蒂固的組織概念上，此一理想恐怕還有頗長的一段路要推進。

　　畢竟，從工會幹部的角度來看，臺灣的勞權意識低，工會經營就常被形容成好像是少數幾個傻子去服務眾多並不在乎是否應積極認同工會的會員。尤其工會資源少，投入都是依靠領導幹部犧牲自己的時間來做。種種抱怨例如，「以前常一個人參加很多活動跟記者會，最印象深刻的就是依法休假時的活動，舉行了全臺巡迴的說明會，從北到南再往東，利用自己一次又一次的休班或請假，就是希望會員勇敢站出來。沒有公假資源的產工幹部和會員，每次活動都是少少的幾個人到十幾人，甚至記得有一場南部說明會，來了十幾個，最後一個都沒參加休假」（王傑，2019a，2019b）。就工會的幹部能量來看，工會與會員間的對話透過網路上構成「多對多」的溝通，在工會經營難處的現實處境上很難不被理解為一個偏向理想的預設。

　　再從會員角度來看，在多數的訪談經驗裡，會員們對工會與

17　作者註釋：其實臺鐵企業工會沒有官方臉書頁。

會員間的互動狀況，認知到的程度並不顯著。訪談過程中只有極少數會員公開以肯定句表示認為目前的工會訊息是單向式傳播，不是雙向的溝通這樣的問題存在。甚至有受訪者對於研究者的問題，直接意識下的反應是「因為單位小」，所以與工會間的訊息雙向溝通不會是問題。其他參與訪談者也有類似反應，表示透過向小組長或理事長反應就可以彌補前述的問題。其中一位臺鐵員工的說法反映出一種應用社群媒體於工會活動中可有可無的看法：「LINE 其實很好用，但並不是很正式的溝通工具，而且同仁中很多人甚至不知道工會的 Facebook 群組」（TP-2，2017/12/01）。

還值得注意的是，在一次面對一群主要依靠電腦工作的員工進行焦點訪談時，大家又都同意「e-mail 仍是最正式的溝通工具」。其原因相當可能和這是工作場域離工會辦公室較遠的單位有關，加上其工作性質幾乎都是在電腦前的典型白領工作。相對的，在另一個不同性質的工作場域，主要是機電工務的員工們就完全沒有提到 e-mail 的功能，對比下明顯地反映出工作場所的設備與員工的連結性，影響到傳播工具的選擇性。一旦工作場所工會代表充分存在的條件下，「短距離」已能創造放棄透過社群媒體召喚的動員，社群媒體提供的創造性條件已不明顯；於是這樣的務實慣習在目前臺灣工會沿襲的組織特性上，只具有強化訊息傳達的功能，被重視的是確認工會會員對工會活動的認同度，而不是擴大社群參與者的公共性。在群組成員倡議功能有限的實際條件下，傳統的工會中央訊息傳送功能，仍是傳播科技進化下的主要功能。

前述觀察的焦點在於，網際網路的巨大影響力對社會不同團體的作用力，當然並不是同步或一致的。政治觀察家們也同意，網路科技的應用不是理念定位（ideological placement）的議題，而是組織或運動策略的議題。例如，「只要是反對派，就比較傾向

於認為透過數位化來引導支持者的熱情與活動參與，具有值得的回報。相對的，握有權力的一方則較無法體會這個需求」（Edsall, 2017）。這個描述相當程度地反映出目前臺灣鐵路運輸相關工會組織間的政治對應關係。以此來與前述「多對多」的定義對照更會發現，這個情況在工會政治的日常實踐裡其實是比較理想化的。在日常的行動裡，即使是樂意使用 Facebook 與會員溝通的工會組織，例如臺鐵產工，其 Facebook 的運作模式基本上還是維持「單一」工會幹部發布訊息，試圖吸引「眾多鐵路勞工」支持「另類勞工代表」（alternative labour representative）。

伍、結　論

研究網路科技對社會衝突與變遷的國外學者曾宣告，「在線上社交網絡裡，人們可以不受拘束的商議及協調各類行動」，這個概念巧妙地與另一個社會變遷概念——「社會運動行使反權力的首要之務，就在於建立不受體制權力影響的自主溝通」成為相結合的命題（唐鳳譯，2013）。一如臺灣的社會運動，從樂生療養院的抗爭到太陽花運動的大量網路公民行動的爆發，也的確展現了網路行動主義的積極面貌。

在這個初步的個案研究觀察上，我們看到臺灣鐵路運輸系統上的工會組織，對於新科技應用的認知是樂觀但謹慎的。對於工會議題在社群媒體的投放選擇上，工會幹部的基本關注幾乎都是起自對傳播效率與成本的理性考量，又反映對工會議題在特定平臺上維

持開放性，其後續可能帶來的衝擊所念茲在茲的憂慮。

　　其中，臺鐵企業工會作為一個兼具充分溝通選項資源和工會傳統的鐵路工會組織，領導者幹部群雖然體認網路通訊科技應用的價值，並要求工會幹部開始進行相關平臺的開發；但在研究進行的期間，實際開發出的應用狀況是有條件的進場。工會幹部對於 Facebook 或 LINE 的使用考量，在是否幫助領導幹部向會員最有效的傳達訊息；畢竟目前工會幹部所追求的訊息傳遞效率，並未遭到太多責難；於是乎理論上所肯定的社會運動網路社群串聯模式，並未顯著地呈現於勞工運動的常態性組織功能。研究也並未發現工會經營的社群媒體，變成不同利益者對話的場域。

　　對工會會員與幹部來說，Facebook 討論的價值，並不如會員與工會幹部間彼此面對面的人情效應或溝通效果。社群媒體的即時情緒互動功能是被疑慮的，受訪者尤其憂慮一旦誤解或意見衝突發生，社群媒體的便利反而衝擊組織穩定。從本研究所觀察到的，Facebook 的效應並未衝擊到會員看重領導權本身的具體作為，累積工會組織者在會員幹部當中的威望。排斥開放式的社群媒體的經營，雖是工會領導者的決定，但也反映著基層會員對社會對話的需求不明顯。甚至於出現受訪會員對於研究者的測試給予一個直接回饋：「鐵路是比較強調有人情味的地方，所以不會受科技影響」。這個特別的宣告，反映了許多鐵路勞工對研究者試圖詢問網路科技與工會間互動的感性認知，也抵銷了網路行動主義樂觀派宣稱的人際關係連結效果（Tufekci, 2012, 2017）。

　　本文研究的社群媒體實踐研究個案裡，我們可以看到臺灣鐵路勞工的工會運動裡，保有幾項顯著的規則：一個是資源—結構性的規則，也就是當組織具有眾多細胞幹部和溝通工具的時候，線上社

交工具作為資訊傳播的載具雖然得到重視，甚至是必然選項；但是這個工具並未「順理成章」地作為將「工會會員」提升到「對話」與「倡議」的載具，而是單純地以「最有效率傳播」的「備選工具」的功能出現。對話與倡議功能沒有受到顯著的肯定和使用，臺鐵企業工會就是這樣的反例。研究結果可以發展出對 Castells 的兩項因素結合後的反命題：正是為著勞工代表組織的永續經營，認同集體行動的勞工，反而願意受拘束的節制在網路社群媒體上的行動。

　　同樣的資源—結構性規則也清晰地在其他工會組織作用著。臺鐵產業工會和高鐵企業工會，兩個工會組織成立時間尚短，其代表企業體勞工的組織化程度也還很淺，工會幹部利用 Facebook 平臺上的不斷發聲，可以彰顯該工會的活動能量，以此爭取更多基層同仁的認同，用以強化工會的代表性。依據本研究所掌握的比較觀察，很明顯地因為實際組織與代表滲透性不足，高鐵企業工會、高鐵產業工會以及臺鐵產業工會，相對來說更為依賴 Facebook 作為可展示會務的主要工會發聲管道。相對的，唯獨臺鐵企業工會對 Facebook 保持疑慮。

　　然而 Facebook 並沒有被臺鐵工會視為組織上可以營運的場域，其考量點反映出的到底是臺鐵工會的侷限，還是更多是 Facebook 的侷限？對於前述問題的回答，應該也順便點出了網際網路的政治性。可以說，這樣的模式比較接近是一種「往／網內型成長」的工會組織傳播實踐路線。就當下的結果來看，網路公民意識／行動興起的社會轉型，並未在這些鐵路工會上有明顯的體現。

　　就兩者的對話來看，鐵路上的工會網路政治似乎因為「工會幹部導向」的性質，並未能強化公民的民主實踐？具體的結果就是「外向型網路行動主義」的外擴效果不佳。問題就在於，工會應該

學習「網／往外型成長」的路徑嗎？工會缺少投入更多資源去經營工會的公共性角色，還是，臺灣的網路公民意識／行動的研究，是從單一的組織樣貌，去歸納出一個過度理想化的網路公民實踐型態，更應該借鏡工會組織的真真實實的考量？

正如我們可以將網路社會運動認識為技術物的政治性展現，對勞工運動在網際網路應用影響下，改變工會行動模式的研究者就已經提醒，儘管網路科技的應用幫助了勞工跨越地域或國界的傳統難題，使得工人國際主義在網路上的實踐可以有所期待；但我們仍不能用虛擬世界的解決之道，去對應真實世界裡團結權的建構（Hodkinson, 2001）。同樣的，網路社群媒體在臺灣工會組織應用上的低度開發，背後所代表的政治性該如何解讀，值得更多的關注。此外，正是 LINE 企業版（LINE@）的推播特點，反而更符合工會組織的需求；這不啻是又一次體現資本主義體系無遠弗屆的日常生活影響力，在勞工運動與科技的政治性裡，如何既反抗又合體的另一個值得玩味的課題。

最後，我們應該注意到網路社群媒體作為一個技術物的特性。發言者各自展現對話或資訊創造的主體性掌控的平臺。凸顯了網路社群媒體的對話功能，這個特性不是憑空形成的，更具體的說它更是個等待被實現的技能；它可能受限於集體行動組織者的「保護組織」共識，或是更廣泛的不給予衝突機會的共識。社群媒體上的工會會員的資訊生產性不及幹部與會員共同對工會團結優先的認知，形塑出共同駕馭社群媒體功能的實踐模式。網路社群上的勞工行動主義是否巨大到挑戰未來社會動員的主流，以致工會組織必須相應轉型以維持其代表性，此一研究的觀察希望已提出初步的貢獻。

謹此向臺灣勞工運動辛勞的先行者們致上敬意！

參考文獻

王傑，2019a，〈為何要做一個沒人想做的工會幹部？（上）〉，Yahoo 論壇，https://tw.news.yahoo.com/-yahoo 論壇王傑為何要做一個沒人想做的工會幹部 - 上 -021241732.html，2019/5/27。

王傑，2019b，〈為何要做沒人想當的工會幹部（下）〉，Yahoo 論壇，https://tw.news.yahoo.com/-yahoo 論壇王傑為何要做沒人想當的工會幹部 - 下 -060000159.html，2019/5/30。

自由時報，2016，〈臺鐵產業工會：若無具體承諾秋節依法休假〉，自由時報，https://news.ltn.com.tw/news/life/breakingnews/1822131，2019/11/7。

何明修，2005，《社會運動概論》，臺北：三民書局。

何明修，2017，〈社會運動與社交媒體之再思考：評《網絡社會運動時代的來臨？》〉，《人文及社會科學集刊》，29(2): 319-323。

吳玟嶸，2018，〈運輸業工會風起雲湧，抗爭攻防進行中〉，報導者，https://www.twreporter.org/a/after-china-airlines-strike-union-03，2019/3/15。

林清芬，2005，〈一九八〇年代初期臺灣黨外政論雜誌查禁之探究〉，《國史館學術集刊》，5: 253-325。

洪敬富、陳柏奇，2010，〈網路通訊時代下的中國公眾參與——以「廈門 PX 廠」為例〉，《中國大陸研究》，53(2): 1-38。

科技濃湯，2014，〈太陽花運動：數位時代的新社會運動〉，科技濃湯 TechSoup Taiwan，http://techsoup-taiwan.blogspot.com/2014/05/blog-post.html，2019/3/5。

唐鳳譯，2013，〈憤慨與希望的網絡（上）（下）〉，節譯自 Manuel Castells, *Network of Outrage and Hope: SocialMovement in the Internet Age*, Cambridge: Polity Press. 2012，https://pugs.blogs.com/audrey/2013/12/networks-of-outrage-and-hope-2.html，2019/12/4。

侯俐安，2016，〈臺鐵工會正式分裂秋節疏運仍有變數〉，聯合報，http://a.udn.com/focus/2016/09/07/24387/index.html，2019/11/7。

陳佳君，2015，《網路時代社會運動組織的傳播策略——以「文林苑」都市更新抵抗運動為例》，臺北：國立臺灣大學新聞研究所碩士論文。

陳品存，2017，〈臺鐵產工晚會　悼公共運輸血淚明起面臨懲處〉，焦點事件，http://www.eventsinfocus.org/news/1467，2019/3/15。

陳婉琪、張恆豪、黃樹仁，2016，〈網絡社會運動時代的來臨？太陽花運動參與者的人際連帶與社群媒體因素初探〉，《人文及社會科學集刊》，28(4): 467-501。

陳順孝，2009，〈臺灣網路公民媒體的發展與挑戰〉，卓越新聞基金會（編），《臺灣傳媒再解構》，臺北：巨流圖書，頁 239-276。

陳順孝，2015，〈網路公民行動的集體演化：從搶救樂生院、野草莓運動到太陽花運動〉，洪貞玲（編），《我是公民也是媒體》，臺北：網路與書，頁 58-81。

陳蔚承，2012，《實名制、網路社會運動與網路人際關係之初探：以 Facebook 個人網頁討論士林王家「文林苑」都更案為例》，臺北：淡江大學大眾傳播學系碩士論文。

曾明財，2015，〈【眷村想想】竹籬笆內的黨外家庭〉，小英教育基金會想想論壇，http://www.thinkingtaiwan.com/content/4743，2019/3/15。

黃如萍，2014，〈莫忘來時路／9 月 11 日——臺鐵首次罷工〉，中國時報，http://www.chinatimes.com/newspapers/20140911000882-260109，2019/3/15。

張錦華，2014，〈從太陽花運動談新媒體、新公民、新民主〉，鄭文燦（編），《新社會：反抗與臺港共鳴》（新社會政策

香港專刊三期），臺北：臺灣新社會智庫，頁 32-43。

褚瑞婷，2014，〈探究社群媒體在社會運動中的運作方式與影響力〉，財團法人國家政策研究基金會，https://www.npf.org.tw/3/14132，2019/3/15。

鄭宇君、陳百齡，2016，〈探索線上公眾即時參與網絡化社運──以臺灣 318 運動為例〉，《傳播研究與實踐》，6(1): 117-150。

鄭陸霖、林鶴玲，2001，〈社運在網際網路上的展現：臺灣社會運動網站的聯網分析〉，《台灣社會學》，2: 55-96。

劉時君、蘇蘅，2017，〈政治抗議事件中媒體的創新使用與實踐：以太陽花運動為例〉，《資訊社會研究》，33: 147-188。

臺北市政府勞動局，2019，〈Part1 臺灣高速鐵路股份有限公司企業工會〉，《團結之路：臺北市工會故事》，臺北：臺北市政府勞動局，頁 13-38。

蘇鵬元，2012，〈臉書社會運動臺灣新力量〉，新新聞，http://bit.ly/2LZTTLG，2019/3/15。

Carty, V. 2015. *Social Movements and New Technology*. Boulder: Westview Press.

Castells, M. 2007. "Communication, Power and Counter-power in the Network Society." *International Journal of Communication* 1: 238-266.

Castells, M. 2012. *Network of Outrage and Hope: Social Movement in the Internet*. Cambridge: Polity Press.

Edsall, T. B. 2017. "How the Internet Threatens Democracy." *The New York Times*. in https://nyti.ms/2mwl9pf. Latest update 15 March 2019.

Gerbaudo, P. 2012. *Tweets and the Streets: Social Media and Contemporary Activism*. London: Pluto Press.

Hodder, A. and D. Houghton. 2015. "Union Use of Social Media: A Study of the University and College Union on Twitter." *New Technology, Work and Employment* 30(3): 173-189.

Hodkinson, S. 2001. "Reviving Trade Unionism: Globalisation, Internationalism and the Internet." Paper presented at the ECPR Joint Sessions, Workshop on 'Electronic Democracy: Mobilisation, Organisation and Participation via new ICTs', April 6-11, Grenoble.

LabourStart. 2013. "2013 Annual Survey of Trade Union Use of the Net." in http://www.labourstart.org/2013SurveyResults.pdf. Latest update 15 March 2019.

Naím, M. 2014. "Why Street Protests Don't Work: How Can So Many Demonstrations Accomplish So Little?" *The Atlantic*. in http://bit.ly/2LZV9OU. Latest update 15 March 2019.

Shirky, C. 2009. "How Social Media Can Make History." *TED Talk*. in http://bit.ly/2GgWP35. Latest update 15 March 2019.

Sipp, K. 2016. "The Internet vs. the Labor Movement: Why Unions Are Late-Comers to Digital Organizing." *New Labor Forum* 25(2): 88-92.

Smelser, N. J. 1962. *Theory of Collective Behavior*. New York : Free Press.

Tapscott, D. and A. D. Williams. 2007. *Wikinomics: How Mass Collaboration Changes Everything*. New York: Penguin.

Tufekci, Z. 2012. "Social Media's Small, Positive Role in Human Relationships." *The Atlantic*. in https://www.theatlantic.com/technology/archive/2012/04/social-medias-small-positive-role-in-human-relationships/256346/. Latest update 15 March 2019.

Tufekci, Z. 2017. *Twitter and Tear Gas: The Power and Fragility of Networked Protest*. New Haven and London: Yale University Press.

Chapter 06

社群媒體上的勞工行動主義 II

國道收費員自救會的「LINE 組織」*

康世昊

虎尾科技大學通識教育中心

│ 摘　要 │

2014 年起始的國道收費員抗爭，是臺灣交通運輸事業上首起源自電子科技應用 —— 高速公路電子收費系統（Electronic Toll Collection, ETC）此一重大國家交通設施轉變，造成大量解僱的勞動爭議事件。這起勞工抗爭經歷政權更迭以及多任交通部長，雖有蔡英文政府上臺前後的承諾而使激烈抗爭減緩，但迄今集體抗爭仍未完全落幕。

國道收費員自救會團結了數百位被資遣的收費站雇員，參與的會員已失去工作職場的連結，自救會更不具備典型工會的常態職

---

* 本文的研究資料取得要感謝接受冒昧請求拜訪的自救會幹部熱心協助，讓訪談與問卷（請參見附錄）往來能順利進行。需要特別聲明，對於訪談資料的整理與呈現結果，由研究者本人負全責。兩位助理李宛妮、徐紳泳協助文稿格式重整，也借此處致謝。

能。在這樣的條件下，一個可靠、有效又能配合其會員工作情況差異化的內部聯繫工具，對自救會與團結抗爭的成敗來說不只是重要因素，更像是必要條件。

國道收費員自救會在亟需會員認同和團結，方能堅持失業後抗爭的背景下，依靠有層次的安排，以 LINE 作為主要的溝通平臺，發展出有效的「LINE 組織」。而在 LINE 與 Facebook 的使用樣態選擇間，自救會成員呈現以下特點是：LINE 在抗爭歷程裡雖然也有幹部向會員提案的功能，但並不限於單向推播；而其公開性的 Facebook 專頁儘管要承受外來的質疑和責難，自救會仍保留開放，也未限制會員自由發言。該組織某種程度上謹慎地在社群平臺上實踐「多對多」的對話。對照其他臺灣勞工組織在使用社群媒體上的考量，這個特殊的案例，提供一個勞工運動與傳播科技交流下的社群網絡，如何務實演變的探索式分析。

關鍵詞：網絡公眾、ETC、國道收費員、LINE、LINE 組織、對話、開放性

壹、前　言

一、科技與工作權

　　從 1974 年 7 月 30 日開始，中山高速公路的泰山收費站開啟了臺灣高速公路上的第一個人工收費點。收費員及其收費亭成為國道使用者多年來的共同記憶。自此之後到 2013 年 12 月 30 日全線轉為電子收費系統之前，臺灣的國道上總共設置有二十六個收費站，一度僱用了約一千一百名的約聘職員（一年一聘）（黃聖閔，2009）。[1] 這些不具公務員身分，甚至非正式編制內的長期性「臨時」勞動者占了交通部高速公路局直屬編制下收費站員工的多數，就這樣在這樣的體制安排下，接受三班制的勞動條件，日夜輪流在家庭、收費站與收費亭間完成其對國道順暢運作的貢獻。

　　自 1990 年代末期起，高速公路局開始研究和試辦電子收費系統，並在 2003 年決定將 ETC 這個可被界定為國家交通政策轉變的科技應用，導入高速公路收費系統（採 BOT 經營）；取得經營

1　由於臺灣勞動體制和法制上的特性，許多「勞動」或「職務」並未被一體適用的對待，多數情況下是視雇用者任意訂定合約性質，即使是國家公務單位亦同。和大眾印象不同的事實是，國道收費員雖然是受僱在國道上進行服務，在收費站內也有公務員身分同仁，但「收費員」這個職務並未因此被認定為公務或國營事業編制員工，而是被視為「臨時」的約聘僱人員，儘管很多收費員都在國道上服務多年。

權的遠通電收在電子收費系統建置完成後,開始啟動大量解僱收費員的政策。[2]針對收費員的首波解僱動作起自2006年,當時先有一百二十五人因部分實施電子化而被精簡。從2012到2013年,交通部再完成了原本一千多名臨時約僱的職員的大量解僱,到2013年底其聘用者只剩下六名(參見表6-1)。不過由於負責BOT的遠通電收在當時並未確實兌現其對國道收費員工的轉職承諾,致使眾多失去工作的收費員不甘權益嚴重受損,在2014年後就出現了一部分前收費員組織起來的抗爭。近五年來,在約五百人選擇加入的國道收費員自救會帶領下,陸陸續續發動了將近一百九十場大大小小的抗爭。

面對前國道收費員升高的抗爭力道,高速公路局和遠通電收於抗爭初起的立場雖有差異,但對於解釋收費員權益問題的立足點則頗為接近。高公局的說法是收費員因為計程收費須進行工作轉置,雖收費員是屬政府一年一聘之僱用人員,僱用契約中並已明訂ETC計程收費後即終止僱用,其終止僱用即應自行覓職,故政府並無安置義務。

2　遠通電收全名為「遠通電收股份有限公司」,在2004年成立時原名「遠東電子收費股份有限公司」,翌年初才改為現名。官方介紹中自敘其為配合國家交通政策而於2003年由「遠傳」、「東元」、「精誠」、「神通」四家公司組成「遠東聯盟」,針對「民間參與高速公路電子收費系統建置及營運」案進行投標,並於隔年正式獲得國道高速公路局委託,推動完成高速公路電子收費計畫。

表 6-1　2005、2012 及 2013 年交通部高速公路局的員額編制變動

年度	類別	單位	局本部	北區工程處	中區工程處	南區工程處	拓建工程處	收費站	總計
94	職員	技術類	116	155	146	151	69	49	686
		業務類	116	54	41	54	29	185	479
	職工、技工、工友		10	10	10	7	27	24	88
	臨時人員	聘用人員	8	15	2	1	0	0	26
		約僱職員	0	64	25	26	0	**1,114**	1,229
		約僱職工	0	161	86	71	0	0	318
	小計		250	459	310	310	125	1,372	2,826
101	職員	技術類	113	119	111	104	65	29	541
		業務類	100	39	36	51	26	117	369
	職工、技工、工友		9	10	8	6	26	19	78
	臨時人員	聘用人員	10	15	5	1	0	0	31
		約僱職員	0	63	33	22	0	**1,010**	1,128
		約僱職工	0	165	75	61	0	0	301
	小計		232	411	268	245	117	1,175	2,448
102	職員	技術類	109	118	109	104	64	25	529
		業務類	94	39	36	51	26	114	360
	職工、技工、工友		9	8	7	6	25	18	73
	臨時人員	聘用人員	10	13	5	1	0	0	29
		約僱職員	0	61	32	21	0	**6**	120
		約僱職工	0	162	71	56	0	0	289
	小計		222	401	260	239	115	163	1,400

資料取自：交通部高速公路局 102 年年報，出刊：中華民國 103 年 4 月。

* 根據年報資料，收費站約僱職員於 2005 年達到最高的 1,114 位。

　　不過當年該局亦表明「基於同理心的立場」，願全力協助收費員轉置工作。例如，收費員訴求遠通公司職缺之工作地區地點不一，高公局即責由遠通公司依縣／市別提供工作機會；再如，收費員認為部分職缺學經歷限制門檻高，高公局即要求遠通公司開發並提供無學經歷門檻職缺。而遠東集團旗下的遠通電收則認為協助轉職部分已經盡到公司義務，但公司作為企業經營者也不可能無條件滿足失業者的就職條件。很顯然地，「淘汰舊技術」的勞動力僱用者（高速公路局）和「操作新科技」的經營者（遠通電收）在當下都抱持著已負起相當責任的態度。

　　在上述新、舊經營管理單位釋放出的條件與說法下，國道收費員抗爭的起因有兩個重要環節：被解僱者的年資與工作權的認定標準。前者是因為國道收費員原本的聘僱條約將他們排除於公務人員之外，又因為為約聘僱制度使得其可以勞基法計算的年資低於其真實工作年資；後者則肇始於遠通公司對於收費員工作轉置的輕忽。收費員抨擊在 BOT 的合約中，政府並沒有盡全力認知其對系統轉換所造成工作權的消失而應負起的責任，未察覺合約條文的粗糙或蓄意放水，完全無法要求遠通履行收費員全數安置的承諾；也才令最初始的爭議延宕二年半之久，難以解決。

　　而一開始，不同國道收費站員工彼此間的聯繫有其特性，但也具有其他交通運輸業的勞工的共同條件：由於所在交通運輸工作場所的分布差異，收費員們也有相當程度的場站地域疏離感；再加上解僱爭議初期對權益的認知程度不高，或因個人職涯規劃，甚至是與區域主管的互動模式，很大程度讓收費電子化初期受影響的員工，選擇接受管理階層的各種提案。但也要注意到，和其他傳統運輸業（例如前文的臺灣鐵路員工）相比下的不同特性是，國道收費員勞動過程上的「空間配置與安排」最為強力；大部分員工不像其

他運輸業從業勞工，前者有一部分共事員工（主要是駕駛員）因著行駛工具的移動的「便利性」，而享有少數勞工間接觸與發展串聯的機會（陳秀曼，2001）。[3] 所以疏離又被科技排擠掉工作權的這群勞工，如何建立一個有效平臺，正是負起組織責任的收費員幹部必須面對、思索和不斷嘗試的運作目標。

適逢資訊科技裡不斷推陳出新的應用軟體，在 2010 年後 LINE 這個免付費軟體在臺灣的手機使用者中流行起來，國道收費員也順勢搭上這波浪潮，一步步在自救會組織運作需求下與網路應用科技緊密結合，也可視為個人的網路使用習慣共識成集體網路行動，某種程度上呼應了本研究原本關注的臺灣社會變遷脈絡下發展出哪些樣態的網路行動主義。

二、科技順從與抵抗

如同作者在第五章所述及，網際網路與數位傳輸造就的匿名性通訊網絡（autonomous communication networks）的進步，提供了與過往不同的社會變遷驅動力（Castells, 2012）。在太陽花運動的網路效應反思下，網路公民行動主義在臺灣被概念化為網路公眾（networked public），以「具延展性的網絡改變了社運的實踐」（鄭宇君、陳百齡，2016：120）。更具體言之，「公民使用

3　運輸業勞工因所屬專業、職責的不同，對工作利益的反應常有差異。這裡指的是，一個運輸事業體中，負責操作移動載具的單位員工，享有較多機會去串連事業體下的各地員工。例如，臺灣鐵路工會甚至高速鐵路工會的司機員，可藉由勞動過程本身的移動性所扮演的工會組織化初起的倡議與串連角色。對於「移動性」的描述這裡亦參考了陳秀曼對於臺灣汽車客運公司的車掌小姐的研究論文，對於被「收票機」取代的女性勞工在資本主義勞動過程強化下的「向下沉淪」。

網路科技，開創一個眾人參與、跨地連結、即時互動的公民傳播
體系」；社群媒體上的網民則可視為「一面收訊一面傳訊的創用
者」；網際網路這個通訊科技帶來的根本變革是「只要有共同的目
標和默契，散居各地的人就能迅速集結成『無組織的組織』推展行
動，這就改變了社會運動組織決策、聚眾參與、社會對話的型態，
開啟網路公民行動的時代」（陳順孝，2015：60-61）。

在上述概念下，技術的使用慣習與使用者的社會背景有值得探
究的關係。臺灣社會學者對網路科技早期應用時的觀察，曾提出一
個假設加以檢證：「社運的主體如果社會經濟地位偏低，社運的網
路化程度也將偏低」（鄭陸霖、林鶴玲，2001：74)；其相關分析
亦指出，「藍領工人的生活世界一般而言離網際網路相當遙遠」、
「勞工運動運用網路的主要目的在於對外爭取發言權，並非對內動
員」（林鶴玲、鄭陸霖，2001：23-24）。然而，在二十一世紀初
提出的命題，將社會階層的社經背景與網際網路使用特性連結的觀
察，是否隨著網路科技與載具（智慧型手機功能）的普及，又浮現
新的社會文化行動樣貌？

然而不管新出現的差異如何浮現，前述的命題綜合起來就代
表了一定的技術政治論傾向。使用者經濟條件的差異，是否仍扮演
影響勞工運動低度使用網路的主因？前述調查的背景如今值得注意
新的變遷樣態。本文提出的國道收費員案例，即是在這樣的脈絡
下，探索臺灣勞工如何在自己的知識經驗上，結合科技便利性與行
動主義的特質。

當前臺灣學術界對於勞工運動應用社群媒體的研究還相當少
見，目前可見的少數分析是以抗議行動的特定案例，建構出來的網
路行動主義型態。至於聚焦在分析兩者間日常交互影響的研究，則

尚未有完整的研究發表。類似狀況在國外工運組織，如前章提及的
LabourStart 年度調查（2013）及學界也才逐步發展中。英國學者
Hodder 和 Houghton 就指出，一直到近年，英國還沒有任何對工會
如何使用社群媒體的相關研究。Wil Chivers 等學者也同樣指出，
儘管工會樂於使用 Twitter 這類的社群媒體平臺來協助組織與動員
（網路化會員，networked membership），但對於工會如何在日常
事務中操作的實證研究仍非常少（2017）。

　　除了第五章及前文提及的幾項研究，阮氏海燕的研究提出了
幾個對日常應用的一般性結論：首先，「手機是移工使用社群媒體
的主要工具」，她於是進一步關注社群媒體對於移工在跨文化適應
上的角色，有意思的發現到移工這個集體身分，如何在社群媒體上
與其他族群反而區分開來。最終，她提出「社群媒體成為移工在網
路時代的族群媒體，加強移工對原文化認同並有助於心理適應，但
無法促進移工對主流文化的認識、互動與溝通，因而未達到社會適
應效果」（2017）。

　　本章所調查分析的個案：國道收費員自救會抗爭發展為一個
以 LINE 作為內部動員、Facebook 作為外部對話的案例，很足以作
為觀察社群媒體上的臺灣勞工行動主義的先例。國道收費員自救
會在亟需會員認同和團結，方能堅持失業後抗爭的背景條件下，
依靠有層次的安排，以 LINE 作為主要的溝通平臺，發展出有效的
「LINE 組織」。而在 LINE 與 Facebook 的使用樣態選擇間，自救
會成員展現出以下特點：LINE 在抗爭歷程裡雖然也有幹部向會員
提案的功能，但並不限於單向推播；而其公開性的 Facebook 專頁
儘管要承受外來的質疑和責難，自救會仍保留開放，也未限制會員
自由發言。該組織某種程度上謹慎地在社群平臺上實踐「多對多」
的對話。

三、工會與 LINE

根據資策會的公布的 2014 年百大 App 活躍者使用報告結果表示，該年上半年，臺灣最多人使用的前三大 App 依序為：LINE、Facebook、臺灣蘋果日報；其中有 66.6% 民眾使用 LINE，註冊人數超過 1700 萬（陳致柔等，2015）。不過，就網路社群媒體本身的介面特性來對比，LINE 與 Facebook、Twitter（推特）或是 Instagram 風行於世界不同，它是一個只在亞洲地區流行的行動通訊軟體（據維基百科資料顯示，在歐洲只有西班牙有較多使用者）。其次，其特色是使用者的發言可以像是雙邊對話一般的在畫面中呈現出來且不斷排列下去，於是設定在通話與傳訊都免費的基礎上，開發出 LINE 這個手機應用程式。[4]

和其他社群通訊軟體的發展歷程類似，現下的 LINE 早已不是 2011 年 6 月初上架時那種活動式的「通訊錄」軟體。如同其他較早的通訊軟體不斷出現新版本，時下的版本不僅僅是個人與個人的通訊錄功能；最新版本可以傳送新聞連結，也可以分享照片與檔案，尤其便利加入群組的人形成緊密的手機網路社群。

網際網路這個科技性工具，可作為發言者展現行動主體的平臺，提供社會運動更多傳播管道，它如何進入工會幹部的日常實作，值得一探。在日常聯繫通訊科技的更新與被接受的趨勢下，勞

4　關於 LINE 的開發有一說是源自設計者 NHN Japan 注意到 2011 年 3 月 11 日東日本大地震人們失去通訊，急於聯繫家人及工作夥伴的他們發現網際網路比起電話通訊來得穩定，為了要讓工作夥伴與親友可以透過彼此的手機載具，穿透空間與時間，就像是一條「線」重新凝聚失聯的眾人（Saito, 2012）。

工組織者與工會難以避免要考量，新的工具是否幫助工會更便利經營與會員互動。然而對他們來說，「通訊軟體／社群網站」的挑選更多是只為了強化內部溝通，「務實地」選擇最能實現承諾的「工具」——更有效率，更省成本的輔助性工具？或是，仍然如早期觀察所示，更多在考量工會的外部宣傳？而這些變動是否呼應著網路行動主義的樂觀期待，例如，第五章所提及 Tapscott & Williams 的 prosumer 概念（2007），連帶也在促進工會民主、社會對話等議題上產生效益？

值得一提的是，LINE 的工會傳訊便利性顯然在臺灣獲得越來越普遍的認同。除了許多大工會建有自己的 LINE 帳號，勞動部於 2019 年初公布將補助工會使用 LINE@ 入門版月租費，所提的方案幾乎是肯定著 LINE 可以幫助提升臺灣工會組織的活動效率。根據 2019 年 1 月底的公告的「勞動部補助工會運用行動通訊軟體實施要點」（余曉涵，2019），這個官方補助更間接反映了商業性質的行動通訊軟體（也是網路社群媒體），亦被肯定其作為社會變遷過程中的科技性角色。[5]

由於國內尚無針對勞工運動使用社群媒體工具的調查研究文獻，本文可視為此領域中首次的探索性分析。本文是根據 2017-18 年間，作者加入國道收費員自救會 Facebook 專頁整理其中公布之貼文，以及與自救會成員的訪談所得到的第一手資料，整理而成。再加上進行的具體經驗訪談（共十五位受訪者，分三次進行）、問

---

[5] 根據其內容所述，「由於外界不斷詬病臺灣工會組織率偏低，為鼓勵勞工組工會及加強工會會務發展，勞動部出奇招，補助工會申請 LINE@ 認證帳號。勞動部勞動關係司工會科長許根魁表示，『勞動部補助工會運用行動通訊軟體實施要點』中有載明，工會申請 LINE@ 認證帳號後，經過勞動部審查，升級成付費推廣方案時，勞動部將補助入門版月租費。」

卷、線上社群媒體使用觀察，和歷史資料整理等多種研究方法，所綜合蒐集而成的資料，針對這個曾引起臺灣政界藍綠雙方支持者隔空叫戰的勞工抗爭案例，提出一個粗淺分析。

貳、國道收費員自救會的組成

2014 年 1 月起國道高速公路收費系統全面改為電子收費，並以 BOT 的方式，交由遠通電收公司經營；原收費員認為遠通電收協助轉置方式和資遣金，與當初的承諾落差太大，1 月 3 日，五百多名前國道收費員至交通部陳情，之後又遊行前往凱道向總統府陳情，從此拉開收費員抗爭的序幕。在 1 月交通部的抗爭上，失業收費員們首先是提出「要求交通部重啟協商，也要求遠通應該依據計畫書，全數吸收收費員，來保障工作權」。在這個基調下，後來自救會進一步整理出的兩大訴求分別是「資遣費應比照勞基法的勞退舊制」和「妥善安置收費員的工作權」。

絕大部分收費員們畢竟已經離開原工作場域，原來的勞動場域作為會員集體聯繫和討論的「空間」的條件不再；更因為在這之前沒有成立工會，也已來不及由任何的運輸業工會可做其代表，進行集體抗爭的組織化倡議自然朝向以「自救會」的型態來運作。[6]

6　收費員的境況在當時得到「全國關廠工人連線」（全關連）的關注，後者也派員協助組織化。1990 年代中起，臺灣因二級產業陸續外移，發生多起紡織、製衣廠惡性倒閉，導致員工退休金與資遣費問題都求助無門。有鑑於這些事件是結構性的問題而非特例，單一企業員工的抗爭將面臨長期苦戰，數家關廠失業勞工遂進而組成「全國關廠工人連線」陸續進行了包括一系列的

國道收費員自救會於 2014 年發動正式抗爭時由約五百人左右組成，會員組成涵蓋整個臺灣西半部地區總共二十六個收費站。會員的男女比例約 2：8，大部分年齡介於三十至四十歲，其中也有是夫妻皆為收費員。同年 2 月 8 日，二百三十多位南部國道收費員，於臺南市舉行「國道收費員自救會第一次會員大會」，並正式邀請了「全國關廠工人連線」人員到場，分享其他自救會如何運作和爭取應有權利。

初成立時，考量到對外發言的能力，成員們選出的首任會長為來自南部的收費員（男性），不過當抗爭確定轉為持久戰後，則由同樣是來自南區的原總幹事（女性）接任第二任會長。自救會幹部的替換反映了組織上的各種壓力與挑戰。初期的某些主要行動甚至對自救會的後續運作帶來嚴重衝擊。例如，抗爭第一年的 6 月24 日，自救會成功促成於高速公路中工局與交通部長葉匡時會面，會談也有達成初步共識（參見表 6-2），自救會一部分會員更認為抗爭已經成功。但樂觀的預期反而導致後來自救會在後續要求履行承諾的行動上，面臨到會員們士氣和活動力下沉。就抗爭的歷程與動力來說，這是第一次自救會陷入動員較難的處境，這次經驗讓幹部們深刻意識到帶動會員參與，需謹慎處理組織維繫和抗爭策略。在此後，幹部們對於利用 LINE 的組織化，配合定期的大會，發展出相當明確的流程。

儘管自救會並非工會，無需以開發潛在新會員作為組織的目

抗爭活動。但全關連是由關廠受害工人以各自原受僱企業為單位組成的結盟團體，因此收費員也必須先確立自己的組織化而非個別收費員直接加入全關連。而此時的全關連與桃園縣產業總工會保有緊密的互動，因此全關連的活動以及對國道收費員自救會的支援，也等於受到桃產總等團體的協助。此外，另一工運團體國際勞工協會幹部隨後也加入對國道收費員抗爭的長期協助。

標，但從成立以來還得面臨著原收費員彼此間很殘酷的利益分化挑戰，且隨著抗爭有了初步成果，來自外界與非會員收費員的非難就更為頻繁。首先是在 2014 年的抗爭初起，總數一千一百多名的收費員中，有一半以上選擇領取離職金；這些過去的「同事」對於選擇轉任後又成立自救會成員的行動與訴求，不見得支持；於是自救會會員從最開始的七百多人，慢慢因為訴求利益不同而下降；再來是依聘僱約定，其年資依照兩種不同身分而有不同；又或者是抗爭過程中，會員宣稱「抗爭不可能成功」、「理念不同」、「不滿意幹部表現」以及「找到新工作以致時間無法配合」等逐漸退出自救會。

伴隨著近年來臺灣工運組織對於「反對搭便車」此一原則的強化，是否持續性的、積極的參與自救會的抗爭行動，將影響到抗爭結束後的實質權益獲取資格。換句話說，已經四散於各地為自己的職涯與家庭生計找出路的前收費員們，還必須要考量自己該選擇哪一種「決定」。於是乎就有了自救會抗爭多年歷程上畫分出「第一批被資遣」、「2013 資遣非會員」、「2013 資遣會員」、「2013 資遣會員後退出」等，大略依事件和會籍而區別出的「身分」。[7] 總體來說，自救會的抗爭歷程裡，參與人員會籍的確認本身就是一部很現實、很寫實的組織史血淚紀實。[8]

---

[7] 國道收費員自救會對於會籍的確認非常重視與謹慎，因為會籍的情況會影響到抗爭成功後的補償分配是否公平的情形。以會費來說，會員會費以每個月為單位，一年分成四次收取（季繳）。若有拖延繳費，幹部與代表會聯繫詢問是否有財務困難或是有其他考量。

[8] 非會員收費員與會員收費員的衝突，最終白熱化是在 2016 年底之後。那時非會員開始在報紙投書等場合，批評「自救會的訴求是非理性，且要求政府不應該讓會吵的人有那麼多糖吃」。於是有會員們在自救會 Facebook 專頁上發言回應，未堅持持續參加自救會抗爭者的「搭便車」，也有埋怨某些人這時突然又要參加自救會。

因為自救會代表的是原有工作權已確定流失，沒有招募新會員的需求。可以說自救會是一個不求會員數成長的勞工代表組織，組織運作的核心是鞏固會員對於每次跨區團體行動的信心與配合動員的認可。所以作為自救會的會員，就有了繳交會費以及行動參與出席的義務。[9] 會員加入後，考量到未來抗爭取得補償的合理分配，會籍的清理很重要，但是（現實考量上）也允許某些特例的保留。2014 年起，原本的總幹事被選為會長，新任會長安排了三位副會長分別來自北、中、南三區，每位副會長負責六至七個區域劃分內的原收費站會員的組織代表工作。自救會共同以會員為中心，串連各地去的副會長，在缺乏公會資產的條件下，持續進行全臺的串連。

表6-2　國道收費員 2014-2017 年主要抗爭行動大事紀

2014	
1/3	收費員第一次上街頭，五百多名前國道收費員先至交通部陳情，之後前往凱道並在總統府陳情。
4/22	交通部召開協調會，因場地問題自救會占領交通部大廳，最後協商破局。又到中正紀念堂、臺北車站等地遊行、發傳單，並預告日後會有更強烈的抗爭行動。
6/24	自救會成員到高公局中工處集合，拉舉布條，要求遠通電收依據計畫書，全數吸收收費員，保障勞工工作權。交通部長葉匡時承諾共同組成委員會解決問題。
10/25	收費員首次上國道（中壢交流道）抗爭，事後被警方以「公共危險罪」嫌移送偵辦。
11/20	自救會於國民黨中央黨部前展開無限期絕食行動，被警方強制驅離後，改在交通部前夜宿並持續絕食。

9　根據自救會幹部的說法，關於出席率的規定，在自救會初期較嚴格要求，後期則慢慢寬鬆，允許每幾次行動至少出席一次即可的彈性，並交由各區代表裁量。

11/28	自救會三名絕食者與另五名成員,爬上臺北東湖附近的 ETC 收費門架。抗議行動到夜間 11 點,因絕食二百小時身體不適與失溫等因素,自行撤離。
2015	
3/16	自救會突襲行政院長毛治國住宅大樓。收費員要求比照《勞基法》資遣、退休條件,交通部以擔憂其他政府機關約聘僱及臨時人員均將要求比照而拒絕。
3/22	二百多名會員及聲援者每人手捧一顆雞蛋,以「六步一跪」方式,由交通部「苦行」至行政院。收費員將訴求拉高到制度層面,提出要求政府「廢除約聘僱」,全面以正職的方式僱用公部門的受僱者。
12/22	自救會參與「工鬥」行動,民進黨總統候選人蔡英文於福華飯店會見七大工商團體,工鬥在外拉布條抗議,要求蔡正式回應包括國道收費員自救會的訴求。
2016	
1/4	蔡英文承諾專案處理,解決「收費員」案。蔡英文與工鬥會面,承諾「成立專案小組於 520 上任後立刻解決」。
8/15	收費員於民進黨部外展開苦站,要求蔡英文兌現承諾。
8/16	參與行政院長林全與各社運領域團體對話之座談會。會後獲得行政院承諾立即進行協商。
2017	
1/21	自救會會員大會,幹部向全體會員報告政府跳票與自救會協議的情況,並定調「協議跳票,重啟抗爭」!
2/24	自救會與桃園市空服員職業工會聯合,舉行「反搭便車反打壓大遊行」。
5/15	發動「舉牌、苦候」行動,在凱達格蘭大道旁紮營,每天上午高舉「履行協議」立牌繞行總統府前的公園路口,要求蔡政府履行國道收費員補償方案協議。

資料來源:國道收費員自救會提供,作者整理。

叁、Facebook 可對話，LINE 可做組織

一、網外傳播的 Facebook 行動

　　國道收費員自救會擁有自己的常態經營的公開 Facebook 粉絲專頁，卻沒有選擇建置會員專屬的不公開社團專頁。Facebook 的經營因為牽涉到論述處理能力以及政治判斷，因此從一開始，自救會的 Facebook 慣例是由自救會幹部與受委託的勞工團體幹部共同經營。Facebook 粉絲專頁還提供給自救會這樣的功能：發布「採訪通知」、「新聞稿」、「活動照片」、「協議文件」，另一個就是「直播」功能。但這些功能並沒有讓自救會以 Facebook 作為主要的動員平臺。從幹部們對於會員是否加入 Facebook 粉專的原則可以發現，大家對於 Facebook 粉專是否要求會員必須加入的看法並不一致，可見 Facebook 的確不是自救會依賴的主要社群平臺。

　　尤其自救會幹部也有個人的新生涯規劃要處理，並非整天都在處理自救會聯繫事務，加上上述的考量，自救會幹部於是和協助的勞工團體幹部有這樣的默契：

　　「大致上參加活動後或是比較輕鬆的訊息是我們自己發，但若是比較正式的新聞稿或是比較帶有政治性的問題，幾乎是由勞工團體的幹部處理，也有少部分是我們自己發，但都是經過討論後才會發出去，沒有經過討論是不會發出去的」（FH-1，

2018/12/25）。

值得注意的是，國道收費員自救會抗爭過程中常常採取具有新聞性的手法，包括爬上高速公路或是到國民黨市長候選人造勢晚會抗爭。因此每每在重大行動過後，Facebook 頁上就會出現各種批評自救會手段的意見，這已並非少見的狀況。儘管如此，對於 Facebook 上的經營原則，自救會採取的是較為開放的態度。受訪的收費員們一致表示，對於 Facebook 意見的發表保持開放的原則。副會長與代表們都表示，他們的態度是，若 Facebook 頁面上出現對自救會的批評與攻擊，會員們可以自由地去予以反擊或評論。幹部們自詡的原則就是能夠保持理性，不要有人身攻擊或流於謾罵的對話發生。

> 「若我們在臉書上碰到惡意留言，幹部及會員們會生氣，也有會上去對話解釋當時的狀況，但若遇到講不清的，可能就不會去回覆了。我也會勸阻我們的幹部或會員不用太在意，因為是大眾在和我們對話，也是我們在聽取不同的聲音」（FH-1，2018/12/25）。

會長更是在訪談中輕鬆的直接表示：

> 「對於有一些比較不好或惡意的留言，我們是不會去封鎖或刪除，我們是比較採取讓社會大眾去看、去評論的態度，這樣也可以讓大家知道我們的狀況，和別人是如何看這件事情的」（2018/12/25）。

就整理的自救會 Facebook 粉絲專頁留言統計，大部分時候抗爭活動在自救會 Facebook 專頁上只有少數人的幾則留言，但是某些行動或進展發生後也曾引發大量的留言湧入。例如，2016 年 8

月 16 日自救會幹部與政務委員林萬億、勞動部長郭芳煜的會議後，得出三方協議簽署，似乎訴求已有出路。但協商「成功」的好消息一出，自救會的 Facebook 專頁上卻湧入一百多則的留言，許多都是來批評的：「你們（前收費員）的行為不過只是自私、貪心」、「蛀蟲」、「無賴」、「憑什麼全民買單」、「我實在不懂，為什麼你們得到的補償比我們廣大正職勞工失業後得到的補償還多」。更值得注意的是，「非會員」的前收費員們也針對這些權益差別在 Facebook 粉絲專頁上與自救會成員公開開槓。對於這些批評留言是否選擇忽略，自救會成員給予的回答反映出一種對社群媒體的負面效應，採取工具性選擇應用的立場。一如受訪幹部所表示，幹部很少去回，倒是反而允許會員去回。

儘管這樣，該 Facebook 粉絲專頁迄今已累積到約二萬一千位以上的粉絲加入。換句話說，這個五百人組成的自救會可以透過 Facebook，讓超過會員人數四十倍的大眾，願意關心和支持自救會的行動。自救會 Facebook 粉絲專頁的持續經營與更新，在這四年多的抗爭歷程裡既滿足了對社會各界傳播自救會訊息的重要功能，又維持了與社會支持者甚至責難者的對話。

二、LINE 組織化的確立

相對於 Facebook 公開粉絲專頁的與外界對話，自救會成立之初就大量依賴 LINE 進行會員內部聯繫。自救會於 2014 年開始運作以來，「剛好」搭上 LINE 在臺灣被廣泛下載的風潮，所以會員彼此之間最主要的聯繫工具也很快以 LINE 為主。自救會有意識地依據區域劃分、幹部職責而進行 LINE 群組的組織化建置。透過建立分層參與的 LINE 群組，會長與三位副會長有自己的群組。而每

一區副會長又與自己區域內的各站代表們建立一個群組（每區涵蓋約六至七個原站點，每個原站點設置二位代表），各站又有一個自己最基層的 LINE 群組。

和其他受訪工會不同之特殊處在於，國道收費員自救會的 LINE 版本不是使用 LINE@ 這個企業版推播系統；這和第五章我們呈現的鐵路工會研究訪談結果發現的態度不同。國道收費員自救會未設置成立開放性的會員群組，且嚴格控制不允許外人加入。其各群組成員統一由各站代表來邀請（通常一站會設二位代表，但也有例外的，一站只有一位代表）、確認和管理原收費員加入群組（或離開群組）。[10] 例如某位會員退出自救會，其所屬 LINE 群組的代表就要負責正式取消其在 LINE 群組裡的身分。但群組會員可以自由在群組內互相發言。在這些原則下，國道收費員自救會摸索出一個完整配合的 LINE 組織系統。

自救會的 LINE 群組基本上是以各站為單位，讓原來站內的同事們自己去組成，也省去幹部們因為不熟而影響群組運作；另一方面更可以讓會長或副會長不必無止境的承擔繁瑣的組織工作量。這

---

10 當研究者問到自救會幹部為什麼未選擇採用所有會員都加在同一個群組的大集合方式？自救會的回覆是「因為早期的 LINE 有限制群組人數的加入（是後來才開放人數越來越多）」、「但更重要的是我們也希望各站代表可以先過濾會員和非會員的狀況，是會員的才能加入群組，這樣也可以避免不是會員的加入而亂傳遞消息，在動員上也比較可以區隔。也因為加入會員必須要收取會費和盡會員的義務（參加活動及配合動員規則），而當有狀況時，我們也只服務會員和會員可以享受省事和省時的福利；這樣，更能分別出會員和非會員的差別」、「我們也考量到如果代表沒有過濾會員，而讓一些非會員加入群組，那我們可能也不好掌握非會員的情況（當然會員還是會配合和遵守自救會的規則），而也不好控制非會員在群組裡亂加人進來的情況，會比較亂！」LINE 群組是依照會長→副會長→（幹部）→站代表→會員，這樣的分層分工，希望讓各站代表這層能出來一點，也可以更負起一些責任，幫助自救會的運作。

樣考量下的運作實務是：

> 「因為各區副會長不一定對每個會員都很熟，畢竟是各站的
> 代表對自己站的同事最熟悉，他們從之前在上班的時候就認
> 識，比較可以聯絡及知道會員的狀況。若代表突然有什麼狀
> 況，就由副會長或幹部去遞補追蹤或由副會長去追另一名代
> 表；我們採用這樣的分層管理也可以去減輕每位代表或副會
> 長的工作量，而且若那站有二位代表的，他們也會去調配自
> 己聯絡幾位會員（等於自己分組），大家分工合作」（FS-
> 2，2018/12/05）。

上述的 LINE 組織反映出自救會選擇務實地面對四散各地的會
員們的「場站意識」。LINE 的使用配合各區各站的分組，建構成
多層次的通訊群組。而這個一層又一層的群組，代表的是基層對話
體系，會長與各區會長原則上並不直接加入各站的群組。在基層對
話群組外，所有幹部與代表又有一個幹部們的群組，方便幹部們一
起來反映和討論會員們的各種心聲和回應的方式。

這樣的 LINE 組織甚且被自救會認為，在訊息傳遞和會員近況
掌握上更有效率：

> 「我們自救會有分層傳遞訊息，一方面我們想要讓代表更進
> 入狀況，更能隨時知道我們自救會的內部運作狀況；也想讓
> 他們能隨時掌握各站自己會員的狀況，隨時可以回報和處理
> 會員的問題，像我們之前有調查會員的工作情況和一些資
> 料，也都由各區副會長去追代表，代表去追自己站的會員，
> 這樣一來更能有效去執行一些作業和傳遞訊息，最重要的是
> 動員的狀況」（焦點團體訪談，2018/06/05）。

三、善用網路創造的即時性組織行政功能

自救會幹部在介紹組織與 LINE 的圓滿結合時，還提到了 LINE 組織的延伸應用幫助他們省了很多會員文件的確認。例如，自救會要求會員寄送文件（如律師委託書），也是在 LINE 上完成；甚至由會員設計表格，便利年紀較大會員可以在 LINE 上簡單完成。其延伸功能實例是，可以利用便利商店的 ibon 機器，上傳委託書、授權書，同樣也可以下載、寄回，然後在 LINE 上快速回覆確認訊息，節省會員與幹部間重要文件往來的成本和時間。

再者，巧妙利用 LINE 的小功能，例如「LINE 上有點名的功能，tag 一個人讓他們多多習慣在群組內具體回應」、「我們就可以避免有些人總是躲著不發言」（焦點團體訪談，2018/12/05）。

在國道收費員自救會的抗爭組織行動上可以確定的是，LINE 已經高度地作為內部直接溝通的平臺，基層各站在 LINE 群組上書面回答，再私底下電話詢問溝通。LINE 之所以最好用，正因為大多數會員已經有生計考量要上班，LINE 可以直接聯繫，也可以放上訊息等待被讀取，目的之一就是以不打擾到會員上班執勤為原則。自救會幹部們都同意：

> 「主要是以方便考量，有些人在工作時無法接聽電話，有空時會上來看訊息，也能即時查看」。所以就使用優先性來說，電話自然變成輔助用，也就是若真有會員並未回覆，或是表示無法理解訊息內容時才會用到。於是綜合起來考量，「這樣（先用 LINE 公布再打電話）比較有效率」（焦點團體訪談，2018/06/05）。

從會員和幹部在訪談中的經驗分享，LINE 的好處是可以確認封閉的群組內是否訊息都已讀，並且也還要求群組成員「回覆」。這樣的互動對於統計會員是否會出席大會等，類似事務型活動甚為方便。不過，組織也會因應 LINE 設計的不足，來修改確認問題的技巧。這個「確認」的需求，其實是源自 LINE 的頁面設計並不適合多字的討論，尤其在手機頁面滑動時會因頁面而難以掌握各自的回覆情況。因此慢慢的發展出來，在群組裡的討論溝通，每一次溝通會長要做個小結，以免問題一直留著，會變成彼此互信或互動上的疙瘩。此外就是善用 LINE 的 tag 功能鼓勵群組成員發言。然而，LINE 的功能真的這麼理想嗎？它真的取代了電話或其他的溝通工具？會員們又如何能在不具匿名性的群組裡發散自己心裡真正的想法呢？

肆、LINE 是會員屬性的延伸

進一步整理國道收費員自救會成員的使用慣習，更能清楚爬梳出，傳播科技和社會變遷理論的學者指出「媒介是人的延伸」這句話的更深層意涵（張錦華，2014：41）。儘管 LINE 的群組功能高度滿足了自救會的聯繫需求，但是核心幹部們更清楚知道，最艱難的組織動員工作若依賴 LINE，將有風險會造成會員的疏離感以及幹部成長的侷限。傳統的人情經營、領導者魅力，以及組織內自行發展出來的通訊軟體對話技巧，依然扮演起社群媒體特性未能取代的要素。

一、一對一對話化解細部差異

儘管訪談結果顯示 LINE 可以滿足會員間的溝通，但在自救會的 LINE 群組運作上，有些特別時刻讓 LINE 的效果仍需要再補強。首先，在自救會剛成立的階段，群組成員間對於很多訴求、議題、行動等細節的傳達都還陌生，容易對訊息或效果產生疑惑，所以會不斷提醒代表幹部們也要再透過電話說明或確認。再者，由於有些代表對於如何處理自救會幹部與會員間的訊息傳達較弱，他們可能會沒有任何解釋的就在 LINE 上把訊息或決議轉發出去，而沒有任何說明。再加上還要考量到會員們的期待和很多瑣碎的情況，幹部會利用／手機／市話溝通等一對一、面對面的機會，把會員的困惑或情況再帶回給代表。

在那些充滿艱難決定的時刻，如何能讓分散四處的會員去認同其背後考量，願意配合積極動員，自救會幹部要如何確定代表把自救會的決議傳送下去？除了要仰賴幹部們利用一對一通話，甚至是以「聊天」的方式了解會員是否得到充分的訊息。這個被要求的動作，還可以避免「臺灣人的通病：有話想說或有意見但不直接在群組內向代表反映，只有像朋友般聊天時這樣意見才敢講出來」（FH-1，2018/12/25）。所以基本上若碰到要動員進行抗爭行動時，準備工作就是公告先通過 LINE 公布出來，然後會長與各區幹部分工，再一位一位打（LINE）電話確認是否了解自救會決定、是否會參與等。

但是對自救會來說，會員的凝聚力當然不會依賴社群媒體平臺上去鞏固。尤其是大部分會員並不會積極在群組內發言或討論，更何況其會員四散各地，再也沒有工作上的連結作為強化會員互動

的機會，彼此間的凝聚力很容易就渙散無力。因此自救會也意識到在重大議題進展上必須要召開說明會，去協調和說服各站會員的繼續支持。但不管是進行抗爭行動或召開說明會本身，又必須面臨四散北、中、南各地，各自成員時間或工作無法配合的挑戰，所以每每都需要 LINE 的積極利用和直接對話的配合，去取得會員們的一一回報。幹部們當然也知道區域間多少有細部利益和向心力等的差別，對於這個組織課題的挑戰，自救會幹部還意識到需要時常用舉辦聯誼的方式，打破各區域會員的隔閡和疏離。因為「區域文化」的差異多少存在，若沒有妥善加以處理，動員和調配情況就又可能對幹部造成執行上的困擾。[11]

二、領導者享有會員認同魅力

在國道收費員經歷過的啟蒙—協商—協商破裂—行動，這漫長的抗爭歷程裡，會員們多少也會浮出自救會的手段是不是過於激進的懷疑，甚至出現不能繼續認同的情緒。這些聲音常常是代表們不知如何處理的，於是代表們就利用「幹部群組」反映和討論。這些問題常常是由會長在群組裡先公開書面說明（「這個代表反映的狀況，或許另一個代表也碰到」、「或許其他代表們會先在群組裡幫忙說明給發難的代表們」），然後會長也會再親自出面（打電話），向會員解釋這些動作的必要性：「幹部和會員若意見不合無

---

11 在訪談過程裡，有會員試著描述南北區會員間的「人情世故差異」如何區分。例如，南區會員間有一種比較重情義的感覺，北區則是最好能把利益得失說明清楚，甚至捧到他們面前，中區則通常是跟隨北區反應決定。幹部若沒有照顧好這個細節，即使是「便當情節」也可能發酵。幹部們很清楚既然講錢容易傷心，所以面對自救會運作上，也要能有技巧地平衡補助各區會員動員時的遊覽車錢，以平衡不同地區會員對於公平性的感受。

法化解，最後會長出面終能化解幹部和會員的不愉快」（FC-1，2018/01/10）。

這樣的效果，得歸功於自救會對抗政府一路走來能堅持到底，都是因為會長的帶領，於是會員對會長的尊重態度是一個不斷累積下來的產物。一位幹部的回覆表示，「我印象中幹部和會員溝通沒有不成功的，因為無法溝通，最後會長會出面對無法溝通的會員解釋，會員了解了都還滿支持自救會」。但另一位則說出的確有過地區會員間意見的不合，導致一部分人雖然在幹部的調解下仍選擇退出。儘管如此，自救會仍舊團結著相當多數持續抗爭的會員們。

正因為自救會的 LINE 群組沒有發生過明顯的挑戰領導權衝突，在過程上並沒有組織內的反對派（退出自救會的部分成員，或許可算是某種程度上的反對派）。這也是會長領導特質的展現，因為「她會直接在代表群組分析情勢，一直與會員討論，也刻意醞釀對議題和策略的認同感。到目前為止，領導權沒有被直接挑戰」。事實上，即使曾經有過對領導者的黨派信仰的質疑，甚至高公局有開缺給續任會長，會長也直接跟會員開誠布公，藉此展現出「個人透明性高」、「有圓滑不得罪人的特性」，讓會員對自救會領導幹部願意委以更多信任（FC-1，2019/01/15）。

而這個特質甚至是在會長接任之際就展現出來的。因為在會見交通部長葉匡時之後（6-9月），第一任會長覺得抗爭沒有前途，退任會長以便能順利找到新工作，同時承諾不會退出自救會。然而自救會的運作就一度消沉，只好到各地去開說明會來重新拉起行動。不過，我們還應該注意的是，上述的順暢運作是否取決於幹部意志力。自救會若沒有了個人耐心特質極強的領導者，LINE 組織的輔助恐怕也很有限。類似「動員文在群組裡先發散，會長會去

解釋，讓會員理解這些動作的時間點和必要性」等這樣經典的社運組織難題，隨著動員理由的複雜性，更是強烈影響著自救會運作的凝聚力。[12] 但不管自救會是否還能持續堅持運作下去，LINE 組織的功能性能高度搭配著領導者的特性，是本研究主要的發現。

但是在這樣明確的 LINE 組織之後，卻更顯示傳統領導者個人魅力的不可或缺。領導幹部除了要讓會員們確信「群組內的討論會強調自救會幹部在黨派上中立的」，更有角色經營上的認知。自救會的會長對於自己角色的綜合性，提出這樣的回顧：「大家說最難過應該是我，但我對批評都還好」、「『我』花了很大的心力去串會員，所以各區會員我幾乎都認識，若有代表反映自己的表達能力不夠，所以無法說服會員，我的加入勸說就會比較有效」（FH-1，2018/12/26）。[13]

但是 LINE 這樣緊緊與傳統人際關係相接應的功能，儘管沒有外來會員的挑戰，仍然呈現出網路組織工作上的侷限，也就是代表們也並沒有因此而有更多的「話語權」。正如同傳統工會組織面臨到的幹部素質和領袖素質的問題一樣。儘管有這樣的 LINE 組織，仍是面臨事務多，太少幹部可協助的侷限。自救會希望能訓練更多有領導能力能更擔當第一線的詮釋或發言角色，鼓勵會員們不要害怕第一線站出來發言，（利用）記者會練習發言的理想，到目前為止幹部普遍認為還是推不太動。

12　例如，說服會員們對於參與五一遊行、其他工會的抗爭等，幹部自認為很難期待自救會各站代表能夠很快很有效的向群組成員解釋勞工、工會互相支援的精神，這些時候就非會長出馬不可。

13　在後續的接觸裡，研究者曾經提問，是否會因為抗爭時間的拉長，會員們逐漸地在 LINE 上的已讀或回覆變慢，而導致 LINE 組織功效變差？幹部們的反應是並沒有這樣的情況發生。

三、LINE 群組討論氛圍的侷限

在「多對多」的新社群媒體對話途徑之下，勞工幹部是否憂慮可能發生「情緒失控」的言論或有損組織團結與穩固的力量？在訪談結果上我們發現，幹部們態度一致地回覆不需「規範」。然而對於群組裡面一旦發生要討論的情形，經歷過的確有意見無法有效傳達，甚至部分幹部解釋能力較弱的各類情況，慢慢的幹部們會在自己的小群組確定有共同立場，以免在各站會員討論群組發生不同調的狀況。再者，也有一些對幹部們必須養成的小要求，就是培養每次討論的「總結」用以確認討論已結束的發言習慣。由於 LINE 介面的設計會使得發言量多時，手機頁面會拉非常長，導致完整的「言說」（discourse）過程難以確認結論，甚至常有「破碎化」或「各自解讀」的危機。

在訪談過程裡，研究者試著請受訪者回顧，是否因為這些可能的麻煩，所以大家會在 LINE 上制定共同的規則；在所有的問卷與個人訪談結果上，基本獲得一致的態度——不必採取規範限制發言。自救會幹部總結其經驗所對應出來的 LINE 群組對話技巧是，「在這些群組裡，有人愛放炮就是會放炮，我們不可能去約束，但會（要求）在群組裡把難題先做個總結，然後私底下再打電話去溝通」、「大家在 LINE 上面有什麼就講什麼」。總結來說，自救會幹部意識到重要的 LINE 組織應用可能面臨的問題，進而發展出一個幹部間的不成文的規範共識：注意在群組裡做個小結論，不要讓它（討論）懸而未決。當像 Tufekci 這樣著名的網路社會抗議行動研究者，在近兩年重新省思更早時對社群媒體在輔助社運形成和持續的角色時（2012，2017），國道收費員自救會的 LINE 組織經驗

同步提供了一個技術上的克服經驗：幹部不能只是依賴，還要超越社群媒體提供的既定功能。

伍、結　論

國道收費員自救會的行動純粹從新聞事件的角度看，是一連串令人難忘的悲傷與激情交織而成的抗爭運動。它是臺灣首起因技術勞動無人化所引發的交通運輸業勞動爭議。又因政府將非技術性勞動劃歸出國家雇員範疇外，導致後續一連串因勞權意識提升而出現的抵抗。再加上沒有工會組織與勞資協商的經驗，又已失去集結場域的凝結力。在激進行動背後其主事者是一群擁有極少資源，被迫要翻轉國家的科技政治所導入的社會變遷命題：收費員的命運早已注定，受損權益個人承擔是合理的，政府可以關心介入，但不該由國家買單。在這樣的困境下，從會長到會員們維持著有活力的人際社群關係，用簡單但清楚的方式面對國家人事法規缺陷和工作權受制於資本的強大壓力，而自救會必須維持會員對訴求和抗爭手段的高強度認同。

這樣背景下成立用以代表會員內部溝通、行動執行、策略研擬的自救會組織，比起一般工會，缺少能夠常態性運作的設備和人員編制，甚至沒有固定的會所，而會員們或因為原本就四散各地，或因為尋覓新工作，難以聚合。相對於利用 LINE 提供的便利功能，完備網路上的組織與動員，國道收費員自救會沒有建立 Facebook 會員社團專頁來提供組織對話或內部倡議功能。很明顯的自救會特

意不讓兩個社群媒體平臺負擔一樣的功能。Facebook 粉絲專頁經營對會員不具強制性，主要的功能就是一個自救會訊息的網／往外傳遞窗口，然後也同時具有接收外界資訊的交流平臺功能。特別的是，儘管要面對可能直接在網路上出現的社會責難聲音，國道收費員自救會卻願意設立公開專頁，並視為觀察社會對抗爭議題的反映，以及與批評型社會輿論的對話必要。某種程度上來說，國道收費員自救會建立起一個消極的、輔助的外向型網路行動主義。

雖然幹部並沒有要求會員參加 Facebook 的粉絲專頁，而是採取信任制，但他們都相信大多數會員會因關心抗爭進展而自行加入。國道收費員自救會堅定公開對話的原則，甚至湧入上百則攻擊的留言也不刪除，對於會員與非會員（前收費員）在頁面留言暴露的內部利益衝突，自救會採取支持但提醒毋需過度在意的原則。換句話說，國道收費員自救會的會員在 Facebook 上的「自由發言」，亦滿足勞工組織上的會員訓練。

在最小資源等條件的影響下，LINE 的免費特性使得它輕易取代了以往發送簡訊的成本耗費以及閱讀不便，加上又比過去的電話聯絡更可以不影響成員的新工作，發展出一個與 LINE 緊密結合的多層次組織與對話模式——LINE 組織。這個高度對內發展的社群媒體應用，限制了本身在對話上的網路民主倡議特性，依賴的是充分信任感的培養來支持幹部的成功組織。於是，維繫「網路公眾」和「網路化會員」的兩種溝通平臺分開經營，構成了這場歷時甚長的勞工網路行動主義的特徵。研究的初步發現更是高度呼應了其他研究者在「超越推特拜物教」質疑的「自發性和無限制」迷思，網路興起的社會運動的特殊路徑更接近於「社群媒體上的『組訓』為了實現現實行動的成形（constrcuting）」（Gerbaudo, 2012: 5）。

參考文獻

交通部臺灣區國道高速公路局，2014，《高速公路年報中華民國102 年》，新北市：交通部高速公路局。

余曉涵，2019，〈工會辦 LINE 認證帳號勞動部補助月租費〉，中央社，https://www.cna.com.tw/news/ahel/201901290075.aspx，2019/1/29。

阮氏海燕，2017，《移工跨文化適應與社群媒體使用──以在台越南移工臉書使用為例》，新竹：國立交通大學傳播研究所碩士論文。

林清芬，2005，〈一九八〇年代初期臺灣黨外政論雜誌查禁之探究〉，《國史館學術集刊》，5: 253-325。

林鶴玲、鄭陸霖，2001，〈台灣社會運動網路經驗初探：一個探索性的分析〉，《臺灣社會學刊》，25: 1-39。

陳致柔、吳如娟、陳宜豪，2015，〈行動通訊使用者行為及影響因素之研究──以 LINE 為例〉，「第十四屆離島資訊技術與應用研討會」論文（5 月 23-24），澎湖：國立澎湖科技大學。

陳秀曼，2001，《移動與束縛──臺汽客運車掌小姐的勞動過程》，臺北：國立臺灣大學建築與城鄉研究所碩士論文。

陳順孝，2015，〈網路公民行動的集體演化：從搶救樂生院、野草莓運動到太陽花運動〉，洪貞玲（編），《我是公民也是媒體》，臺北：網路與書，頁 58-81。

黃聖閎，2009，《性別與技術：國道收費員的實踐與認同》，臺北：世新大學社會發展研究所碩士論文。

張錦華，2014，〈從太陽花運動談新媒體、新公民、新民主〉，鄭文燦（編），《新社會：反抗與臺港共鳴》（新社會政策香港專刊三期），臺北：臺灣新社會智庫，頁 32-43。

鄭宇君、陳百齡，2016，〈探索線上公眾即時參與網絡化社運——以臺灣 318 運動為例〉，《傳播研究與實踐》，6(1): 117-150。

鄭陸霖、林鶴玲，2001，〈社運在網際網路上的展現：臺灣社會運動網站的聯網分析〉，《台灣社會學》，2: 55-96。

Castells, M. 2012. *Network of Outrage and Hope: Social Movement in the Internet*. Cambridge: Polity Press.

Chivers, W., H. Blakely, and Steve Davies. 2017. "Investigating the Patterns and Prevalence of UK Trade Unionism on Twitter." Paper presented at the 8th International Conference on Social Media & Society, July 28-30, Toronto.

Gerbaudo, P. 2012. *Tweets and the Streets: Social Media and Contemporary Activism*. London: Pluto Press.

Hodder, A. and D. Houghton. 2015. "Union Use of Social Media: A Study of the University and College Union on Twitter." *New Technology, Work and Employment* 30(3): 173-189.

LabourStart. 2013. "2013 Annual Survey of Trade Union Use of the Net." in http://www.labourstart.org/2013SurveyResults.pdf. Latest update 15 March 2019.

Saito, M. 2012. "Born from Japan disasters, Line App Sets Sights on U.S., China." *REUTERS*. in https://www.reuters.com/article/2012/08/16/japan-app-line-idUSL2E8JD0PZ20120816. Latest update 15 March 2019.

Sipp, K. 2016. "The Internet vs. the Labor Movement: Why Unions Are Late-Comers to Digital Organizing." *New Labor Forum* 25(2): 88-92.

Tapscott, D. and A. D. Williams. 2007. *Wikinomics: How Mass Collaboration Changes Everything*. New York: Penguin.

Tufekci, Z. 2012. "Social Media's Small, Positive Role in Human Relationships." *The Atlantic*. in https://www.theatlantic.com/technology/archive/2012/04/social-medias-small-positive-role-in-human-relationships/256346/. Latest update 15 March 2019.

Tufekci, Z. 2017. *Twitter and Tear Gas: The Power and Fragility of Networked Protest*. New Haven and London: Yale University Press.

附錄：問卷訪談題目

您好：

感謝您願意協助本研究，本研究主旨是網際網路對社會運動的影響，研究者關切臺灣的社會發展歷程上，臉書與 LINE 對工會活動的使用價值。希望透過這些細緻的觀察，讓我們一起為國道收費員的抗爭歷程留下更多歷史見證。

以下是問題表，我們採取開放式回答，希望能讓您用自己的方式自由作答，而不必是挑選選項。

1. 請問，您是自救會的創始會員嗎？

2. 請問，您是屬於北中南的哪一區呢？

3. 請問，LINE 的群組是否有開放性（即會員可自由邀請親戚或朋友加入群組）？

4. 國道收費員自救會的抗爭期間，對於自救會訊息的傳遞，您以電話聯繫會員較多？還是用 LINE 較多？

5. 請問上題 4 的主要考量為何？

6. 承上題，請問是否還有其他聯繫用的傳播或社群媒介來彌補通訊上的問題？（如 e-mail 或臉書）

7. 請問 LINE 是否能適當傳達幹部的訊息？

8. 承上，請問幹部要如何確定每位會員都有收到幹部傳送的訊息（已讀）？

9. 請問，LINE 群組中，會員是否積極在群組對話中反應各自的意見？

10. 承上，若會員沒有在群組中積極參與，幹部有沒有有效的對策或鼓勵話語（如指名提醒？或是先寫出溫馨字句？）

11. 請問，若其中有不同意見，幹部是引導大家在群組中討論化解，還是避開？

12. 承上題，能否分享您印象中最深刻的成功或不成功的幹部-會員溝通案例？

13. 請問會員是否都必須加入國道收費員自救會臉書？

14. 請問臉書粉絲團是否由自救會選出幹部負責經營？

15. 請問，臉書粉絲團若有批評自救會的言論時，會員能否直接發表意見反駁？

16. 請問您是否能留下對本開放式問卷的意見（任何想法都歡迎）？謝謝您！！

Chapter 07

政治人物臉書經營初探

沈有忠

東海大學政治學系

摘　要

　　在資訊與傳播科技（Information and Communication Technology, ICT）進入革命性創新的當代，政治溝通開啟了新的模式。其中，各種社群媒體（social media）成為雙向溝通的重要媒介，例如，臉書（Facebook）、推特（Twitter）、部落格（Blog）等。社群媒體的出現，改變了政治溝通的模式，甚至改變了民主的若干本質。以往政黨扮演民意整合角色，現在社群媒體刺激各種微型參與，使得民眾對公共議題的意見，趨向化整為零，更加多元的提出。

　　在這樣的氛圍下，選民的政黨認同容易出現變化，而政治菁英，尤其是民選產生的民意代表或首長，為了擴大並穩定既有的支持，也陸續經營專屬的社群媒體。整體而言，社群媒體的使用，具有經營網路選民、尋求議題設定、重要政策說明、擴大政黨競爭等效用。

本文以臉書經營為例，探討以下幾個問題：（1）不同類型政治人物（地方首長與立法委員），在臉書發文是否有不同的類型偏好？（2）若有，立委與首長的發文有哪些明顯的差異？（3）此外，就時間點而言，選舉與非選舉期，政治人物的臉書發文是否也會產生變化？基於上述幾個基本議題的釐清，本文希望能在社群媒體對政治影響的議題下，做一個基礎性的研究。

關鍵字：資訊與傳播科技、臉書、社群媒體、政治參與、政治人物

壹、前　言

一、政治參與的下降

　　民主政治需要公民理性的參與。藉由公民對公共政策的討論與辯論、對政黨或政治人物的選舉，以落實主權在民的意義。公民的參與表現在各個層面，形式上而言，選舉是提供參與和競爭的重要機制，也是執政者正當性的來源。然而，公民的參與在二十一世紀的第一個十年，就面臨了重大的挑戰與質變。在眾多民主國家中，不分老牌與新興民主，公民參與都面臨了質變與下降的趨勢。許多研究指出，公共事務的參與（尤其是形式上的政治參與，例如投票率）出現下降、對政治不信任、對公共事務的興趣衰退等，形成民主政治根本的危機。

　　這樣的參與退潮，在年輕族群中特別顯著。以美國為例，就有研究指出，無論是政治信賴感、對公共事務的興趣、認同與公民意識的形成、對政治事務的知識、登記成為選民參與初選、參與各種公共事務的組織與協會等等，年輕族群都表現出對於政治的冷漠以及參與的低落（Delli Carpini, 2000: 341-349）。在一片「參與衰退」的浪潮中，資訊與傳播科技（Information and Communication Technology, ICT）的革新，尤其是指以社群網站為平臺所引發的網路參與，似乎提供了刺激參與的契機。

二、新媒體對政治參與的影響

新媒體的使用讓年輕世代重新提升參與，也重新組織公民社會（Banaji & Buckingham, 2010: 15）。[1]事實上，網路發展與政治在過去二十年來，確實成為全球備受注意的議題之一。若說工業革命帶起階級流動與民主意識的散播，那麼當代則可以稱為資訊革命，帶起的是新型態的公民政治與公共參與。由於 ICT 的革新，對公共事務影響的範圍既廣且深，因此對比工業革命的影響，這一波資訊與傳播科技的革新稱為資訊革命亦不為過。[2]

資訊與傳播科技的革新，對代議政治與民主的實踐產生本質上的影響，尤其是資訊傳播科技成為社會發展的重要媒介之後，產生了水平化、去疆域化、虛擬化（horizontalization, deterritorialization and virtualization）的效果（Frissen, 2002: 175）。這些影響改變了社會網絡的建構基礎，等於改變了公民參與政治的條件，對於公民意識的形成，政治參與的態度與方式，也都必然產生影響。就抽象的概念而言，網路的使用對政治產生的影響包括了「入場」（access，此處指參與公共事務的門檻）、科技決定、數據加密、商品化、智慧產權、公共事務分享、去中央化、無政府狀態、甚至性別與族群等（Byrne, 2014: 199）。這樣的影響對於政治參與以及公民意識的形成究竟是有利抑或不利，在學界其實有不同的見解。

---

1 以美國為例，Pew Internet 的調查發現，透過網際網路的使用，有 31% 的使用者會整合進入社會網絡，例如，成為協會成員或是成為候選人的「臉友」。這個現象尤其集中在年輕族群。請參閱 Smith 等（2009）。

2 亦有德籍學者形容資訊與傳播科技革新下的公民，是「線上公民」（buerger online），透過網路，尤其是社群網站，線上公民帶起了第二波參與的革命。請參見 Emmer 等（2011：161）。

　　舉例來說，在網路普及化以後，人們耗費大量時間在虛擬的網路世界，而更少時間可以和朋友真實接觸，這並不利於發展公民社會。這樣的主張是從「社會資本」（social capital）的角度，觀察網路使用對人際關係本質上的影響。由於具有互信基礎的社會網絡，是公民社會的底蘊，也是有利於發展民主政治的社會資本。而網際網路的使用具有匿名以及虛擬接觸的特性，不利於強調互信為主的社會網絡。因此，人際關係將更為分疏，相互信賴的基礎也變得薄弱，並不利於建構互信的社會網絡。

　　因此有學者指出，藉由網路產生的政治參與，被諷刺為一種「懶人行為」（slacktivism），是一種無助於現實生活，而僅有行為者心理上提升參與感的假象。雖然如此，網路社群諸如推特（Twitter）、臉書（Facebook）等，仍舊形成了一種與家人、朋友交換訊息的平臺（Christensen, 2011）。另外，也有更多的學者認為網際網路的普及有利於公民社會的發展，因為網路一方面刺激群眾對政治的興趣，二方面大量降低參與政治的成本（Boulianne, 2009: 194）。

三、新媒體對政治組織的影響

　　除了對公民意識產生影響之外，資訊與傳播科技也對傳統利益團體、政黨的組織型態產生影響。Chadwick 指出，網路使用不僅改變組織的創建模式，也改變成員間的聯繫方式。不僅如此，網路更創造出新的組織模式，這些組織利用網路橫向聯繫，具有一種混合動員的特性。可以依據不同的目的來發揮網路組織的彈性，可能是動員一場運動、可能是成為選舉組織的側翼、可能是政黨活動結盟的對象。這樣的組織型態異於傳統的利益團體或政黨，不僅充

滿彈性,而且依據不同的目的可以有不同的活動方式與動員對象,創造了一種更為進化的政治動員模式(Chadwick, 2007: 284)。

除此之外,既有的利益團體或是政黨,也會因為網際網路的發達而更具有草根性,降低傳統組織所具有的階層屬性封閉性格。Keith Faulks(包淳亮、張國城譯,2009)也提到資訊與傳播科技對民主政治的影響。其正面影響包括:正當化與強化對政府決策的了解;資訊也更容易透過公民直接傳遞到政府,對於政策能有持續性的反饋,不一定需要透過政黨媒介;增加市民社會團體結社的可能;對於政府資訊的來源更能直接取得,而不是扭曲過後的。

四、臉書在臺灣的應用

簡而言之,ICT 的革新,使得訊息流通更加快速、成本更加低廉、參與公共事務的形式更加多元。因此傳統上參與公共事務對於政黨的仰賴也隨之降低。在這個情況下,「參與式民主」(participatory democracy)獲得了具體的實踐,而其影響則可能根本性的改變了傳統代議政治與政黨政治的內涵。在 ICT 革新改變政治溝通的概念之下,近年來最顯著的情況可以算是臉書(Facebook)的使用對選舉與政治人物自我宣傳的影響。

依據端傳媒(2016)的報導,截至 2016 年第二季,Facebook在七百萬人口的香港,擁有每月五百萬的活躍用戶。觀察臉書對競選策略的影響時更發現,在地區直選和超級區議會中,有超過90% 的參選人使用 Facebook 專頁與公眾交流(趙燕婷,2016)。在臺灣,政治人物使用臉書進行政治宣傳或作為選舉工具,也成為趨之若鶩的風潮。例如,日前臺北市長柯文哲,針對世大運開幕遭

到反年改陳抗一事，在臉書上與臉友互嗆，引起媒體相當大的關注，後來引來網友四十八萬個讚，也引來反對方對此提告，成為司法事件。

另外，聯合報（2016）報導，隨著數位科技發展，臉書直播成為地方首長宣傳行銷利器。新北市長朱立倫臉書6月起頻以影片或直播，分享行程及市政建設；臺南市長賴清德長期經營臉書，也不定期直播宣傳自己與市政；高雄市長陳菊上月間赴日本賑災，透過直播將善款交給熊本縣知事，創下十六萬人瀏覽紀錄。全臺縣市長幾乎都使用臉書，新竹縣長邱鏡淳、臺東縣長黃健庭、臺南市長賴清德、桃園市長鄭文燦等，都已掌握這些傳統媒體外的最佳縣政行銷工具；屏東縣長潘孟安，更透過官方的LINE協助在日本旅遊的民眾就醫（祁容玉等，2016）。

由前述幾則實例和媒體的報導中可以明顯看到，臉書的使用因為快速、直接、去疆界、沒有空間和時間限制等特性，在政治人物大量使用下，具體改變了臺灣的政治參與和政治溝通模式。在這樣的背景關懷下，本文旨在探究政治人物使用臉書的若干特性。以下先以幾則ICT革新影響社會運動的實例以及意涵，接著提出本文的問題和假設。

貳、ICT 對臺灣政治參與的影響

在資訊革命幾乎席捲全球民主國家的浪潮下，臺灣的民主政治在過去幾年也受到ICT的影響，不只是在公民意識與政治參與

的行為模式，連帶的包括政黨、各級政府、決策者（政治菁英）的決策模式也出現了變化。亦即，資訊革命的影響是雙向的，公民的由下而上，以及政黨、政府的由上而下，都因為資訊革命而產生質變。對於公民參與而言，ICT 的創新對政治參與形成若干影響。以下分別就社會與政治兩個層面概述。

一、社會：ICT 的議題設定與動員能力

首先，ICT 使得公民對公共議題的設定從被動轉為主動。過去公共議題的設定，由政治人物、政黨、媒體、意見領袖所主導，公民大多扮演追隨者的角色。在 ICT 的創新下，情勢反轉，公民取得了設定議題的機會。每個公民透過社群網站可以進行對公共議題、社會事件、政黨或政治人物、政策等進行討論。若能引起共鳴，讓更多公民加入，甚至能引導媒體、政黨、政治人物對其表態，媒體、政黨、政治人物反而變成追隨者的角色。

其次，就社會運動而言，公民動員的方式因為 ICT 而變得更加靈活。諸如「快閃」、「路過」等動員方式，突破了過去需要複雜的組織系統與黨工幹部的運作模式。ICT 創新後，動員的成本極低，而且沒有疆界，社會運動的成員不需要被組織起來，或是需要幹部帶領到陳抗指定地點。也因為議題設定和動員模式都變得更加獨立，因此社會運動呈現一種百花齊放的狀態。議題和規模都可大可小，公民參與的廣度和深度，都變得更加難以預測。

2013 年 3 月 9 日，由臺灣綠色公民行動聯盟協會等一百五十個民間團體共同發起串聯全臺的廢核大遊行，北、中、南、東四個活動現場逾二十二萬人參與。同年 8 月 3 日，針對陸軍下士洪仲丘

疑似遭不當管教、虐待致死的洪仲丘案所組成的公民 1985 行動聯盟，透過網際網路（特別是臺大批踢踢實業坊與 Facebook 社群網站）號召二十五萬人至凱達格蘭大道遊行抗議，表達其對軍中人權的抗議及改革軍事審判制度等訴求。

2014 年 3 月 18 日，學生占領立法院長達二十四天的「太陽花學運」，並於 3 月 30 日成功號召五十萬人的反服貿大遊行。甚至在政黨輪替後，2016 年的 9 月 3 日，軍公教對於年金改革過程有不同意見，發起了遊行抗議。儘管規模沒有前述幾場社會運動來得大，但這是我國史上首次由軍公教背景的公民發起的陳情抗議，因此也格外令人關注。

前述幾個近年來大型的社會運動，凸顯了傳統政黨在議題操作上的困境，也凸顯了公民政治正在進行去政黨化的轉型；也說明了 ICT 創新下，公民對於設定議題、快速動員有更強的主導性。以太陽花運動為例，動員的速度、幅度與以往的社會運動相較之下更快更大，更多公民短時間之內凝聚不滿以及共識並加入運動。

309 廢核大遊行，中部發起單位臺灣生態學會祕書長蔡智豪亦曾表示，該次遊行環團除了透過網路、臉書、電視、廣告牆，以及校園巡迴演講作動員外，學生團體也會自發性的動員、自己去聯絡同學，形成連鎖效應。也造成參與臺中遊行的年輕人比例非常高的現象，這是「新的價值體系、新的價值觀」，給予舊的藍綠政治「重重的打擊」，是臺灣第三勢力的興起的徵象（陳韋綸，2013）。

因為洪案而自發性組織的公民 1985 聯盟，由三十九位互不相識、各行各業的網友，透過網路通訊軟體、雲端共享文件的開會模式以及社群網站的宣傳動員，在成立僅僅兩週後就成功號召二十五萬人至凱道表達對軍中人權的不滿及軍事審判制度的抗議。

「太陽花學運」期間，除了主導學運的黑色島國青年陣線外，另有反黑箱服貿行動聯盟、守護臺灣民主平臺、公民 1985 聯盟，和地球公民基金會等身具社會運動背景的 NGO 團體的支持。除了基本的維護現場秩序的糾察工作及網路動員外，後勤的物資需求透過網路持續迅速更新，因應現場狀況能迅速的應變調整。在媒體尚未進入議場進行新聞報導時，場內便透過一雙拖鞋和 IPAD 在現場進行議場內的直播，一切交通聯繫也透過手機通訊軟體「LINE」進行。不僅號召逾五十萬人的遊行，與執政者之間為期二十四天的持久戰，也證明透過 ICT 發起運動之後，可以迅速將動員群眾組織起來所展現的結果。

這些訊息都一再顯示新型態的公民政治正在崛起。而所謂的「新型態」公民政治，表現在議題操作的獨立性、化整為零的動員方式、「以點打圍」以及分進合擊的組織，再來就是對於公共事務爭取話語權以及建立價值典範。

二、政治：ICT 對政治人物、政黨的影響

對於政府、政黨、政治人物而言，ICT 的創新也改變了它們與公民溝通的模式；關於政府制訂決策以及與公民溝通的過程中，過去幾年在臺灣也正面臨翻天覆地的變化。許多新型態的決策過程，基於溝通工具的變化，也隨之有了新的途徑。利用資訊傳播的便利，包括線上會議、群組論壇、影像傳播等，都將決策的時間與空間數位化，而且存在更多可以讓公民參與的機會。其中，在過去幾年較為顯著的現象，例如前總統馬英九拍攝治國週記、現任總統蔡英文藉由臉書與網友互動；一方面增加了與公民互動的管道，二方面也具有政策宣導、議題設定的能力。

　　總統到各級政務官、甚至在野的政治人物紛紛架設臉書帳號，和公民進行政策的討論；臺北市政府與高雄市政府的 LINE 群組，也改變了訊息交換與決策模式。事實上，臺灣使用社群網路媒體的人口比例與活躍程度是世界之最，以最廣泛被使用的臉書為例，根據 Facebook 公司的統計，臺灣臉書的活躍使用者有一千五百萬人，滲透率為 65％，其中每天登錄的使用者為一千一百萬人。在頻繁與高滲透率的臉書使用過程中，臉書對公民參與以及政治態度的形成影響應是雙向的。亦即，除了關注臉書作為由下而上，降低參與門檻的工具之外，亦具有由上而下，由政治菁英影響政治態度的功能。因此，政治人物如何利用臉書設定議題、形塑或影響民意，以及與網友互動是否有不同模式等，都值得關注。

　　以臺灣來說，在 ICT 革新後，臉書成為公民與公民之間，公民與政黨、政治人物之間，進行意見交流、訊息傳遞、溝通辯論的重要橋樑。唐婉珊（2013）在其臉書與公民參與經驗的研究中提到，因為線上交友圈與線下交友圈高度重疊的特性，公民參與的中高度參與者，除了在線上易獲得參與的資訊外，在真實生活中的人際交流，更是他們主要的資訊來源。而低度參與者，因為在真實生活中較沒有管道獲取這類資訊，因此社群網路上的連結成為他們獲取公民參與資訊的來源。臉書提供了一個參與的場域，有利於集結力量、關注議題，降低了實際公民參與以及網路上純粹收訊的距離，但其主動性參與的意願，則是是否將低度參與者轉換成中高度參與者的關鍵。

　　在臉書的政治動員與政治溝通影響力日益上升的情況下，公民團體、政黨、政治人物、甚至政府部門，幾乎都投入臉書的經營。以政治人物經營臉書為例，聯合報曾針對一百多名政治人物，比較其粉絲數、留言數，以及概略說明其經營模式。觀察的時間從

2014 年 1 月 1 日至 2016 年 7 月。以 2014 年 1 月 1 日至 2016 年 7 月 8 日止的資料顯示，馬英九臉書的貼文留言數遠超過其他政治人物，平均每篇有五千多則留言，喊讚或叫罵都有。最明顯例子是 2014 年 3 月 23 日針對服貿的回應，引發激烈論戰，有高達七萬七千則留言。

本文以此為背景與理論的出發點，將關心的議題聚集在政治人物的臉書經營狀況。希望能釐清的問題包括：（1）不同類型政治人物（地方首長與立法委員），在臉書發文是否有不同的類型偏好？（2）若有，立委與首長的發文有哪些明顯的差異？（3）此外，就時間點而言，選舉與非選舉期，政治人物的臉書發文是否也會產生變化？基於上述幾個基本議題，本文希望能在社群媒體對政治影響的議題下，做一個基礎性的研究。

叁、編碼說明與研究假設

本文選定政治人物臉書經營作為研究主題，分析的主體資料有二：政治人物的臉書動態發文、立法委員問卷分析。以下先對政治人物的選擇加以說明，再針對臉書動態發文的資料，說明編碼標準。

一、樣本選擇

在個案選擇上，本文選擇直轄市六都市長（柯文哲、朱立倫、鄭文燦、林佳龍、賴清德、陳菊），以及時代力量四位立法委員

（黃國昌、徐永明、林昶佐、洪慈庸），再加上兩位閣揆（林全、江宜樺），共十二位政治人物。

選擇六都市長與時代力量單一政黨，主要是以選定同一層級、同一政黨的樣本，以排除不同層級、不同政黨所造成的干擾。當然，跨層級（例如，比較總統、直轄市長、縣市長、鄉鎮長）的縱向比較亦有其意義，但在資料蒐集上，本文先初步以六都市長作為地方行政首長之分析樣本，橫向與立法委員進行比較。此外，由於六都市長與立法委員都屬於民選產生，本文另外再加入兩位沒有民選基礎的政治人物，可以進一步探究民選與否的變數，是否也反映在臉書經營的差異上；選定的政治人物是剛辭職的林全以及太陽花時期的江宜樺兩位行政院長。

在立法委員的部分，選擇時代力量進行分析的對象，主要的原因在於時代力量本身作為新興政黨，與 ICT 革新後的社會運動有緊密的關係，尤其是太陽花學運。基本上，將時代力量形容為太陽花學運後，社運力量延續其陳抗時的組織，從體制外的抗爭轉化為進入體制內的政黨亦不為過。除此之外，立法院其他三個政黨，國民黨和民進黨本身席次偏多，政黨內部不同型態的立委分布就很廣泛，內在差異性顯著大於時代力量；親民黨則是席次過低，且均為政黨代表，沒有小選區立委。分析時代力量，可以排除政黨差異、降低內在差異，並且兼顧選區立委與政黨代表。基本上，樣本選擇必然對分析的議題形成若干限制。在資料蒐集的時間與編碼人力的限制下，本文在第一階段先選取六都市長與時代力量進行比較，是希望能在控制樣本本身的差異下，選取較具有理論意涵的個案。

二、資料與編碼

在資料蒐集與編碼上，採內容分析法，對政治人物之臉書動態發文逐一檢視並予以分類。由於本文在整個分析的背景，是假定臉書作為政治人物與公民社會進行訊息交換與傳遞的重要媒介，因此著重於訊息本身的特殊性，是否因不同類型的政治人物、不同時間點而產生差異。因此針對內容的公共性與否進行內容分析。對於臉書發文，在編碼時主要分成政務相關度、活動花絮與選舉造勢、選舉競爭等三個類別。以下簡要說明：

1. 政務相關度：依據發文內容對政策的關連性再分成直接相關、間接相關與不相關。若發文內容有提出政策名稱、法案名稱，編碼2；若沒有政策名稱，但可判斷為關注公共議題之動態，編碼1；其他純私領域之分享，編碼0。

2. 活動花絮與選舉造勢：依據動態發文是否與公共活動有關，以及是否屬於競選造勢進行分類。有活動名稱、特定支持對象進行選舉動員的活動編碼2；有活動名稱、時間、地點，但不直接與競選連結者編碼1；動態與公開活動無關，編碼0。

3. 選舉競爭：依據發文內容是否涉及選舉來分類。動態中直接呼籲選民支持特定政黨或候選人，編碼2；動態中直接批判特定政黨或候選人，編碼1；與選舉無關，編碼0。

在編碼的過程中，臉書動態是否具有公共性、是否與政務相關等，有時相當難以判定。本文的做法是設立與政務必然相關的最嚴格條件，也就是在動態貼文中必須出現特定政策、法律、法規名稱，才編為直接相關。若沒有法案、政策名稱，但可判讀為公共事務相關，則編碼為間接相關，其餘則是無相關。在政黨與候選人關

連性的部分，當動態中直接出現政黨名稱、候選人名稱，再依據正向支持或負向攻擊來編碼。除此之外，為了降低誤差，編碼完成後，再由單一助理與作者共同複檢。編碼的時間範圍是從 2015 年 01 月 01 日起，至 2017 年 04 月 30 日止，其間橫跨 2016 年的總統與立法委員選舉，而將選前三個月界定為選舉期間。編碼範例可以參見表 7-1。

表 7-1　編碼範例

時間	政治人物	動態內容	政務	選舉	活動
2016/6/20	朱立倫	……為了加快「防災型都更」，我們不僅放寬了條件，例如降低土壤液化地區的適用門檻、危險建物可單棟申請、結構補強最高補助 1000 萬元等。……	2	0	0
2017/4/30	林佳龍	……我們希望透過線上 CPR 教學，進一步提升這個比率，讓所有的市民團結一心向死神拔河……	1	0	0
2016/1/13	林佳龍	#倒數4天，讓我們鬥陣點亮臺灣！▶總統票請支持②蔡英文、陳建仁 ▶政黨票請支持①民主進步黨 ▶臺中選區立委④蔡其昌、①陳世凱、③洪慈庸、②堅持·張廖萬堅、④劉國隆建築師、①黃國書、①何欣純、③謝志忠　幫您講話	0	2	0
2017/2/11	柯文哲	倒數一個小時，2017 臺北燈節「西城嘉年華大遊行」就正式上街	0	0	1

時間	政治人物	動態內容	政務	選舉	活動
2015/3/14	洪慈庸	永遠為下一代的未來思考，我是洪慈庸我支持非核家園！【時代力量：臺灣應儘速邁向非核家園。推動環境基本法以及永續能源基本法！】	2	2	0
2015/4/5	洪慈庸	兒童節剛過，回憶起小時候我們都會收到學校送的兒童節禮物，不知道今年小朋友收到什麼小禮物呢？	0	0	0
2016/4//22	賴清德	經過了484天後，臺南市在議員的選舉及議長選舉所遭遇到的恥辱，今天經由臺南地方法院的判決，李全教議長賄選案判四年有期徒刑，褫奪公權五年，才終於揭開了清白的面目！	0	1	0

資料來源：作者整理。

三、研究假設

在針對前述資料的分析上，本文提出不同類型之政治人物與臉書經營特性之間的幾個基本假設。

首先，在動態發文的類型上，本文假設行政首長對於政務相關的動態發文，比例會高於立法委員。這個假設是基於行政首長需要宣傳施政的政績，與立法委員以「監督」政府為天職大不相同。再加上地方首長對於直轄市內的食、衣、住、行、育、樂，都有常態業務的推動，也會盡量在每個不同的公共議題上表示立場與施政方針。

　　對於立法委員而言，監督政府、選民服務是最重要的日常工作，與行政首長相較之下，「宣傳政績」的需求度和強度都會較弱。此外，立法委員和六都市長雖然都有選舉壓力，但立法委員是民意代表的背景，與縣市首長的選舉有不同意涵。立法委員往往更常藉由「日常生活」這種非公共性的動態發文來和選民熱絡感情。

　　另外，在沒有選舉壓力但有執政績效壓力的閣揆，因為是行政院長的層級，預計其動態貼文更傾向於政策說明。而非關政務的私人動態，在毋須與選民「博感情」的前提下，會比立法委員和市長來得更低。

　　其次，在活動花絮的部分，由地方政府主辦、協辦、補助舉辦等的項目較多，類型也比較多元。地方首長也傾向在活動期間發表花絮動態，以達到宣傳效果，或是表現出較為親民的形象。立法委員在活動的部分，通常是受邀參與，或是選民服務的類型。因此，本文假設行政首長對於活動花絮的動態發文，比例也高於立法委員。雖然如此，由於在資料編碼的期間，正好跨越立法委員選舉；立法委員在競選過程中，各式的造勢活動必然很多，因此預計造勢競選活動的動態發文則會最多。

　　第三，本文假設選舉期間，攻擊其他政黨與他黨候選人、呼籲支持同黨與同黨候選人的動態發文會較多。此外，由於總統選舉會有母雞帶小雞的效應，與同黨總統候選人同臺的動態也會在選舉期間增加許多。不僅如此，在本文分析的時間範圍裡，是舉辦立法委員和總統選舉，因此對於地方首長而言，選舉動態是偏向正向呼籲支持同黨；而直接參與選戰的立法委員，選舉動態則會兼具攻擊對手與爭取支持兩類。基於上述描述，本文提出三項政治人物與臉書動態的假設：

1. 關於政務的動態發文，沒有民選基礎的行政院長最高，選舉產生的行政首長其次，民意代表、與選民密集互動的立法委員最低。

2. 首長型政治人物，因為業務承辦與政務推動的關係，再加上塑造親民形象，因此活動花絮的動態發文會比立法委員多。但在立法委員選舉期間，立委本身的造勢、競選活動的動態發文則會偏高。

3. 無論地方首長或立法委員，選舉期間對於競選動態的發文比例會大幅提升；而以 2016 年為例，因為是立法委員與總統選舉，因此地方首長以拉抬同黨與同黨候選人為主。立法委員則是兼具拉抬聲勢以及攻擊他黨、他黨候選人等兩類的選舉動態。

前述三項假設，是依據對政治人物臉書動態編碼後進行實證分析。除了臉書動態的內容分析以外，本文另也針對若干位立委進行問卷調查。在調查立委對臉書經營的相關意見時，發放了一百一十三份問卷，回收四十四份，其中有效問卷為四十二份。所以僅能顯示出四十二位立委對於經營臉書相關問題的看法。儘管問卷的數量不及於一半，但仍有一定的參考價值。以下兩段進一步針對臉書動態發文的內容分析，以及立法委員對使用臉書的意見表達進行分析。

肆、政務相關與活動花絮的比較

一、臉書發文與政務宣傳

　　首先，本文針對分析對象的發文動態在分類上的結果予以分析。對於政治人物而言，臉書作為自身與選民的溝通工具之一，依據不同類型的政治人物，以及不同的時間點，臉書經營的策略亦會有所不同。在前段本文提出的第一項假設中，指出行政院長、直轄市長、立法委員這三種不同類型的政治人物，對於推動政務的動態發文比例會有明顯差距。

　　行政院長需要對重大政策負責，加上沒有選舉壓力，在經營臉書時，傾向於把臉書當作政策說明的網路平臺。因此，動態發文數量較少，然後也多集中於公共政策的說明介紹。

　　其次是直轄市長，直轄市長是地方行政首長，處理地方政務相當繁瑣，在臉書經營的策略上，也傾向於宣揚政務、政績，臉書具有「市長向市民報告的工作清單」的功能；是以，有更多的行程分享、活動分享與預告等動態發文。然而，直轄市長畢竟是選舉產生，因此也會有透過較為輕鬆的私領域分享，例如所謂的「問候文」、「長輩文」，來與選民拉近距離，無關政務的動態仍會有基本的比例。

　　最後是立法委員，立法委員作為民選民意代表，監督行政權，

為民喉舌。在臉書的發文上來說，和政務直接相關的動態會較低，大多是表達立場、爭取選民支持。因此會有較多無關政務的私領域動態，或是與政務僅間接相關的動態發文。

依據實證的資料，印證了前述的假設。在十二位政治人物的臉書發文資料中，六都市長共有 7,304 條發文，其中與政務完全無關的私領域發文有 751 條，占總發文的 10%；與政務間接相關的動態發文有 2,797 條，占總發文的 38%；而直接涉及政策、法規的發文，則有 3,756 條，占總發文 51%。

在立法委員的部分，時代力量的四位立委共有 5,126 條發文，其中與政務完全無關的私領域發文有 2,530 條，占總發文的 49%，是前述直轄市長的五倍；與政務間接相關的動態發文有 1,659 條，占總發文的 32%；而直接涉及政策、法規的發文，則有 937 條，占總發文 18%，是直轄市長的三分之一。

最後，兩位閣揆的臉書動態，共有 607 條，與政務直接相關的動態有 498 條，比例高達 82%，遠比直轄市長和立委都要更高；與政務間接相關的動態有 84 條，占 14%，而完全無關政務的私領域動態，僅有 25 條，占 4%，遠低於立法委員，也低於直轄市長。前述資料請參見表 7-2。

表 7-2　臉書發文與政務關連性

（小數點二位數後四捨五入，為百分比）

政治人物	類型	無關政務	間接有關	直接有關	小計
朱立倫	直轄市長	263 0.26	539 0.53	217 0.21	1,019
林佳龍	直轄市長	111 0.08	431 0.31	860 0.61	1,402
柯文哲	直轄市長	97 0.16	462 0.78	34 0.06	593
陳菊	直轄市長	115 0.10	337 0.28	732 0.62	1,184
鄭文燦	直轄市長	49 0.03	140 0.09	1,372 0.88	1,561
賴清德	直轄市長	116 0.08	888 0.57	541 0.35	1,545
直轄市長小計		751 0.10	2,797 0.38	3,756 0.51	7,304
洪慈庸	民選立委	507 0.54	304 0.33	123 0.13	934
徐永明	不分區立委	646 0.42	534 0.35	355 0.23	1,535
黃國昌	民選立委	217 0.34	207 0.33	208 0.33	632
黃國昌粉專[3]	民選立委	343 0.46	273 0.36	132 0.18	748

3　黃國昌委員區分為個人臉書以及粉絲專頁兩個部分分析，以下亦同。

政治人物	類型	無關政務	間接有關	直接有關	小計
林昶佐	民選立委	817 0.64	341 0.27	119 0.09	1,277
立法委員小計		2,530 0.49	1,659 0.32	937 0.18	5,126
林全	行政院長	18 0.11	27 0.17	117 0.72	162
江宜樺	行政院長	7 0.02	57 0.11	381 0.87	445
行政院長小計		25 0.04	84 0.14	498 0.82	607

資料來源：作者彙整。

前文指出，ICT 的革新，使得公民對於公共事務的參與出現質變。更多微型的、個別的、議題式的動員，取代傳統的、組織的模式。對政治人物而言，ICT 的革新，也改變了與公民連結的方式。過去透過政黨、椿腳、組織來接觸選民、爭取支持。現在面對 ICT 的使用者，必須強調訊息更新的快速、能夠在網路上引起共鳴，或是在不同議題上，針對特定族群吸引認同。臉書的經營看出了不同背景的政治人物，針對不同的選民，有不同的經營方式。這當然或許也和政治人物的個性有關，但整體而言，沒有選舉壓力的行政院院長、民選地方首長、立法委員等，不同背景的政治人物，經營策略有所不同，是一個確實存在的趨勢。

二、臉書發文與活動花絮

本文的第二個假設，是活動花絮的部分。基本上來說，參與

各式各樣的活動是政治人物日常與選民接觸的主要管道之一。對於政治人物而言，臉書除了當成一個公共事務、法令政策的宣傳與說明的平臺之外，也是用來展示政治人物參與活動、表現親民、公開行程、說明或推銷活動的平臺。不同的政治人物在活動參與的部分，有不同的目的和曝光度。

對於直轄市長而言，所轄各局處常常是主辦、協辦、贊助各類型的活動，市長參與市政府各單位主辦的活動自然也是工作之一，藉由臉書動態來發表活動花絮，不只具有表現政績的功能，也是用來表現與市民同歡、協助各式活動、樹立親民形象的媒介。此外，臉書有時也會在活動舉辦以前發文來預告、推銷重要的活動。就活動花絮的部分而言，有數量和類型兩個比較的基準。就活動花絮的發文數量來說，直轄市長的治理範圍一般而言也比立法委員的選區大、議題來得更多元，因此受邀出席的機會也勢必比民意代表來得多。

而行政院長通常是「視察」的角色，加上沒有經營選區爭取連任的色彩，臉書動態以政策說明為主，發布活動花絮的比例會最低。就活動花絮的類型來說，立法委員在其身分特質上，更常看到建立與選民「博感情」的特色，加上本文的資料檢索期間，適逢2016年的總統與立法委員選舉，因此在活動類型上，立法委員的活動花絮，其「跑攤拜票」的活動類型會較多。

在資料編碼的地方，本文對活動花絮的定義採較嚴謹的編碼指標。動態中有正式活動名稱、時間地點等資料，才會編入活動花絮；而有候選人名字在內的公開活動，並且有請託拜票的動態，才會編碼為競選活動。依據實證資料來看，六位直轄市長在總數7,304則發文動態中，有723則是用來宣傳活動、發布花絮的動

態，另外僅有 50 則是競選動態，比例分別是 10% 和 1%，整體而言屬於偏低。四位時代力量的立法委員共 5,126 則臉書動態，有 368 則屬於活動花絮，但另外有 412 則是競選動態，比例分別是 7% 與 8%，競選動態明顯比直轄市長高。

兩位行政院院長在 607 則中，只有 17 則編碼為活動花絮，僅占 3%，而且沒有任何一則競選活動。整體比例偏低的主要原因，在於編碼標準的嚴格，在臉書動態中，市長、立委參與各式活動的心得不在少數，為了避免誤差，本文僅將動態中有提出活動名稱、時間地點的發文進行編碼，降低了整體的比例。但就數量、類型而言，都符合了本文的假設。前述資料請參見表 7-3。

表 7-3　臉書發文與活動花絮的關連性

（小數點二位數後四捨五入，為百分比）

政治人物	類型	非活動花絮	公共活動	選舉活動	小計
朱立倫	直轄市長	889 0.87	118 0.12	12 0.01	1,019
林佳龍	直轄市長	1,316 0.94	70 0.05	16 0.01	1,402
柯文哲	直轄市長	430 0.73	163 0.27	0 0.00	593
陳菊	直轄市長	1,048 0.89	118 0.10	18 0.01	1,184
鄭文燦	直轄市長	1,398 0.90	163 0.10	0 0.00	1,561
賴清德	直轄市長	1,450 0.94	91 0.06	4 0.00	1,545

政治人物	類型	非活動花絮	公共活動	選舉活動	小計
直轄市長小計		6,531 0.89	723 0.10	50 0.01	7,304
洪慈庸	民選立委	773 0.83	88 0.09	73 0.08	934
徐永明	不分區立委	1,378 0.90	66 0.04	91 0.06	1,535
黃國昌	民選立委	572 0.90	31 0.05	29 0.05	632
黃國昌粉專	民選立委	519 0.70	114 0.15	115 0.15	748
林昶佐	民選立委	1,109 0.87	64 0.05	104 0.08	1,277
立法委員小計		4,351 0.85	368 0.07	412 0.08	5,126
林全	行政院長	158 0.98	4 0.02	0 0.00	162
江宜樺	行政院長	432 0.97	13 0.03	0 0.00	445
行政院長小計		590 0.97	17 0.03	0 0.00	607

資料來源：作者彙整。

　　ICT 革新之下，本文先前所檢閱的諸多研究，大多關注改變了由下而上的參與模式，也就是指出 ICT 的革新，讓公民有了成本更低、更零散、更議題導向、更去政黨化的參與型態。在 ICT 革新的概念下，有各種社群媒體具有前述的功能，而臉書是最為普及的社群媒體之一。

本節以政治人物的臉書動態為研究對象，改採由上而下的討論，觀察與比較不同類型的政治人物，臉書發文的結構性差異。臉書作為雙向溝通的媒介，大多政治人物或許藉由助理、「小編」來發布動態，也或許不會親自觀察臉友的回覆，本人與公民之間的政治溝通功能有限。雖然如此，隨著臉書使用群眾的增加，再加上臉書確實具有議題設定的功能，政治人物仍然大量使用臉書，動態發文除了純粹的心得或是私領域之外，更多的動態是與推動政務、宣揚政績、政策與法令說明等有關，也有一定比例是用來發布活動花絮，並且建立親民的形象。

伍、選舉競爭的發文與立委對經營臉書的意見分析

一、選舉競爭與臉書

本文第三個假設是與選舉競爭有關。臉書作為政治人物向公民發布訊息、宣揚政績的媒介，在選舉時也必然成為爭取選民支持，或是攻擊競選對手的選舉工具，「選舉動態」會占據臉書的一部分版面。王泰俐（2013）曾針對臉書對 2012 年總統選舉的投票行為之影響進行研究，文中指出：「2012 年臺灣總統大選，社群媒體被認為是新競選武器。選舉期間，臺灣上網人口已達 1,753 萬，約占總人口數的七成五。在各種網路平臺中，又以社群媒體為主要使用平臺，有 1,141 萬名不重複使用者在 2012 年 10 月曾造訪社群類型網站，占臺灣全體網路使用者 96.8%。而臉書尤其是最受臺灣網友

歡迎的社交網站，有八成網友使用。這些數字都說明何以馬英九總統與民進黨提名總統參選人蔡英文都積極經營臉書」（2013：5）。

此外，王泰俐也針對臉書使用與投票參與探究其關連性，並指出：「社群媒體的自我表達／互動需求、娛樂需求，與政治資訊需求等三種動機，均與政治參與行為呈現正相關。越常利用社群媒體表達自我或與他人互動、越經常使用社群媒體滿足娛樂需求，或者越經常使用社群媒體尋求政治資訊者，越有可能參與政治活動」（2013：23）。依據王泰俐的研究可以看出，臉書在臺灣成為競選的工具，也成為選民獲取相關資訊的來源之一。在網路時代的當下，臉書在競選期間受政治人物加以利用的程度只會日益增加。

在本文編碼的過程中，直接出現政黨名字或候選人名字，同時可以正面判讀者，視為呼籲支持；相反的，直接出現政黨名字或候選人名字，同時負面判讀者，視為批評。由於競選語言相當直白，正負面判讀很容易區隔，因此在編碼上較少灰色地帶。此外，本文也預期在選舉熱期，競選動態會高於非選舉熱期，在編碼時，選定選前三個月為選舉熱期。依據本文編碼時間來看，就是 2015 年 10 月 16 日至 2016 年 01 月 16 日這段期間。其餘往前追溯或選後，都視為非選舉熱期。

依據編碼資料來看，有兩個符合假設的結果。首先，因為 2016 年的選舉是總統與立法委員，因此對直轄市長而言，僅具有「抬轎」的功能，所以競選動態都明顯低於立法委員。在六都市長中，新北市長朱立倫因為投入總統選舉，因此競選動態明顯高於其他五都市長。以平均來看，直轄市長在選舉熱期中 950 則動態裡，與選舉有關的僅 182 則，其中甚至 173 則是呼籲支持，只有 9 則是批評。而這 9 則中，有 7 則是同為總統候選人的朱立倫。這意味著

對於其他非候選人的直轄市長而言，沒有捲入選戰，至多只有表態呼籲支持同黨候選人，極少去批評對手，以維持市長未來施政的空間與彈性。

　　立法委員有截然不同的結果。依據編碼資料，在選舉期間、非選舉期間，立法委員的競選動態都偏高，在選舉熱期尤其如此。在選舉熱期中，四位時代力量的立法委員共 1,004 則動態，有高達 817 則屬於選舉動態，比例高達 81%，超過直轄市長四倍。即使是非選舉熱期，時代力量的立法委員也發布了 4,122 則的動態，其中 2,143 則與選舉有關，比例為 52%。除此之外，在非選舉期，時代力量的四位立委在批評他黨方面的動態有 700 則，占非選舉期的 17%，選舉熱期反而只有 97 則，占 1,004 則的 10%。這意味著在成為立委之後，時代力量在法案、問政上，在臉書上批評其他政黨的力道比選舉時更強。相關數據請參閱表 7-4。

表 7-4　選舉動態在選舉熱期與非選舉熱期的比較

（小數點二位數後四捨五入，為百分比）

政治人物	類型	選舉熱期			非選舉熱期			小計
		無關	批評	支持	無關	批評	支持	
朱立倫	直轄市長	116 0.54	7 0.03	92 0.43	797 0.99	0 0.00	7 0.01	1,019
林佳龍	直轄市長	166 0.86	0 0.00	26 0.14	1,204 0.99	0 0.00	6 0.01	1,402
柯文哲	直轄市長	82 0.93	0 0.00	6 0.07	505 1.00	0 0.00	0 0.00	593
陳菊	直轄市長	94 0.72	1 0.01	35 0.27	1,021 0.97	0 0.00	33 0.03	1,184

政治人物	類型	選舉熱期			非選舉熱期			小計
		無關	批評	支持	無關	批評	支持	
鄭文燦	直轄市長	179 0.98	0 0.00	4 0.02	1,368 0.99	1 0.00	9 0.01	1,561
賴清德	直轄市長	131 0.92	1 0.01	10 0.07	1,370 0.98	13 0.01	20 0.01	1,545
直轄市長小計		768 0.81	9 0.01	173 0.18	6,265 0.99	14 0.00	75 0.01	7,304
洪慈庸	民選立委	64 0.26	12 0.05	166 0.69	400 0.58	22 0.03	270 0.39	934
徐永明	不分區立委	21 0.11	27 0.15	137 0.74	429 0.32	358 0.27	563 0.42	1,535
黃國昌	民選立委	24 0.30	23 0.29	32 0.41	292 0.53	195 0.35	66 0.12	632
黃國昌粉專	民選立委	29 0.17	4 0.02	139 0.81	265 0.46	52 0.09	259 0.45	748
林昶佐	民選立委	49 0.15	31 0.10	246 0.75	593 0.62	73 0.08	285 0.30	1,277
立法委員小計		187 0.19	97 0.10	720 0.72	1,979 0.48	700 0.17	1,443 0.35	5,126

資料來源：作者彙整。

二、立法委員問卷分析

在分析完臉書動態的實證數據之後，本文最後一個部分將討論政治人物自身對臉書使用的觀點。在分析資料的部分，研究團隊

對立法院發出一百一十三份問卷,現階段回收了四十四份,有效問
卷四十二份。問題的組別中,除了基本資料之外,另外詢問了立委
最常使用的社群媒體、訊息更新頻率、訊息的類型、使用的目的、
發揮影響的自我評斷等。幾個主要的結果包括:

1. 在各種社群媒體中,臉書仍是最重要的溝通平臺。扣除沒有
   回答的兩位立委,其餘全數都有使用臉書與選民互動。其次
   是 LINE,再來才是架設個人網站。而 Twitter 在臺灣因為使
   用率不高,因此在回收的問卷中,沒有立委使用此一社群媒
   體。

2. 在使用頻率的部分,有二十七位立委約一天一次、十五位立
   委一天多次。顯示立委使用臉書的頻率最基本已達一天一則
   動態。

3. 在動態的類型上,立委自我判斷以發布質詢內容最多,其次
   是公布行程或是替執政黨的政策進行說明。

4. 在經營臉書的目的上,有二十四位立委指出是為了宣傳自己
   問政的努力,有十一位立委是為了選區服務。

5. 臉書經營的效果上,有十四位認為最有助於後續的質詢,各
   有 9 位認為有助於經營選區和協助提案。

6. 最後,對於太陽花學運而言,有三十位認為受到太陽花的影
   響而提升臉書使用。

前述資料參見表 7-5。

表 7-5 立法委員對臉書使用的意見回覆

問題	調查內容	次數分布
使用社群媒體的類型	FB	<u>42</u>
	LINE	32
	個人網站	10
發布動態的頻率	一天一次	<u>27</u>
	一天多次	15
發布動態的內容	執政黨政策說明	6
	質詢內容	<u>30</u>
	政策說明	4
	選區服務	3
	活動花絮	3
	公開行程	7
發布動態的目的	宣傳個人問政	<u>24</u>
	選區服務	11
	執政黨政策宣傳	1
	了解解選民意見	7
	了解年輕族群	4
發布動態的效果	選區經營	9
	提升得票率	4
	幫助質詢	<u>14</u>
	幫助提案	9
太陽花對經營臉書的影響	大幅提升	5
	頗有提升	<u>25</u>

資料來源：作者彙整。

在接受媒體採訪或是相關報導中,亦可看出政治人物對於臉書使用的態度和立場。例如,黃國昌接受媒體採訪時提到,自己在 2013 年之前完全沒有使用臉書經驗,開臉書也是為了推動公民運動,像時代力量這類資源不多、新興的小政黨,臉書是不可或缺的宣傳工具(彭琬馨,2016)。洪慈庸更是針對臉書經營此一主題接受媒體專訪(余宗翰,2017),訪談中洪慈庸首先指出,現在所有政治人物都不能輕忽網路社群的力量。至於選民是不是真的透過臉書達到與候選人的互動,洪慈庸在訪談中認為:「臉書會不會接觸到選民我們也不確定,但我在全臺灣的知名度,可以透過臉書炒熱議題,再把熱度帶回選區形成選票,這是我們的選戰策略。」

而在當選之後,臉書對於問政帶來哪些影響,洪慈庸則是認為:「正面來說可以拉近人跟人的距離,有了臉書後可以增進人們的溝通。其實以前民眾不關心政治部分是因為沒有太多管道獲取新聞,但臉書出現後新聞的擴散效率就提高很多。比較負面的問題是,我經營臉書時,因為支持的人比例較大,形成一個同溫層,那會不會讓我以為自己做得很好?在某種程度上形成一個侷限,所以我不能只關注網路上的聲量」(余宗翰,2017)。

不只是政治人物本身使用臉書,在這股風潮下,立委甚至要求內閣部會也要善用臉書進行宣傳和扮演「自媒體」進行議題設定。立委管碧玲就曾指出,在媒體環境缺乏正面新聞的情況下,臉書是可以主動出擊的戰場,但只有故宮有在經營,內閣形同缺席,因此呼籲內閣團隊好好經營臉書(陳怡文,2017)。現任國民黨主席吳敦義,在參選黨主席時,為了與年輕世代溝通,也特別開闢臉書粉絲團「臺灣的義氣 —— 吳敦義粉絲團」,另外吳敦義也新成立了官方 LINE 帳號,成為國內第一個擁有 LINE 官方盾牌的政治人物(陳奕,2017)。前述幾則新聞,無論是報導或是訪問,都可以

看出政治人物積極使用臉書，強化自我宣傳，也強化與選民溝通的管道。

陸、結　論

ICT 的革新，改變了公民政治參與以及政治人物宣傳理念、政治溝通的模式。以臺灣為例，臉書已經成為各種層級的政治人物，甚至政府部門，積極經營的社群媒體。在這股風潮下，所有政治人物積極經營臉書，但並非使用臉書就能達到相同的效果。過往若干對臉書與政治參與的研究，大多聚焦於公民這一端，也就是討論臉書如何讓公民社會有更低成本、更主動、更多元、更去政黨化的意見表達和動員。並用此來討論 ICT 革新對政治參與帶來的影響和其利弊。本文將分析的端點移往政治人物，針對不同類型的政治人物，依據動態發文的類型進行內容分析，同時也輔以問卷和新聞資料，來了解政治人物經營臉書所呈現的若干特色。

經由對不同類型政治人物臉書動態發文的資料分析，本文得出幾項初步的結論。首先，臉書具有政策說明、宣達政績、情感溝通等幾種不同的功能。對於不同類型的政治人物而言，經營臉書也有不同的功能需求。本文針對民選直轄市長、民選立法委員、官派行政院長等三個類型的政治人物進行資料蒐集。結果發現官派的行政院長，因為沒有選舉壓力，因此利用臉書進行與選民情感交流的需求度最低，宣達政績其次；相反的，行政院長最主要的目的是推動政策，因此利用臉書進行重大政策的說明是最常見的情況。對於

直轄市長而言，宣達政績、政策說明都有其重要性，這類型的臉書動態也較普遍。對於立法委員來說，與選民情感交流、選區服務，則是較為常見的臉書動態。

其次，臉書發文也有行程公布、活動花絮、預告宣傳的功能。在這個部分而言，直轄市長因為同時兼具活動主辦、協辦、贊助等角色，而舉辦活動有時屬於市長的政績，加以宣傳亦和前述宣達政績有相同性質；因此直轄市長發布活動預告的臉書動態，是三個類型的政治人物中最頻繁的一類。立法委員在活動花絮的部分，大多為展示親民、和選民「博感情」的意象，較無宣達政績的意味。因此，在活動花絮這一類的動態中，多為參與活動的心得，屬於事後，比較少出現事前預告或宣傳的動態貼文。至於行政院長的部分，動態貼文大多集中在政策說明，活動花絮的動態貼文更少。

加入選舉的因素以後，本文第三個初探的結果是，參與競選的政治人物，在選舉熱期的過程中，競選動態會遠高於非競選的政治人物。以本文為例，在 2016 年總統與立委的選舉過程中，立委本身投入選戰，因此競選動態在選前三個月數量相當多。許多動態無論內容為何，大多會加註競選口號、呼籲支持，或是候選號碼等，直接與選舉有關的資訊。相反的，直轄市長發布競選動態的比例就非常低，即使有，也是「抬轎」而非攻擊，也就是動態中會呼籲選民支持同黨候選人，而不太會有攻擊他黨候選人的動態貼文。

最後，以政治人物對使用臉書的觀點（問卷或受訪）來看，絕大多數政治人物現階段已經投入了臉書經營。經由問卷以及大環境的觀察，這個趨勢確實是受到太陽花學運所影響。而經營臉書的目的之一，也確實與開發年輕族群的支持有關。除此之外，發表動態的頻率相當高，並且主觀上也認為臉書是用來進行政策說明或展

演法案質詢的媒介。

　　臉書是 ICT 革新下,一個具有雙向溝通的社群媒體,在臺灣,正鋪天蓋地的影響了政治參與和政治溝通的行為模式。在大多文獻集中探索 ICT 革新如何影響由下而上的參與模式,本文希望能從由上而下的角度,探討政治人物在臉書使用上的一些特殊性。

　　本文依舊有相當多的侷限,例如資料蒐集與編碼、問卷調查等,均未能普及所有立委;臉書資料亦未能拉長時間進行較為長期的觀察;甚至雙向的研究,從網友的回文、按讚、轉貼中,來釐清是否真的具有「雙向溝通」的內涵。雖然如此,本文作為　個初探性的基礎研究,希望能補充政治人物這一端,對於臉書使用的現況分析。網路世代的政治行為研究,才正要開始。

參考文獻

王泰俐，2013，〈「臉書選舉」？2012 年臺灣總統大選社群媒體對政治參與行為的影響〉，《東吳政治學報》，31(1): 1-52。

包淳亮、張國城譯，2009，《政治社會學：批判的導論》，臺北：巨流。譯自 Keith Faulks. *Political Sociology: A Critical Introduction*. Edinburgh: Edinburgh University Press. 1999.

余宗翰，2017，〈洪慈庸狂新聞爆紅！她怎麼把臉書當作虛擬的選民服務處？〉，Knowing 新聞，http://news.knowing.asia/news/bc2a545f-9411-4326-aab1-bf52e4e2628f，2017/9/23。

林政忠、楊湘鈞、郭瓊俐、周志豪、黃驛淵、祁容玉，2015，〈後學運時代政治人物 FB 大數據〉，聯合報，http://p.udn.com.tw/upf/newmedia/2015_data/20150316_pol_fb/pol_fb/，2017/9/23。

祁容玉、修瑞瑩、蔡孟妤、林縉明，2016，〈自己當媒體地方首長瘋臉書直播〉，聯合報，https://udn.com/news/story/6656/1897420，2017/9/23。

唐婉珊，2013，《公民？學生？你今晚選擇哪一個？學生使用者在 Facebook 上公民參與經驗之探究》，高雄：中山大學傳播管理研究所碩士論文。

陳怡文，2017，〈綠委籲各部會學蔡英文用心經營 FB 網批臉書治國〉，中時電子報，https://www.chinatimes.com/realtimenews/20170527002125-260407，2017/9/23。

陳奕，2017，〈主打臺灣義氣吳敦義用臉書與 line 溝通年輕世代〉，新頭殼，https://newtalk.tw/news/view/2017-04-17/84693，2017/9/23。

陳韋綸，2013，〈無懼政黨操弄正面迎戰 20 萬人上街要馬直接廢核〉，苦勞網，http://www.coolloud.org.tw/node/73151，2017/9/23。

彭琬馨，2016，〈時力與日議員談新政治　黃國昌：我連PTT帳號都沒有〉，自由時報電子報，https://news.ltn.com.tw/news/politics/breakingnews/1929790，2017/9/23。

趙燕婷，2016，〈148位立法會候選人，你知道誰在臉書最受歡迎？〉，端傳媒，https://theinitium.com/article/20160812-hongkong-legco-facebook/，2017/9/23。

Banaji, S. and D. Buckingham. 2010. "Young People, the Internet, and Civic Participation." *International Journal of Learning and Media* 2(1): 15-24.

Boulianne, S. 2009. "Does Internet Use Affect Engagement? A Meta-Analysis of Research." *Political Communication* 26: 193–211.

Byrne, D. 2014. "Cyberdemocracy: Internet and the Public Sphere." in *Politics and the Internet*, ed. William H. Dutton. London and New York: Routledge, 199-214.

Chadwick, A. 2007. "Digital Network Repertoires and Organizational Hybridity." *Political Communication* 24: 283–301.

Christensen, H. S. 2011. "Political Activities on the Internet: Slacktivism or Political Participation by Other Means?" *First Monday* 16(2). in http://journals.uic.edu/ojs/index.php/fm/article/view/3336/2767. Latest update 16 March 2019.

Delli Carpini, M. X. 2000. "Gen. com: Youth, Civic Engagement, and the New Information Environment." *Political Communication* 17(4): 341-349.

Emmer, M., G. Vowe, and J. Wolling. 2011. *Buerger Online*. Bonn: Bundeszentrale fuer Politische Bildung.

Frissen, P. H. A. 2002. "Representative Democracy and Information Society: A Postmodern Perspective." *Information Polity* 7: 175-183.

Smith, A., K. L. Schlozman, S. Verba, and H. Brady. 2009. *The Internet and Civic Engagement*. Report of Pew Internet & American Life Project. Washington, D.C.: Pew Research Center.

Chapter 08

德國右翼政黨社群媒體經營趨勢初探

沈有忠

東海大學政治學系

｜ 摘　要 ｜

　　過去幾年來，全球吹起「右翼風」。在歐陸，右翼、民粹政黨更是大幅度崛起，在眾多國家攻城掠地、進入國會甚至取得執政。在這一波右翼政黨崛起的過程中，有若干研究指出，「社群媒體」改變了政治參與和政治傳播，是右翼政黨崛起的重要因素之一。德國為歐陸極具影響力的國家，右翼政黨在德國的發展，成為觀察整個歐陸右翼政黨崛起的指標之一。「德國另類選擇黨」（AfD）即為這一波右翼風潮中，備受關注的右翼、民粹主義政黨。

　　本文以 AfD 為分析對象，討論 AfD 在 2017 年以第三大黨之姿進入國會之後，這一年來在社群媒體經營上的發展趨勢，並與其他五個在聯邦眾議院的政黨做比較。透過社群媒體的經營比較，希望釐清幾個問題：（1）右翼民粹政黨的社群媒體經營模式，是否與其他民主政黨有差異？（2）難民與歐洲整合，是這一波歐陸右

翼政黨崛起的議題，對於這些議題在社群媒體上的關注度，相較於其他政黨而言是否特別顯著？（3）就群眾角度而言，在社群媒體上與各個政黨的互動，右翼政黨是否確實較為積極？哪些議題能夠引起民眾的關注？透過對於前述問題的討論，本文希望能對右翼政黨與社群媒體的相關議題，建立一個基礎性的探究。

關鍵字：右翼政黨、民粹、社群媒體、德國、另類選擇黨

壹、前　言

一、德國右翼政黨的發展現狀

2018 年 10 月 28 日，德國中西部黑森（Hessen）邦議會改選，結果傳統的兩大政黨：基督教民主聯盟（CDU）、社會民主黨（SPD）遭遇重挫。與 2013 年相比較，CDU 下跌 11.3%、SPD 下跌 10.9%。新興的右翼政黨「德國另類選擇黨」（AfD）則一口氣成長拿下 13.1%（成長 9%）進入議會，也完成邦議會選舉的最後一塊拼圖，在德國十六個邦全數超過最低門檻取得席次。

黑森邦的選舉結果，也成為壓垮現任總理梅克爾（A. Merkel）的最後一根稻草。在 2017 年慘勝，但仍舊取得四連任的梅克爾，於黑森邦選舉結果出爐後，宣布將不再角逐 2018 年的黨主席選舉，並且在擔任完這一屆的總理後，不再追求連任。德國的政黨政治，正式的進入了一個新的、更加分化的階段。

這一波德國政黨體系重組的結果，最大的贏家是右翼的新興政黨 AfD。就聯邦層級而言，AfD 在 2017 年 9 月取得 12.6% 的得票率，以第三大黨之姿進入聯邦眾議院（Bundestag）。此次關鍵選舉造成德國政黨體系重組，並且延續到 2018 年的黑森邦選舉，完成了全國十六個邦都取得議席的結果。不僅如此，AfD 在全國的支持度都有持續上揚的趨勢，直逼傳統的兩大政黨。

　　事實上，在 2017 年聯邦議會大選後一週年之際，依據德國著名的民調單位 Infratest dimap 於 2018 年 9 月 20 日公布的民調結果顯示，假若週日即刻進行聯邦眾議院的改選，極右翼政黨德國另類選擇黨（AfD）將以 18% 的支持度，成為第二大黨。該民調逐週進行調查，這是在 2017 年大選之後，AfD 首度正式的超過社民黨（SPD）的民調支持度，成為第二大黨（參見圖 8-1）。依據選後一週年的民調來看，AfD 不僅不是曇花一現，其氣勢甚至持續成長，有與第二大黨——社民黨出現交叉的趨勢。

圖 8-1　Infratest dimap 於 9 月 20 日公布的政黨支持度民調資料

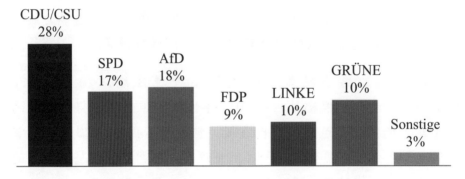

資料來源：https://www.wahlrecht.de/umfragen/。檢索日期：2018/9/21。

二、AfD 的發展歷史

　　AfD 於 2013 年 4 月，在柏林正式組織政黨。組黨之初的核心訴求，是反對德國在希臘的金融危機中伸出援手。AfD 成立之初，喊出「追求真理的勇氣」（Mut zur Wahrheit）的政治傳播口號，

被視為民族主義保守的民粹政黨。AfD 在 2013 年首次參加聯邦議會選舉，獲得 4.7% 的選票，未達門檻而沒有取得席次。然而，隨著歐債危機的持續，加上隨之而來的難民問題，AfD 的聲勢不降反升；在 2014 年的歐洲議會選舉，AfD 拿下了七個席次，這是一個重要的轉折，因為證明了選民將選票投給 AfD 不會成為廢票。自此之後，AfD 在德國各邦議會接連跨過 5% 的門檻，成為具有實質影響力的有效政黨（沈有忠，2018：151）。直到 2018 年 10 月，完成了十六個邦全數跨過門檻，進入議會的結果。

2017 年 9 月，聯邦議會定期改選，AfD 獲得 12.6% 的支持度，並且拿下九十四個國會席次，一舉成為國會裡的第三大黨（參見表 8-1），造成政黨體系重組。選後進入國會的六個政黨，AfD 也被定位為民粹程度最高、意識形態光譜最右的政黨（六個政黨的光譜相對位置請參見圖 8-2）。由於 AfD 激進與民粹的主張，對德國當下既有的難民政策與推進歐洲整合都持反對立場，因此 AfD 一口氣成為第三大黨的選舉結果，對於德國甚至於歐盟，都造成重要的衝擊。

AfD 的勝選，可以視為短期因素與結構性因素的結果。短期因素指的是歐債危機、難民議題的發酵，使得 AfD 很容易操作民粹議題，激起選民對既有政黨的不信任。結構性因素則是指德國的政黨體系，從二戰之後就欠缺右翼的保守勢力。此外，所有政黨都支持歐洲整合，沒有疑歐政黨替右翼選民發聲。這使得前述歐債與難民的議題惡化之後，AfD 很輕鬆的就取得了疑歐派與民族主義選民的支持。

表 8-1 　2017 年德國聯邦議會選舉結果

（括號內為前次結果）

政黨	得票率	席次數
CDU/CSU	32.9（41.5）	246（311）
SPD	20.5（25.7）	153（193）
AfD	12.6 （4.7）	94 　（0）
FDP	10.7 （4.8）	80 　（0）
Linke	9.2 （8.6）	69 　（64）
Grüne	8.9 （8.4）	67 　（63）
Others	5.2	0
小計	100	709

資料來源：維基百科；https://de.wikipedia.org/wiki/Bundestagswahl_2017。檢索

日期：2018/9/22。

圖 8-2 　德國政黨體系的光譜相對位置

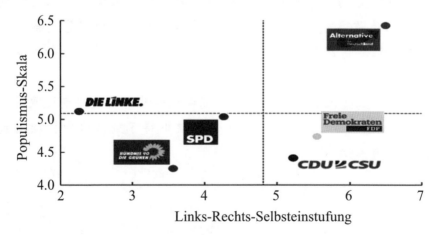

資料來源：Vehrkamp & Wratil, 2017: 11。

三、AfD 與全球民粹主義

　　從全球的政治勢力結構來看，二十一世紀之後，後冷戰所建立的政治秩序，無論是國內層次或是國際層次都正在面臨巨大的轉變。在國際層次來看，冷戰結束後，世界秩序的重構是從兩極對抗走向區域整合。雖然在不同區域各自有其整合的困境，但整體方向是朝向區域的政經整合在努力；然而，近年來這樣的整合過程卻出現反轉的趨勢，最具代表性的就是歐盟。在國內層次，冷戰結束似乎象徵著自由主義的勝利。許多國家的政黨政治卻也開始面臨傳統自由主義價值的崩壞，尤其標榜保護主義、保守民族主義的氛圍，以民粹的方式逐漸高漲。這使得原本在冷戰結束後應該欣欣向榮的民主政治與政黨政治發展，面對了嚴峻的挑戰。在這樣一個全面政治氛圍轉向的過程中，AfD 的勝選，可以視為過去幾年全球右翼民粹政黨、非典型政治勢力大幅崛起的其中一塊拼圖。

　　在國內層次而言，新興政黨與非典型政治人物的崛起，意味著傳統政黨與公民之間的連結減弱。過去幾年來，全球普遍存在一股對既有政黨不信任的懷疑態度。公民對傳統政黨的忠誠度下降，出現政黨認同減弱、黨員數量下降等結果。在選舉時，非典型政治人物或是政治素人、較勇於挑戰主流政黨，甚至較為偏鋒的政黨，都比以往更容易獲得選民的青睞。如同學者 G. Stoker 所描繪，當前的政黨，無法有效扮演「輸送帶」，把公民的意見帶給政府。政黨的發展，從「勞力密集」轉為「資本密集」，社會基礎的訴求越來越薄弱，而逐漸轉型為治理機器的一部分（龐元媛、李佩怡譯，2009：151）。

　　Tim Bale 對此指出，從歐洲多數民主國家的投票結果與政府

組成來看，政黨與選民都變得更「大膽」或是「混亂」，鼓勵政黨更加創新，而選民更願意接納新的事物（李啟耀等譯，2013：185）。在此，政黨的訴求日益「大膽」，或是提出「新的事物」，又或者是非典型政治人物的當選，事實上是增添了民主發展的不確定性。在這些不確定性中，包括了對既有政黨與體制的信賴下降，以及對當前政治秩序的解構。在這一波政黨重組、非典型政治人物廣受歡迎的過程中，我們看到科技革新所帶來的影響。

資訊與傳播科技（Information and Communication Technology, ICT）的革新刺激了擴大參與的訴求，最典型的變化就是社群媒體（social media）在選舉過程中發揮了一定的影響力。新興政黨或是非典型政治人物，對於社群媒體的經營，相較於老牌政黨或是傳統的政治人物都更為活躍。本文後續將進一步檢視既有對於社群媒體與右翼政黨的研究，並且提出本文的假設；再以德國 AfD 為例，討論右翼民粹政黨在進入聯邦議會的這一年間，經營社群網站的實證資料分析。

貳、社群媒體的影響與民粹化的效果

一、資訊與傳播科技革新對政治傳播的影響

科技進步所帶起的社群媒體，改變了政治參與以及政黨競爭的方式，可以視為前述這一波全球右翼民粹政黨、新興政治勢力崛起的因素之一。資訊科技的革新，對公共事務影響的範圍既廣且

深，對比工業革命的影響，這一波資訊與傳播科技（ICT）的對政治場域形成的影響，稱為「資訊革命」亦不為過。

「資訊傳播科技」的革新之所以改變政治傳播的本質，成為社會發展的重要媒介，其原因在於科技革新帶來溝通過程的水平化、去疆域化、虛擬化（horizontalization, deterritorialization and virtualization）的效果（Frissen, 2002: 175）。這些變遷改變了社會網絡的建構，從政治參與、政治傳播的角度而言，也改變了公民參與政治，以及政黨、政治人物進行政治動員和傳播的條件。具體影響的範圍觸及社會運動的組織動員、政黨競爭與傳播、議題設定、選舉方式等。

例如 Gibson 就指出，社群媒體的普及與發展，改變了政黨、公民參與以及選舉內涵。一種「由公民發起的選戰」（citizen-initiated campaigning）成為當前選舉競爭的趨勢（Gibson, 2015: 183）。林澤民、蘇彥斌也指出，社群媒體的出現，強化了由下而上的參與，發展出所謂的「快閃政治」（flash-mob politics），改變政治傳播的方式；新媒體的普及讓近年來的公民社會運動得以有效快速集結動員，同時也弱化政黨與工會等傳統政治行為者在集體行動過程的角色（2015：125）。

整體而言，ICT 的發展以及對公民政治的影響迄今大概歷經三個階段。首先是網路使用（www 的時代）降低了訊息流通的成本。其次是部落格（Blog 與 BBS 的時代）的使用使得每個公民得以成為訊息發布的中心，出現了訊息發布去中央化的效果。現在則是臉書搭配隨身上網（4G ＋ Facebook 時代），每部手機都成為進行動員、訊息發布與傳遞的工具，不僅讓訊息流通的成本持續下降，也讓去中央化的效果日益顯著；更重要的是，動員效果與網狀

溝通比起以往更加迅速，尤其因為隨身上網，更使得空間的限制也被解放，隨時都可以進行橫向的動員以及訊息的串連。

雖然如此，傳統的大眾傳播媒體在同一時間並未完全被取代。因此，有學者指出，社群媒體的出現，是將政治傳播系統多元化，只能將社群媒體視為整個傳播體系的一個環節，並沒有取代傳統的大傳系統成為唯一的傳播體系。然而，在新、舊傳媒交互發生影響的當下，意見領袖及其追隨者容易「製造」新聞、帶動民意，甚至驅使傳統的大眾傳播跟進報導，強化輿論（Postill, 2018: 761）。就此點而言，社群媒體確實鼓勵了更多的公共參與，以及培育出更多潛在的社群菁英。基於此點分析，民粹政黨及其意見領袖，如何利用社群媒體塑造輿論與民意，亦成為這一波研究社群媒體與民粹勢力崛起的核心議題之一。

二、社群媒體對民粹的影響

除了刺激參與之外，若干研究也指出，社群媒體的普及，將使政治權力以民粹的方式進行重組；而透過網路與社群媒體，將使政治人物無中介的與人民直接溝通（Engesser et al., 2017: 1113）。這種直接溝通的模式容易產生兩種影響：其一，政治人物將以更淺顯易懂的「庶民言語」和人民直接溝通；其二，若干政治人物為了表明「與人民站在一起」的姿態，選擇攻擊既有的體制菁英，彷彿成為公民宣洩對體制不滿、既存菁英不滿的代言人。這些影響，也就是助長民粹主義在社會發展的因子。

Engesser 等人從五項指標研究社群媒體對民粹主義發展的影響，分別是檢測對於人民主權、庶民至上、攻擊菁英、否定他人，

以及建構一個理想的烏托邦。進而蒐集英國、義大利、瑞士、奧地利等四個國家政治菁英的臉書與推特發文，發現這些國家的政治人物在社群媒體的使用上，都出現符合前述五項指標的趨勢（Engesser et al., 2017: 1114）。

　　Wilson 與 Hainsworth 在「歐洲反種族主義網絡」（European Network Against Racism, ENAR）的研究報告中也提到，二十一世紀歐洲極右政黨的崛起，與媒體（包括社群媒體）有必然的關係。因為媒體在報導新聞時，隱含著對世界觀與價值的殖入，將伊斯蘭、移民者報導為不容於本土社會的異類。不僅如此，媒體對於過於平穩、學術性、研究報告等題材沒有興趣，但對於煽動性、魅力型領袖、誇大的訴求，反而有更多的報導價值。這個特質符合了右翼政黨在議題（排外）以及動員（民粹）上的特性，因此成為右翼政黨迅速成長的推手（2012：17）。

　　透過選舉的動員與競爭，社群媒體直接成為改變與重組政治勢力的關鍵。過去幾年來，許多民主國家的全國性選舉，都出現了社群媒體影響選舉結果的現象。因此，「臉書選舉」成為一股熱潮，在實務與學術上開始廣受注意。以本文關注的德國來看，即有研究指出，2017 年的聯邦議會選舉，社群媒體不僅是政黨競選所重視的戰場，甚至成為決定選舉勝敗的關鍵（Stier et al., 2018: 1）。這意味著傳統的選戰因為社群媒體的出現與普及而產生改變，在 2017 年的選舉中，社群媒體的經營成為決定選舉勝敗的新變數。社群媒體在選舉中的影響，以美國 2016 年總統選舉為備受注目的例子。在此之後，「假新聞」、「社群機器人」等問題，搭配社群媒體的普及，成為許多民主國家在選舉時審慎應對的議題。

　　社群媒體的普及，降低了大眾傳播媒體、主流媒體對於新聞

傳播扮演「守門人」的功能。使得議題設定、社會風向,變化的速度不僅加快,新聞的真實性也有待檢驗。對於民粹與極右翼政黨而言,社群媒體提供了一個與選民建立連結的新渠道,而這個新渠道正是繞開傳統的主流媒體,建立了與人民直接溝通的方式,這個方式對民粹主義者而言相當有效(Jarman, 2017: 3)。

叁、德國民粹政黨與社群媒體

一、AfD 的民粹傾向

回到德國 2017 年的大選來看,社群媒體對於 AfD 而言,具有快速動員的效果,主要原因之一也在於該黨訴求的議題,主要在於反對歐洲進一步整合,以及反對移民與難民。AfD 在選舉時的競選綱領中,針對移民與庇護、伊斯蘭政策等,都提出了極為保守的主張,包括:封鎖邊境、嚴格管制移民、拒絕接納家庭難民、遣返目前在德國的難民等。對於伊斯蘭則是指出,AfD 不是種族歧視,但伊斯蘭就是與德國的法律與文化不相容。街頭的競選看板中,有一系列針對排除伊斯蘭文化為訴求的標語;包括「新的德國人,我們自己來就可以」、「海灘上我們要比基尼」。這都是對伊斯蘭服裝、通婚等移民後的現象表達了高度的排斥(沈有忠,2018:162-165)。

反整合、反移民的主張,在本質上具有排他性民族主義、經濟保護主義的色彩,尤其容易以民粹的方式動員起來。也就是

煽動排外情緒、否定包容政策、強調庶民至上來進行排外、保護的訴求。事實上，民族認同、移民，以及訴求社會安全這三項議題，在本質上就一直為右翼民粹政黨存在的基礎（Grimm, 2016: 43）。Steenvoorden 與 Harteveld 指出，社會悲觀主義（societal pessimism）是歐洲極右翼政黨這一波興起的支持基礎，而社會悲觀者在媒體上的定位就是反對整合以及反對移民（2017：43）。這個發展趨勢在大多歐洲國家都得到驗證。

二、AfD 的網路經營

回到社群媒體的使用來看，AfD 在臉書上與選民的互動程度，在難民危機以後急速上升，此後兩個高峰點分別在 2016 年跨年前後，以及 2016 年邦議會選舉投票日前後。不僅如此，與兩個左翼政黨 SPD 和 Linke 相較之下，互動的規模差距更是極為懸殊。這顯示了 AfD 使用社群媒體的活躍度遠高於其他政黨，而時機上確實與難民的問題有關，同時也結合在選舉與重大節日前後（Dittrich, 2017: 11）。AfD 使用臉書以及與選民互動的趨勢，可參見圖 8-3。

據此，AfD 在選舉期間透過社群媒體與選民產生連結與動員，已經在諸多研究中指出此一特性。本文所欲討論的議題，在於持續關注 AfD 在進入體制之後，是否延續了社群媒體經營的趨勢。具體來說，反難民、反移民、反整合等訴求，在 AfD 進入體制以後，是否在社群媒體上維持這些主張，持續進行民粹式的宣傳？以下針對此一問題進行實證資料的經驗分析。

圖 8-3　AfD 臉書與使用者互動趨勢與時機

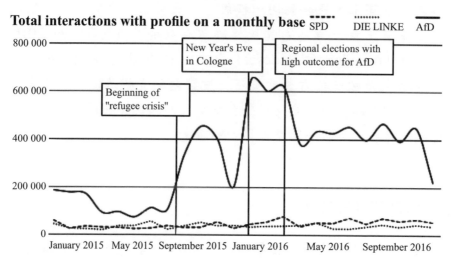

資料來源：Dittrich, 2017: 11。

　　有鑑於社群媒體對選舉可能產生的負面影響，以及外國勢力的介入，德國國會於 2017 年 6 月，在大選舉行之前通過了《社群網路改善法》（Gesetz zur Verbesserung der Rechtsdurchsetzung in sozialen Netzwerken, NetzDG），防止社群網路的假新聞影響 2017 年聯邦議會的選舉。大動作的立法，且不論成效如何，至少說明了社群網路、假新聞對選舉的影響，已經受到政府的關注。

　　AfD 被定位為極右翼的民粹主義政黨，在選舉過程中廣泛應用社群媒體，達到與選民直接接觸、庶民化的效果。此外，透過社群媒體廣泛的攻擊既有政黨、體制、政策、菁英，也是加速民粹化的現象。此一現象在選舉過程順利擴張選票基礎，成為第三大政黨。針對 2017 年聯邦議會的選舉結果，社群媒體當然不是造成 AfD 勝選的唯一因素，但不可否認的，AfD 在社群媒體上確實比其他傳統政黨吸引了更多選民的關注（Jarman, 2017: 3）。既有研

究均指出，社群媒體對 AfD 的勝選具有推波助瀾的效果，那麼當 AfD 進入體制，成為聯邦眾議院的第三大黨以後呢？在社群媒體上的發文型態、關注議題、追蹤人數等，是否也和其他政黨有明顯差異？這是本文想繼續追蹤的核心問題。

三、資料來源與分析方法

在進入實證資料的分析以前，先說明本文的資料來源以及編碼標準，並且提出幾項假設。資料來源的部分，選取 AfD、CDU、SPD、FDP、Linke 以及 Grüne 等六個跨過 5% 的政黨，其在臉書經營的粉絲專頁。選取資料的時間從 2017 年選後一年作為觀察範圍，分析資料至 2018 年 8 月 31 日為止。在編碼時，選取若干個 AfD 在選舉時散播民粹動員的主要議題，作為關鍵詞的摘取來源，包括：難民（Flüchtling）、庇護（Asyl）、伊斯蘭（Islam）、穆斯林（Muslim）、安全（Sicher）、移民（Migration）。[1] 此外，民粹政黨另一個特性是攻擊既有執政黨與菁英，因此也納入總理梅克爾（Merkel）為關鍵詞進行蒐集。本文的幾項假設是：

1. 延續選舉的民粹策略，在臉書經營上，AfD 將比其他政黨更為積極，也持續與較多的臉書使用者產生互動。具體的比較依據包括追蹤人數以及互動人數（按讚、憤怒等各種互動符號）。

2. 按照前文分析，第二項假設在於 AfD 進入國會後，持續對於排外的政策主張在臉書上廣為宣傳。因此前述若干與排他的、民族主義訴求的關鍵詞出現貼文的則數所占比例將高於

---

[1] 德文字尾變化、複合字都比較複雜，是以前述關鍵詞以字根為主，廣義選取相關詞彙的出現進行編碼。

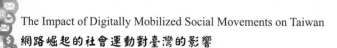
其他政黨。

3. 在發文的「情緒上」，基於前文對民粹主義的分析，第三項假設在於 AfD 的臉書貼文，涉及這些關鍵詞的內容，都更具負面的情緒性。包括質疑、否定既有政策，或是將相關關鍵詞以諷刺、仇恨、排他式言語加以散播。

4. 在既有菁英的部分，本文第四項假設是 AfD 比起其他在野政黨，對總理 A. Merkel 有更多的負面貼文，以否定、質疑的立場挑戰 Merkel 的政策與主張。

肆、經驗研究與發現

一、臉書活躍度比較

按前述研究議題與資料，以下逐一說明關於前述假定，在實證資料的分析結果。首先，在臉書經營積極性，以及與使用者互動的規模來看，實證資料發現，AfD 在進入國會後的這一年裡，維持了在選前活躍於社群媒體的趨勢。先以粉絲專業的追蹤人數與「按讚」人數來看，AfD 截至本文撰寫為止，共有四十四萬人追蹤、四十二萬人按讚。執政黨 CDU 則是二十萬人追蹤、十八萬人按讚，CDU/CSU 的國會黨團更只有五萬人按讚與追蹤。第二大黨 SPD 則同為二十萬人追蹤、十八萬人按讚；FDP 為十六萬人追蹤、十四萬人按讚；綠黨是十九萬人追蹤、十八萬人按讚；Linke 則是二十六萬人追蹤、二十五萬人按讚。

這呈現出一個有趣的訊息，三個老牌政黨（CDU/CSU、SPD
與FDP）的臉書互動人數是六個政黨中偏低的，社運起家的綠黨、
極左的左黨則是略高，而極右政黨AfD更是約為執政黨二點五倍
的互動人數。除了使用者的追蹤、按讚的人數以外，AfD的發文
頻率也是六個政黨中最高的。本文從2017年9月編碼至2018年
8月31日止，AfD共發文1,049則，其餘CDU為450則、SPD為
286則、FDP為668則、綠黨為199則、Linke為392則。就政黨
經營的活躍度來看，AfD遠遠多過於其他政黨。

　　就實際互動來看，也和追蹤、按讚的總數呈現一定的關聯性，
AfD的發文中，動輒數十人表達意見（包括按讚、憤怒或其他表情
符號）甚至有34則貼文超過萬人互動（包括分享）的情況。但在
其他政黨中，多為數百人、頂多幾千人。其餘五個觀察政黨，所有
貼文中，沒有任何一則有破萬人互動的情況。而AfD這些超過萬
次以上互動的發文，有幾個特性。其一是分享選舉的勝利；其二是
就移民問題造成的安全疑慮；其三是攻擊現任總統和總理的發文；
其四是呼籲對國內弱勢族群的照顧。這些趨勢，和選前的競選過程
前後呼應，可以說持續一種選舉動員的氣氛，尤其是民粹動員，而
不是隨著進入體制也改為訴求政策辯論的狀態。

二、臉書的民粹與排外

　　本文的第二個假設，在於AfD針對引發此次右翼民粹風潮的
議題，在進入國會後仍舊在社群媒體上高度操作，依據實際的經驗
資料也獲得證實。幾個與難民、移民相關的關鍵字為檢索依據，在
AfD出現的次數與比例，均遠高於其他政黨。不僅如此，幾個政
黨直接在發文中具體針對伊斯蘭、穆斯林的貼文極為少數，即使有

也是正面表述而非攻擊性文章。但在 AfD 的臉書發文裡，針對性的發文數量明顯較多，且多為負面表述。非針對性的公共政策關鍵字，例如庇護、移民、安全等，其他政黨也會在臉書上發文表達意見，但次數均遠不及於 AfD。個別關鍵詞發文數量的比較，請參見表 8-2。

表 8-2　各政黨粉絲頁關鍵詞出現則數／次數

（2017 年 9 月至 2018 年 9 月）

關鍵詞	AfD	CDU	SPD	FDP	G	Linke
總發文量[2]	1,049	450	286	668	199	392
難民	112/161 10.68%	5/6 1.11%	2/3 0.70%	24/33 3.59%	12/22 6.03%	10/15 2.55%
庇護	266/440 25.36%	13/15 2.71%	1/1 0.35%	33/45 4.94%	2/5 1.01%	3/4 0.77%
伊斯蘭	132/216 12.58%	2/2 0.44%	0/0 0.00%	1/1 0.15%	0/0 0.00%	2/2 0.51%
穆斯林	61/101 5.82%	1/1 0.22%	3/6 1.04%	0/0 0.00%	0/0 0.00%	3/3 0.77%
梅克爾	263/448 25.07%	95/122 21.11%	4/4 1.40%	32/41 4.79%	7/7 3.52%	14/16 3.57%
移民	163/278 15.54%	18/26 4.00%	2/2 0.70%	15/19 2.25%	3/4 1.51%	3/3 0.77%
安全	207/296 19.73%	57/77 12.67%	6/6 2.10%	65/104 9.73%	12/26 6.03%	42/57 10.71%

資料來源：作者彙整。

2　總發文量編碼至 2018 年 8 月 31 日止。

本文的第三個假設，在於涉及難民、庇護、安全等議題，尤其涉及具體對象例如伊斯蘭、穆斯林的發文上，AfD 的民粹特性會更為突出；也就是文字使用多為負面表述，且相對更為激烈與具有煽動性，或是具有劃分敵我的內容。以下舉出幾則例子說明 AfD 在臉書上發文的特性。

　　2017 年 10 月 11 日，AfD 在臉書上抨擊內政部長 Thomas de Maizière（CDU）發言表示參加穆斯林慶典是令人愉快的事，並反諷地問出「你會開心嗎？」此則發文獲得超過兩萬名的使用者互動（按讚或其他），也有超過四千則留言以及超過五千八百次的分享。再例如 2017 年 10 月 28 日，AfD 在臉書上轉發了主席 Alice Weidel 的發言，直接攻擊德國政府不應該和「反民主、反秩序的穆斯林結盟」，並宣稱與穆斯林交好將會製造更多醜聞。2017 年 12 月 20 日，在聖誕節前夕時 AfD 在臉書針對節慶的特殊性發文，指出在德國唱聖誕歌曲、參加聖誕派對，是「基督教的、西方國家的傳統」。如果穆斯林感覺不悅，在德國自然沒有容身之地。直接針對穆斯林，在重大節日前以宗教習俗劃分敵我，就是一種標準民粹動員的方式。

　　2018 年 1 月 11 日，AfD 引用 SPD 學者 Christian Pfeiffer 的研究，指出年輕的穆斯林和恐怖攻擊，以及宣揚伊斯蘭教義的密切關係。並認為這是一項「令人畏懼」的研究發現，尤其這份研究是出自 SPD 的學者之手。是以，該則發文最後表示，這些人不可能融入德國，條件允許時主張立即遣返。諸如此類的臉書訊息，多次出現在 AfD 的臉書牆上，具有明確的針對性、敵視、直接指出與德國的差異性、負面等用語，是 AfD 發布此類貼文的共同特性。

三、對菁英與體制的攻擊

本文第四項假設，在於 AfD 在臉書上對既有政治菁英與政策的攻擊，也會明顯高於其他在野政黨。以總理 Merkel 為關鍵字進行搜尋，結果出現次數超過百次的兩個政黨，一個是 CDU，另一個就是 AfD。Merkel 作為 CDU 的黨魁，該黨利用臉書宣傳或轉載 Merkel 的相關訊息，是相當正常的現象。但除了 SPD 以外的四個反對黨，FDP、綠黨、Linke，在臉書上直接抨擊、質疑 Merkel 的現象都不顯著。相反的，AfD 在臉書上的發文，提到 Merkel 的次數不僅最多，而且攻擊力道也相當強。

例如，2018 年 5 月 31 日的一則發文，AfD 將 Merkel 的庇護政策攻擊為給德國帶來更多凶殺、強姦、搶劫與不幸。甚至要求 Merkel 為她的「恥辱」（Schandwerk）負責。這則貼文獲得了超過一萬二千名使用者的互動，以及超過五千多次的分享。2018 年 5 月 28 日，AfD 轉載了一則新聞和影片，該影片報導了在敘利亞的德籍婦女加入恐怖組織，並且透過臉書彼此串連。該則新聞並未針對 Merkel 的任何政策加以評述。但 AfD 在轉載新聞後，加上的評論是諷刺 Merkel，指出「感謝 Merkel 讓德國存在更多潛在的殺手和社會不安的肇事者」。這一則貼文也獲得了超過一萬二千名使用者的互動。

從前述幾則簡單的例子看出，AfD 使用臉書，對現任總理進行抨擊，廣度和強度都是所有政黨之最。加上有眾多粉絲或追蹤者的基礎，這些訊息也成為民粹式動員（使用煽動言語反對既存政治菁英）的方式。

AfD 在大選後成為德國的第三大黨，過去一年來在臉書上的

活躍程度，仍舊是所有政黨之最。無論追蹤者、互動數，或是自身的發文頻率，都是數倍於其他政黨。經營臉書的方式仍舊維持強勢的民粹風格，也就是極具攻擊性、排他性、煽動性。在議題上維持對難民、移民、安全問題的關注；在對象上維持對伊斯蘭、穆斯林高度排外的性格；在對體制上則是針對現任總理 Merkel 採取個人式的嚴厲抨擊。相較於其他五個政黨來說，AfD 即使進入體制，社群媒體的經營模式仍舊高度民粹化，符合其被定位為極右翼政黨、排外政黨、民粹政黨的標籤。

伍、初步結論與後續研究

已經有許多研究關注社群媒體如何改變動員，在選舉中發揮影響。而本文持續關注的是，在選舉之後，於國會運作的常態時間裡，這些高度民粹化的政黨，在社群媒體經營的風格是否會隨著進入體制而有所改變。就實證資料的分析來看，初步的發現是否定的。以德國 AfD 為例，在大選之前，鮮明的排外、反庇護政策、反整合、反伊斯蘭等，是該政黨的主要訴求。在過去一年來，臉書經營的趨勢仍舊維持了高度的民粹色彩。本文摘取 AfD 從 2017 年 9 月至 2018 年 8 月，選後完整的一年時間，在臉書上全部的發文，並採關鍵字的計算，探究其議題關注以及與臉書使用者的互動趨勢。

在四項假設中，首先，AfD 持續為德國所有政黨中最多使用者追蹤的政黨，而其發言量也同樣是所有政黨之最。就此點而言，AfD 在社群媒體的活躍度仍舊遙遙領先其他五個政黨。其次，AfD 為反整合、反難民、反庇護、反伊斯蘭起家。就所有政黨而言，

AfD 在臉書中關注這些議題的強度仍舊為所有政黨之最。第三，在前述議題中，相較於其他政黨，AfD 不僅提到的次數最多，也極為負面；在為數最多的臉書發文中，與難民、庇護、移民、伊斯蘭等議題有關的臉書發文，大多都影射犯罪、暴力、衝突等負面情緒，文字也充滿煽動和敵視。最後，同為反對黨，AfD 和其他三個反對黨相較之下，對執政者的攻擊也最強烈；以 Merkel 為對象在臉書上的抨擊，不僅次數最多，也同樣的以負面、否定的情緒為主。從這樣的資料分析來看，AfD 民粹的性格、右翼的性格、排他式民族主義的色彩，在社群媒體上可以清楚的標示出來。

作為初步研究成果，同時希望能擴大本研究的研究深度與廣度，最後提出兩個未來研究的方向。首先，在相同的研究架構與編碼條件下，未來將持續追蹤臉書的資料，進一步將時間序列拉長到下一次的改選（預計為 2021 年）。在為期四年的資料檢索下，可以蒐集母體，不進行抽樣的進行六個政黨其臉書發文與選舉強度的比較。尤其對 AfD 而言，不與其他政黨相比較，是否越接近選舉，排外特性與民粹特性越顯著？第二，就廣度而言，新興政黨的出現是一個全球趨勢。許多國家同樣出現善用社群媒體的新興政黨或政治人物。以臺灣為例，如果標示為「反中政黨」，時代力量在理論上具有基本上的可比性。在發文型態上、與使用者的互動上來說，時代力量是否也具有類似的特性？也是值得探究的子題。

社群媒體的活絡，改變了許多傳統的政治現象，尤其政治競爭、政治參與、政黨和選民的連結等，都因為社群媒體而產生質變。這些變化的趨勢影響政黨政治，也影響民主政治的發展。本文透過對德國 AfD 這個右翼政黨的崛起，提出了幾項基本的觀察，希望能逐步釐清社群媒體與新興政黨在選舉期間，以及日常政治運作期間的一些關係。

參考文獻

沈有忠，2018，《德國再起——透視德國百年憲政發展》，臺北：新學林。

林啟耀等譯，2013，《歐洲政府與政治》，臺北：五南。譯自 Tim Bale. *European Politics: A Comparative Introduction.* New York: Palgrave Press. 2005.

林澤民、蘇彥斌，2015，〈台灣快閃政治——新媒體、政黨與社會運動〉，《臺灣民主季刊》，12(2): 123-159。

龐元媛、李佩怡譯，2009，《別當政治門外漢》，臺北：博雅。譯自 Gerry Stoker. *Why Politics Matters: Making Democracy Work.* London: Palgrave Press. 2006.

Dittrich, Paul-Jasper. 2017. "Social Networks and Populism in the EU." *Policy Paper.* in https://www.delorsinstitut.de/2015/wp-content/uploads/2017/04/20170419_SocialNetworksandPopulism-Dittrich.pdf. Jacques Delors Institut. Latest update 25 September 2018.

Engesser, S., N. Ernst, F. Esser, and F. Büchel. 2017. "Populismand Social Media: How Politicians Spread a Fragmented Ideology." *Information, Communication & Society* 20(8): 1109-1126.

Frissen, P. H. A. 2002. "Representative Democracy and Information Society: A Postmodern Perspective." *Information Polity* 7: 175-183.

Gibson, R. 2015. "Party Change, Social Media and the Rise of 'Citizen-Initiated' Campaigning." *Party Politics* 21(2): 183-197.

Grimm, M. 2016. "National Identity and Immigration in the Concepts of Right-Wing Extremism and Social Security." in *German Perspectives on Right-Wing Extremism*, eds. Joannes Kiess, Oliver Decker and Elmar Brähler. New York: Routledge, 43-60.

Jarman, A. 2017. "Populism, Social Media and the German Elections." *EPIN Commentaries* 40. in http://www.epin.org/new/files/EPIN_ Commentary40_German%20Elections%20Reaction_0.pdf. Latest update 25 September 2018.

Postill, J. 2018. "Populism and Social Media: A Global Perspective." *Media, Culture & Society* 40(5): 754-765.

Steenvoorden, E. and E. Harteveld. 2017." The Appeal of Nostalgia: The Influence of Societal Pessimism on Support for Populist Radical Right Parties." *West European Politics* 41(1): 28-52.

Stier, S., A. Bleier, M. Bonart, F. Mörsheim, M. Bohlouli, M. Nizhegorodov, L. Posch, J. Maier, T. Rothmund, and S. Staab. 2018. "Systematically Monitoring Social Media: The Case of the German Federal Election 2017." *GESIS Papers*. in http://nbn-resolving.de/urn:nbn:de:0168-ssoar-56149-4. Latest update 16 March 2019.

Vehrkamp, R. and C. Wratil. 2017. *Die Stunde der Populisten?* Gütersloh: Bertelsmann Stiftung.

Wilson, R. and P. Hainsworth. 2012. "Far-right Parties and Discourse in Europe." *European Network Against Racism Report*. in http:// cms.horus.be/files/99935/MediaArchive/publications/20060_ Publication_Far_right_EN_LR.pdf. Latest update 26 September 2018.

國家圖書館出版品預行編目（CIP）資料

網路崛起的社會運動對臺灣的影響 / 廖達琪等作.
-- 初版 .-- 高雄市：中山大學出版社, 2020.02
　　面；　公分
ISBN 978-986-92114-9-9（平裝）
1. 社會運動 2. 網路社群 3. 文集 4. 臺灣
541.4507　　　　　　　　　　　108014091

網路崛起的社會運動對臺灣的影響

The Impact of Digitally Mobilized Social Movements on Taiwan

發 行 人：鄭英耀

主　　編：廖達琪

作　　者：廖達琪、陳月卿、林祐聖、陳東升、葉欣怡、康世昊、沈有忠

執行編輯：陳月卿

出 版 者：國立中山大學出版社

地　　址：804 高雄市鼓山區蓮海路 70 號

電　　話：（07）5252000

製程管理：新學林出版股份有限公司

出版年月：2020 年 2 月初版一刷

定　　價：500 元

ISBN：978-986-92114-9-9

GPN：1010900069

展 售 處：1. 國家書店
　　　　　　　地址：臺北市松江路 209 號 1 樓　電話：（02）2518-0207
　　　　　　　網址：http://www.govbooks.com.tw
　　　　　2. 五南文化廣場
　　　　　　　地址：臺中市中區中山路 6 號　電話：（04）2226-0330#20
　　　　　　　網址：https://www.wunanbooks.com.tw/
　　　　　3. 高雄麗文書店
　　　　　　　地址：高雄市蓮海路 70 號　電話：（07）525-0930